艺术设计名家特色精品课程

U0062527

世界
现代设计史 (增补版)
WORLD HISTORY
OF MODERN
DESIGN

梁梅 / 著

上海人民美術出版社

图书在版编目（CIP）数据

世界现代设计史：增补版/梁梅编著.-上海：上海人民
美术出版社，2021.6
艺术设计名家特色精品课程
ISBN 978-7-5586-2094-2

Ⅰ.①世... Ⅱ.①梁... Ⅲ.①设计-工艺美术史-世
界-现代-高等学校-教材 Ⅳ.①J509.1

中国版本图书馆CIP数据核字（2021）第105424号

艺术设计名家特色精品课程

世界现代设计史（增补版）

著　者：梁　梅
主　编：许　平　李　新
统　筹：姚宏翔
责任编辑：丁　雯
流程编辑：孙　铭
封面设计：洪　展
技术编辑：史　湧
出版发行：上海人民美术出版社
　　　　　（地址：上海长乐路672弄33号　电话：54044520）
印　刷：上海丽佳制版印刷有限公司
开　本：787×1092　1/16　17.25印张
版　次：2021年8月第1版
印　次：2021年8月第1次
书　号：ISBN 978-7-5586-2094-2
定　价：68.00元

目 录
Contents

一、工业革命和现代设计史的开端/1

1. 工业革命和工艺美术运动/1

2. 新艺术运动/12

二、现代设计运动/50

1. 德国工业联盟/50

2. 俄国构成主义/56

3. 荷兰风格派/62

4. 国立包豪斯设计学校/66

5. 装饰艺术运动/80

6. 流线型设计/88

三、战后现代设计的发展/91

1. 美国现代设计的发展与美国生活方式/91

2. 乌尔姆高等造型学院

　　——德国新理性主义设计思想的实践者/105

3. 功能主义设计和国际主义风格/111

4. 北欧设计和斯堪的纳维亚风格/122

5. 意大利设计与艺术地生产/132

6. 日本现代设计的崛起/146

四、波普设计与激进设计运动/155

　　1．波普文化与波普艺术/156

　　2．波普设计/163

　　3．激进设计与反设计运动/167

五、后现代设计/174

　　1．后现代设计观念的产生/174

　　2．后现代建筑/179

　　3．阿卡米亚和孟菲斯/186

　　4．新设计运动/197

六、多元化背景下的设计/212

　　1．环境保护与绿色设计/214

　　2．以人为本与人性化设计/225

　　3．时尚创造与个性化设计/235

　　4．高新技术与情感化设计/246

　　5．设计文化与设计艺术/257

参考书目/266

后　　　记/269

作 者 简 历

梁梅，先后毕业于中央工艺美术学院（现清华大学美术学院）艺术与设计学系、中央美术学院建筑学院，获硕士学位、博士学位。现任职于中国社会科学院哲学所美学室，研究设计史、设计理论和设计美学。

专著有《新艺术运动》（中央编译出版社，1998)、《意大利设计》（四川人民出版社，2000)、《大学设计》（陕西师范大学出版社，2002)、《信息时代的设计》（东南大学出版社，2003)。编著有《世界现代设计图典》（湖南美术出版社，2000)、《中国当代设计图典》（湖南美术出版社，2001)。译著有《1945年以来的设计》（四川人民出版社，1999)、《设计》（黑龙江人民出版社，2002)。合著有《工业设计史》（黑龙江科技出版社，1997)、《景观设计》（中国纺织工业出版社，2004)、《世界现代平面艺术设计史》（清华大学出版社，2004)。

第 1 章

Chapter1

工业革命和现代设计史的开端

1. 工业革命和工艺美术运动（The Art and Craft Movement）

现代设计是伴随着工业革命的出现而产生的。农业经济时代，手工艺的生产方式决定了一件用品的设计和制作往往由一个人完成，设计与手工艺制作密切地联系在一起，产品也往往是以单件形式生产。工业革命以许多生产机器的发明为标志，宣告了传统手工业生产方式的终结。批量化的大生产促使社会各行业、各工种的分工细化，机器生产导致了设计与制作的分离。因为工业生产机器的出现，人类社会因工业革命开始进入工业时代。

英国在 18 世纪末就开始了工业化，然后影响到其他欧洲国家。1765 年，瓦特发明了蒸汽机，这是工业革命过程中的重大发明，它开始改变人们的生活。随着机器的不断发明，一些采用机器批量生产的工厂开始出现。1769 年，韦奇伍德（Wedgwood）陶瓷厂创办，他们采用机器生产陶瓷，把销售扩大到中产阶级市场，并雇佣艺术家进行设计，希望为

大事纪：
1765年：瓦特发明蒸汽机
1769年：韦奇伍德陶瓷厂创办
1776年：美国发表独立宣言
1781年：康德发表《纯理性批判》
1789年：法国革命，巴士底狱起义
1830年左右：汤勒特开始采用新技术生产曲木家具
1844年：塞廖尔·莫尔斯发送第一条电报
1847年：马克思和恩格斯发表《共产党宣言》
1849年：罗斯金发表《建筑七灯》
1851年：伦敦第一次世界博览会
1854年：汤勒特展示了第一把曲木椅
1856年：欧文·琼斯的《装饰的原理》一书出版，这是第一本石版彩色印刷的书籍
1859年：菲里普·韦伯为莫里斯设计"红屋"
1861年：莫里斯和他的朋友成立"莫里斯、马歇尔、福克纳公司"
1862年：南·肯辛顿（South Kensington）国际博览会
1875年：托马斯·爱迪生发明白炽灯
1876年：美国费城世界博览会，贝尔首次展示了电话机
1882年：马克穆多成立"世纪行会"
1883年：马克穆多出版《雷恩的城市教堂》一书

1884年："世纪行会"发行了第一期《木马》杂志
1884年："艺术工作者行会"成立
1888年：查尔斯·罗伯特·阿什比创办"手工艺行会"
1889年：埃菲尔为巴黎世界博览会设计了埃菲尔铁塔
1890年：莫里斯创办克尔姆斯科特出版社

市场提供人们既买得起又造型美观让人愉悦的陶瓷器皿，可以说，韦奇伍德是批量生产的先驱者。一些家具制造者也开始把新技术用到生产中，成功的例子是米歇尔·汤勒特（Michael Thonet，1796—1871）。这位现代家具生产的先驱者，试图把现代工业生产的方法和手工艺的精细结合起来，大约在1830年左右开始采用新技术生产曲木家具。他开发的生产技术是在蒸汽的压力下把坚硬的木材弯曲成圆形或S形，作为椅子的部件，由此制作出可以系列生产、结构简单、容易拆卸、适合搬运的家具。与那些笨重、昂贵的家具比较，汤勒特家具简洁轻便，便宜实用，造型优雅，是早期工业时代具有现代意义的家具。（图1）

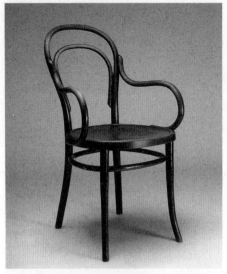

1. Model No.4椅 设计：米歇尔·汤勒特 1859年

但不是所有机器生产的产品在美学上都达到了像韦奇伍德瓷器和汤勒特家具那样的水平，因为缺少专门为机器生产进行设计的设计师，许多产品成了浪漫主义、哥特式、文艺复兴风格和巴洛克风格、洛可可风格的混合体，复杂繁琐的装饰甚至出现在一些很便宜的机器冲压的金属箱子上，早期的工业产品掩盖在历史主义华丽繁琐的装饰风格下，适合现代工业生产的新形式还没有出现。

英国是工业革命的先行者，也最早完成了工业革命。为了展示工业革命的成果和维多利亚时代的繁荣，表明自己在当时经济和技术的领先地位，1851年，英国政府在伦敦的海德公园举办了首届世界博览会。约瑟夫·帕克斯顿爵士（Sir Joseph Paxton，1801—1865）设计了

2. "水晶宫"内景 设计：约瑟夫·帕克斯顿 1854年

博览会馆,这座会馆因为采用了工业化的玻璃材料,采光良好,被称为"水晶宫"。展馆的外形类似一个巨大的玻璃温室,使用了 1851 英尺长的钢筋作为支架,用了近 30 万张玻璃板,在九个月里装配完成,在建造速度上被认为是当时建筑界的一个奇迹。这座钢架结构的玻璃建筑本身就是工业革命的成果在建筑上的革新,此建筑对于新材料的运用和方便快捷的装配方法在建筑史上具有划时代的意义。这座展馆通过新材料和新的结构手段创造了一种工业时代的新理想,为建筑新形式和新的审美观念的出现奠定了基础。(图 2)

博览会展出了 15000 件作品,主要是工业技术和发明的成果。这些作品表现出过分的装饰和对历史风格的参考,被一些人认为是造型的大杂烩和各种历史风格的东拼西凑。因为当时还没有专门的人从事适合工业化生产的设计工作,许多机器生产的日用品的设计工作都是由工程师完成的。工程师们没有受过专门的美学和艺术教育,他们设计的大多数产品在风格上模仿维多利亚时代繁琐的造型和装饰,看上去庸俗不堪,毫无美感可言。加之当时的机器生产水平低下,大量的产品在造型上非常粗陋。对于这些展品在美学品质方面的低劣程度,许多具有社会责任感的评论家和知识分子都深感不安。他们认为,一个国家的道德和伦理状态可以从他们的艺术和生活用品中反映出来,产品美学品质的降低是国家道德水平降低的表现。如果人们使用这些日用品,不仅会降低他们的生活品质,同时还会导致整个社会道德水平的下降。(图 3)

3. "水晶宫"里的工业建筑技术展区　1852年

英国著名的思想家奥古斯特·普金(Augustus W.N.Pugin, 1812—1852)首先对英国设计水平的低下提出批评,但遗憾的是,他认为中世纪艺术才是医治这一现象的良药,在思想上陷入了保守主义,无法为新时代提供有意义的指导。不过,普金对中世纪艺术和建筑的推崇,启发了随后出现的工艺美术运动的发起者和参与者,他们在新的风格中把中世纪艺术作为元素加以引用。约翰·罗斯金(John Ruskin, 1819—1900)是这一思想的继承者和发扬者。罗斯金的思想充满了矛盾,他一方面对工业文明深表怀疑,甚至带有敌意,对中世纪的艺术顶礼膜拜;另一方面又大力提倡一种适合现代人生活的既美观又实用的真正的艺术。他在约翰·罗斯金（John Ruskin，1819—1900），作家、社会学家、艺术批评家和画家，拉斐尔前派的成员。罗斯金试图通过美学和手工艺革新来解决社会问题，19世纪后，他的著作对英国的品位产生了决定性的影响。

4. 威廉·莫里斯像 摄于约1890年

1849年发表的《建筑七灯》一文中明确提出"建筑是门艺术，它这样安排和装饰人们所建造的大厦：不管它是什么用途，它给人的视觉形象，应该带来心理健康、力量和愉快"。罗斯金采用了比较现实的态度，指出了未来建筑的发展方向，对英国的工艺美术运动产生了深远的影响，他的思想对艺术领域发起一场真正的改革运动起到了决定性的作用。

罗斯金的思想极大地影响了工艺美术运动的发起人威廉·莫里斯（Willam Morris，1834—1896）。莫里斯接受过艺术家和建筑师的训练，曾经研究过哥特式建筑，还加入了当时英国著名的画派——拉斐尔前派，从事艺术创作。在牛津大学就学期间，莫里斯阅读了约翰·罗斯金的著作，对罗斯金的复古思想及其认为产业革命导致了产品美学低劣的看法深表赞同。作为罗斯金的忠实信徒，莫里斯一直希望能够把罗斯金的理论发扬光大。（图4）

1859年，受莫里斯委托，建筑师菲里普·韦伯（Philip Webb，1831—1915）为莫里斯在肯特（Kent）设计了一幢住宅，这是一栋具有创造性的建筑，强调了功能性、实用性和舒适性。因外墙用了红砖，他们为之取名为"红屋"（图5）。"红屋"打破了对过去建筑缺少创造性的模仿，是哥特式建筑与英国乡村建

5. "红屋" 设计：菲里普·韦伯 1859年

筑的结合体，一些细部还使用了哥特
式风格的建筑元素。这一建筑是由内
而外设计的，普通的外立面墙掩盖了
室内的设计，建筑的外观只是被当做
次要部分来考虑。出于对当时市面上
品位低俗的日用品的反感，室内的装
修布置都是莫里斯本人和他的朋友
一起设计的，他们为这一建筑设计
制作了精美的家具、壁纸和地毯等，
威廉·莫里斯革新实用艺术的理想
也由此开始。（图6）

6. "红屋"室内 1859年

　　1861年，27岁的莫里斯和他的
朋友成立了"莫里斯、马歇尔、福克
纳公司"（Morris Marshell Faulkner
& Co.），从事家具、纺织品、彩绘
玻璃和日用品的设计和制作。他们的
目的是要生产手工制作而且人人都
能买得起的用品，为此他们生产一
种"一天完成"的家具（Workaday
Furniture），结构非常简洁，其突
出的特点具有浓郁的民主色彩。家
具的设计主要由菲里普·韦伯负

7. 典型工艺美术运动风格的室内设计

责，拉斐尔前派的画家们，包括爱德华·伯恩－琼斯（Edward Burne-Jones，
1833—1893）和罗塞蒂（Dante Gabrid Rossetti，1828—1882）则被请来为一
些家具进行彩绘装饰。他们常常称自己是致力于绘画、雕塑、家具和金属制品
的纯艺术工匠。莫里斯本人也参与了制作，经常像一个真正的手工艺人那样，
系着长长的工作围裙，尝试着丝绸和羊毛的染色技术。他们公司的产品在1862
年的南·肯辛顿（South Kensington）国际博览会上引起了公众的注意，他们
的设计在此次展览会上赢得了赞誉并获奖。随着公司的扩展，1865年，他们把
公司搬到了离英国博物馆很近的王后广场。

　　19世纪60年代，莫里斯忙于在"红屋"扩展刺绣设计，并着手设计了他

拉斐尔前派，由罗塞蒂和他的几个朋友创办，成员包括了工艺美术运动的发起者威廉·莫里斯，是一些试图革新英国艺术的艺术家们的组织。他们偏爱中世纪风格，理想的绘画形式是意大利15世纪的绘画，即拉斐尔之前时代的绘画，也是没有经过美化处理的自然创作。拉斐尔前派极大地推动了英国工艺美术运动，并影响了后来的新艺术运动。

8. 莫里斯公司生产的Rossetti椅子
设计：罗塞蒂 1864—1865年

最为著名的一些壁纸。这些壁纸的图案基于自然的造型，像花和藤蔓等植物。莫里斯是一个多才多艺的设计师，他的才能表现在家具设计、纺织品设计、壁毯设计和壁纸设计等方面（图7）。他的那些植物纹样的设计，题材大量来自自然植物的造型，经过装饰处理后成了非常优雅的植物图案，体现出对称、和谐，有秩序的美感。从1864年开始后的近30年里，莫里斯设计的植物图案品种扩展到70种之多，许多设计今天仍然在生产。

1875年开始，莫里斯公司生产的家具逐渐形成了自己的风格。这种风格造型简洁优雅，带有传统和乡村家具的特征，主要采用原木，如桦木和榉木，结构部件加工成葫芦形状，坐垫采用竹子、藤或草编织而成，强调了家具的实用性和舒适感。莫里斯公司的家具今天仍受欢迎，并启发了20世纪家具设计的造型。他们公司生产的彩绘玻璃在色彩和制作上取得了许多突破性的发展，在1862年的国际博览会上展示出他们在色彩和设计上的优越性，因此也接到了许多来自王宫和博物馆的订单。（图8）

1890年，当时已56岁的莫里斯为了实现自己出版高雅书籍的理想，创办了克尔姆斯科特出版社（Kelmscott Press）。莫里斯自己动手设计铅字字样、书籍边饰和句首字母，请伯恩·琼斯画插图，用专门进口的油墨和手工方式生产的纸印刷书籍，他在此设计和出版了53种书籍。这些精美的书籍设计与任何现代印刷品风格都没有关系，它们更像是哥特式的手抄本，虽然达到了他以此对抗普通商业化出版的目的，但其价格也昂贵得只能成为贵族家庭的摆设。莫里斯出版的书籍收录了中世纪风格和东方风格的图案，其中伯恩·琼斯的插图、莫里斯本人设计的字体、版式和优雅的整体风格，对随后的新

艺术运动的插图画风格的形成产生了重要影响。（图9）

9. 莫里斯公司出版的《乔叟作品集》，莫里斯设计装饰和字体，伯恩·琼斯画插图（左图）；莫里斯公司出版的《呼啸平野的故事》，沃尔特·克莱恩画插图 1894年（右图）。

威廉·莫里斯是设计师、作家和诗人，他还是一个社会活动家，一个具有民主思想的理想主义者。他看到了工业化的负面影响——环境污染、失业，以及质量低劣的批量产品，他激烈地反对工业化生产。对他来说，美和社会问题是分不开的，他声称要通过对实用艺术的革新来解决这些问题。莫里斯认为手工艺品应该具有很高的美学品质，反对繁琐的历史主义的装饰，他欣赏自然的装饰和材料，以及简洁清晰的结构造型。他发起的工艺美术运动试图把艺术的美与手工艺技术结合起来，使手工艺品具有艺术的审美品质。莫里斯的艺术与技术相结合的思想后来发展成为现代设计最重要的思想，只是工业技术代替了莫里斯倡导的手工艺技术。同时，在莫里斯的思想里，具有浓厚的民主思想成分，也就是为大众设计的思想。但他高品质的设计和精致的手工制作形成的产品价格，并不能为平民所接受，他的贵族出身和高雅风格也影响了他为大众服务理想的实现，他作坊式的手工制作方式因为与工业化大生产的时代发展潮流不符而未能发扬光大。威廉·莫里斯所推崇的是复兴手工艺，反对大工业生产，虽然他在后来也看到了机

> 现代城市化的发展以破坏生活中的美为代价是危险的。
>
> ——威廉·莫里斯

10. "鸟与玫瑰"纺织品图案 设计：威廉·莫里斯

11. 椅子 设计：马克穆多 1882—1883年

器生产的发展趋势，在他后期的演说中，他承认我们应该尝试成为"机器的主人"，把它用做"改善我们生活条件的一项工具"，但他一生致力的工艺美术运动却是反对工业文明的。（图10）

威廉·莫里斯的工艺美术运动吸引了许多追随者，成为了一场真正的美学运动。1882年，马克穆多（Arthur Heyagate Mackmurdo, 1851—1942）成立了"世纪行会"（The Century Guild）。以马克穆多为代表的"世纪行会"的设计，在莫里斯植物花卉图案的基础上进一步强调了植物的动感，运用对比鲜明的色彩，他们的作品成了新艺术运动的先驱（图11）。1884年，"世纪行会"发行了第一期《木马》（The Hobby Horse）杂志，这一杂志的第二期虽然到1886年才出版，但它的发行推动了其他杂志的出版，包括后来成为新艺术作品重要发表场所的《工作室》（The Studio）杂志的发行。同时也使通过出版杂志这一方式成为推广一种风格的最佳渠道。"世纪行会"是一个比较松散的机构，他们没有一个像莫里斯公司那样的组织，成员主要忙于自己的工作，因此也影响了他们在设计上的成就，大约六年后，"世纪行会"就已经形同解体了。

1884年，"艺术工作者行会"（Art Worker's Guild）成立，宗旨是通过演讲、会议、展览和讨论等方式推进视觉艺术和工艺技术的发展，采取有益于社会的方式保持高水平的设计和工艺技术。"艺术工作者行会"联合了各个行业的艺术工作者，其成员大多是颇有名气的设计师和具有社会影响的艺术教育家，一些人在著名的艺术院校里担任教师和校长。他们设计的陶瓷和纺织品等既吸收了莫里斯的风格，同时又接受了日本艺术及其他艺术的表现形式，极大地丰富了工艺美术运动的风格。其中建筑师查尔斯·沃赛（Charles Voysey, 1857—1941）的设计最有代表性。他设计的壁纸和纺织品运用了鸟类和植物图案，表现出一种优雅和抽象的动感。他大胆地把建筑的结构作为装饰，在简洁朴素中展示出典雅的美感。

1888年，查尔斯·罗伯特·阿什比（Charles Robert Ashbee, 1863—

1942）创办了"手工艺行会"（Guild and School of Handicraft）。阿什比是莫里斯理想忠实的追随者和实践者，他在设计中寻求一种有机的整体感和纯粹的抽象形式，他线条流畅、造型优雅的银器制品是工艺美术风格的代表作（图12）。"手工艺行会"的作品主要是珠宝、金属器皿和家具。他们没有刻意把作品制作得很精致，打磨得光滑明亮，而是在作品中展现出加工制作的程序和方法，金属器皿甚至可以看出锤子敲打的痕迹。为了使他们的产品能够为大多数人所接受，很多珠宝和银器都采用比较便宜的石头和彩色搪瓷进行装饰。阿什比早先并不认同机器生产，认为那是为了获得利益而牺牲人性的特征，但他后来发现，谨慎地使用机器可以带来便利。尽管如此，阿什比仍然把工艺美术运动的理想作为个人的信仰。

12. 银碗 设计：查尔斯·罗伯特·阿什比 1902—1903年

在工艺美术运动的追随者中，克里斯托夫·德雷塞（Christopher Dresser，1834—1904）的作品呈现出异乎寻常的现代感。他专门从事工艺品的设计工作，主要设计玻璃器、陶器和金属制品。德雷塞的设计简洁明快，展现出大胆的创造性。他设计的一些玻璃调味瓶在细部上都简化到最基本的形和线条，不加装

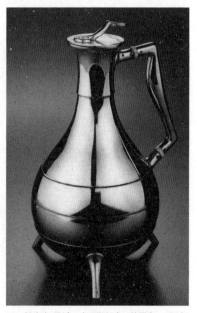

13. 银水壶 设计：克里斯托夫·德雷塞 1885年

饰，造型多为正方形和圆形，预示出工业时代的审美趋势。（图13）

吸引了许多艺术家和手工艺人参与的"工艺美术运动"，创造了一种质朴、古典、清新的风格，这种风格来源于对哥特式艺术的重新运用和对具有浓厚地方色彩的造型借鉴，是哥特式线形的、没有装饰的简洁造型和单纯质朴的当地传统的结合。装饰图案以自然的花草为母题，构图对称、稳定，但弯曲的线条和雅致的轮廓线表现出植物的生机，各种设计都力求格调高雅。风格中虽然有基督教和哥特式艺术的影子，但莫里斯的民主思想使这种复古形式超越了宗教

14. 铜茶具 设计：查尔斯·沃赛 1896—1900年

15. 花鸟纹纺织品图案 设计：威廉·莫里斯 1878年

艺术的神圣感，把这一艺术与英国乡村艺术的结合使之呈现出淳朴自然的美感。这种风格尽管仍然属于古典风格的范畴，但其质朴、清新的特点成为古典风格向现代风格发展的过渡。工艺美术运动形成的风格与艺术家们的思想是密不可分的，工艺美术运动就是要用高品质、高美学的实用艺术来对抗当时品质低劣的工业化产品，以实现他们所追求的信念——"一个国家的艺术是该国人们道德水准的表现"。他们试图恢复手工艺做工的精致和高雅的风格来抵制工业产品的粗糙和粗陋，从拯救因为日用艺术品品质低下导致社会道德低下的角度体现艺术家的责任感。（图14）

莫里斯的观点对工艺美术运动具有精神导向性，他认为："艺术是一个人辛勤工作后的愉快表现，是制作者和使用者的一种喜悦。"莫里斯还提出了真正的艺术必须是"为人民所创造，又为人民服务的，对于创造者和使用者来说都是一种乐趣"。在工艺美术运动中，手工艺人被作为艺术家来尊重，而风格则成为与社会和道德水准相联系的一种媒介，艺术是一个国家的道德和伦理的反映。工艺美术运动的民主思想和风格特点成了现代设计的精神内涵和风格源泉。威廉·莫里斯对艺术和社会问题的观点主要是通过他从1877年到1894年所写的35篇演讲稿中表达出来的。他对于艺术家们脱离现实和日常生活表示担忧，他提出"我不愿意艺术只为少数人服务，仅仅为了少数人的教育和自由"，"要不是人人都能享受艺术，那艺术跟我们究竟有什么关系？"，他呼吁艺术家关注普通人，把艺术想象力用在日用品上。他的思想后来直接被现代设计运动所引用，现代设计思想就是在这种观点上发展

起来的，他也因此而成为"现代设计运动之父"。(图15、图16)

16. 椅子 设计：威廉·莫里斯

毫无疑问，工艺美术运动是对传统手工艺和装饰的复兴，没有融入到日渐代替手工艺生产的机械化大生产中，只是传统手工艺与现代工业运动之间的过渡。但工艺美术运动提出了工艺与美术的结合，在追求质量可靠、形式简练之外，还追求产品和装饰的道德价值。工艺美术运动代表了一种社会行为，艺术家们都怀着改造社会的理想主义思想，尤其是他们希望能够为大众设计的思想，带有非常浓厚的民主色彩，成了现代设计运动中最重要的内容。

思考题：

一、传统手工艺与现代设计的区别。

二、工艺美术运动产生的原因及对现代设计的影响。

三、威廉·莫里斯的思想和工艺美术运动的风格特点。

四、运用工艺美术运动的风格元素做一张设计作品（可以是平面、室内和产品等）。

课时建议：4 课时

17. Cherry玻璃水瓶 设计：科罗曼·摩斯
（Koloman Mose） 1901年

大事纪：
1891年：《Revue Blanche》杂志创办
1892年：芝加哥世界博览会
1893年：《工作室》杂志创刊，于4月出版第一期
1893年：维克多·霍塔在布鲁塞尔设计了"塔塞尔公寓"
1895年：萨姆尔·宾在巴黎普罗旺斯街的"新艺术"画廊开业
1895年：《Pan》杂志在柏林出版
1896年：《青年》杂志在慕尼黑出版
1896年：《Simplicissimus》杂志创办
1896年：《甘蓝菜》（Savoy）杂志创刊
1897年：维也纳"分离派"成立，举办第一次展览
1897年：赖特发起成立"芝加哥艺术和手工艺协会"
1900年：赫克多·吉玛德设计巴黎地铁站
1900年：巴黎国际展览会，这是新艺术风格的一次盛会
1904年：英国建立第一座花园城市
1905年：蒂夫尼的玻璃器首次出售给公众

2．新艺术运动（Art Nouveau）

（1）新风格的诞生

19世纪末20世纪初，在工艺美术运动之后，一种新的风格开始在欧洲流行，这种与人们实际生活相关的新的艺术形式被称为"新艺术"（Art Nouveau）。这是一种代表着时代的新风格和新形式，在形式上受到了英国工艺美术运动的直接影响，带有欧洲中世纪艺术和18世纪洛可可艺术的痕迹和手工艺文化的装饰特色，同时还带有东方艺术的审美特点以及对工业新材料的运用，包含了当时人们对过去的怀旧和对新世纪的向往情绪，成了体现出时代特色的艺术形式。（图17）

"新艺术"一词成为描绘兴起于19世纪末到20世纪初期的艺术运动，时间大约从1880年到1910年左右，是指当时在整个欧洲和美国开展的装饰艺术运动，其影响在地域上还更大。新艺术运动被许多批评家和欣赏者看做是艺术和设计方面最后的欧洲风格，因为在此以后，几乎已不再有这样地域范围广泛的艺术运动产生，新艺术运动展示了欧洲作为一个统一文化体的最后辉煌。新艺术内容几乎涉及到了所有的艺术领域，包括建筑、家具、服装、平面设计、书籍插图以及雕塑和绘画，而且与文学、音乐、戏剧及舞蹈都有关系。这一运动带有较多感性和浪漫的色彩，表现出怀旧和憧憬的世纪末情绪，是传统的审美观和工业化发展进程中所出现的新的审美观念之间矛盾的产物。

新艺术运动以英国、法国和比利时为中心，波及到德国、奥地利、意大利、西班牙和美国，许多国家在短时期里都出现了新艺术现象。新艺术在各

国呈现出不同的特点和风格，这一名词是多种风格
的集合体。

最早的名词是"自由风格"（Style Liberty），被
意大利人所采纳。这一名词源于1875年利伯蒂（Arthur
Lazenby Liberty）在伦敦开设的商店。受东方进口丝
绸的影响（这种丝绸在1851年的伦
敦世界博览会后开始在欧洲流行），
利伯蒂通过印染技术进行纺织品的
染色实践，创办了自己的生产车间，
生产纹样、图案具有东方装饰风格
的丝绸。这种丝绸的印花图案自由、
随意、优雅、富有变化，而"Liberty"
一词在英文里就是"自由"的意思，
所以"自由风格"成为这种流行风
格的代名词。（图18）

18.　"自由风格"的茶　设计：阿契贝尔德·诺克斯（Archibald
Knox）　1903年左右

与新艺术相同的这一名词是由德国出生的艺术
商人萨姆尔·宾（Samuel Bing）所创造的。1895年，
他把他在巴黎普罗旺斯（Provence）街开张的画廊
取名为"新艺术"（L'Art Nouveau），以此强调画
廊的现代特点。宾的画廊主要为当时著名的设计师和
艺术家的"前卫风格"所开放，展示了当时最有影响
的设计师所设计的彩绘玻璃、艺术玻璃、招贴画和
珠宝首饰等，这一画廊的展品几乎成为新艺术风格
的大荟萃。"现代风格"（Modern Style）一词也被
法国人所接受，这一名词出于他们对英国新艺术的认
识，他们认为这一风格是英国"工艺美术运动"的延续。

新艺术风格在苏格兰被称为"格拉斯哥风格"
（Glasgow Style），因"格拉斯哥学派"（Glasgow
School）所作的设计而得名。"格拉斯哥学派"发展
了新艺术运动中独具特色的直线风格，与其他国家
发展的流动的曲线风格形成对比。这种风格是由查

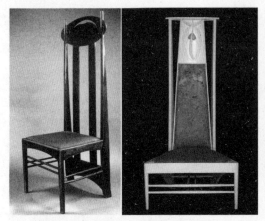

19. 高靠背椅 设计：查尔斯·R.麦金托什 1897年　　　　20. 银烛台 设计：亨利·凡·德·威尔德

尔斯·R.麦金托什（Charles Rennie Mackintosh）为首的"格拉斯哥"四人小组所创造的，主要表现在建筑、室内设计和壁画上。（图19）

"青年风格"（Jugendstil）一词来源于德国杂志《青年》（Jugend），这是德国宣传新艺术的主要刊物。1896年在慕尼黑首次出版，以介绍和发表新艺术风格的作品而著称，成为德国新艺术家发表作品的园地，为促进德国新艺术风格的形成起了重要作用，因此这一名词成为德国新艺术风格的名称。德国的新艺术运动风格主要表现在建筑和室内设计上，他们的风格在发展过程中得到了亨利·凡·德·威尔德（Henry van de Velde，1863—1957）的指导，受到苏格兰"格拉斯哥学派"较多的影响，带有理性的成分。（图20）

亨利·凡·德·威尔德（Henry van de Velde，1863—1957），画家、建筑师和艺术批评家。他早年在安特卫普学习绘画，并于1889年加入了布鲁塞尔的"Les Vingts"艺术家组织。两年后，他成为魏玛宫廷的艺术顾问。1900年，他移居德国柏林，1902年，他被委托在魏玛建立一所实用美术学校并设计这一学校的校舍。从1906年到1914年，他担任了魏玛实用美术学校的校长。他是"德国工业联盟"的创办人之一。1917年，他移居瑞典，1921年又移居荷兰，一直在荷兰居住到1947年。后来，他又回到瑞典并在瑞典生活到去世。威尔德的艺术理论和他在比利时、荷兰和德国的艺术实践使他成为新艺术运动的中心人物。

比利时因1894年的新艺术团体"自由美学协会"（Les Libres Esthetiques）的成立而被称作"自由美学"（Libres Esthetiques）风格。奥地利的新艺术风格并不仅仅接受了当时的流行式样，而是作为与传统相分离的行动来开展的，维也纳"分离派"（Secession）是这一运动的代表。"分离派"于1897年由约瑟夫·霍夫曼（Josef Hoffmann）等人创办，

21. 茶壶 设计：约瑟夫·霍夫曼 1903—1904年　　22. 蒂夫尼公司生产的彩绘玻璃台灯

他们比较崇尚"格拉斯哥学派"的风格，于1900年举办了"格拉斯哥学派"展览会，把苏格兰的直线风格引入奥地利的新艺术风格里（图21）。对这种直线的、理性的风格的接受可能与奥地利人讲究秩序，喜欢规律的生活态度有关。

美国的新艺术以建筑和蒂夫尼（Tiffany）的玻璃制品为代表。建筑的代表人物是著名的建筑师路易斯·沙利文（Louis Sullivan）和弗兰克·L.赖特（Frank Lloyd Wright，1867—1959），他们所设计的建筑已基本上脱离了欧洲传统建筑的模式，开始往现代建筑造型方向发展，为现代都市摩天大楼的建造提供了先例。在欧洲建筑装饰上广泛使用的新艺术装饰风格，在美国的建筑设计里已退居其次，功能成为美洲大陆建筑所强调的重要内容，新艺术风格只是作为建筑上的点缀出现。蒂夫尼公司则把欧洲传统建筑的彩绘玻璃用于日用品设计里，使这一教堂建筑材料成为颇具世俗生活情趣的产品。蒂夫尼的玻璃制品把新艺术的植物花卉图案和曲线直接用在造型上，呈现出与欧洲大陆不同的特色。（图22）

西班牙的新艺术风格被称为"年轻风格"（Arte Joven），以安东尼·高迪（Antoni Gaudi）独具风格的建筑为代表。高迪的设计把起伏波动的新艺术曲线用在了建筑的外墙面上，使建筑呈现出前所未有的软雕塑特点。他采用了水泥浇筑的现代建筑方法，但他的建筑表面处理似乎已完全脱离了任何的传统建筑理论，成为一种全新的富有创造性的新形式。高迪那些富有幻想和想象力的建筑造型，因其独特的个人风格在新艺术运动风格里别具一格。

当然，除了名词的多种多样外，对所有的设计师来说新艺术的目的是共同

23. 装饰花鸟图案 设计：查尔斯·沃赛

新艺术运动杂志
《Revue Blanche》杂志，巴黎（创办于1891年）
《工作室》杂志，伦敦（创办于1893年）
《Pan》杂志，柏林（创办于1895年）
《青年》杂志，慕尼黑（创办于1896年）
《Simplicissimus》杂志，慕尼黑（创办于1896年）
《Ver Sacrum》杂志，维也纳（创办于1898年）

24.《雷恩的城市教堂》扉页 设计：马克穆多 1883年

的：就是打破传统的风格并且接受一种新的美学形式来革新设计，这种具有美学特征的物品的功能会影响其造型。很多维多利亚时代的物品也被设计为有用的造型，但这种造型往往笼罩在臃肿的历史风格之下，其表达功能的形式被大大减弱。新艺术设计师虽然并没有完全接受工业生产的新形式，但已经明确地接受了工业革命所形成的新的审美趣味。新艺术区别于其他风格的典型特征是在绘画、雕塑、建筑、室内装饰以及其他实用艺术里自由地使用装饰因素。流动而富有韵律的曲线、优雅的花卉图案被用于所有的艺术形式中，装饰已不仅仅是艺术主题的陪衬，它本身就是作品的主题。（图23）

（2）插图和招贴画

19世纪，印刷技术的进步促进了版画和书画印刻艺术的发展，又促成了各种报刊杂志的相继发行，导致了插图和招贴画的繁荣。这一时期的插图和招贴画成为新艺术运动风格展示的重要领域，并为这一风格的发展起到了推波助澜的作用。

插图和招贴画是呈现新艺术风格的重要艺术形式，也是新艺术运动最早发展起来的艺术风格。"世纪行会"的主要成员马克穆多是工艺美术运动到新艺术运动过渡时期的艺术家，他的作品清晰地反映了这种风格上的发展和变化。1882年，他在设计的椅子靠背上用了雕刻花纹作为装饰，采用了工艺美术运动常用的花和叶子的图案，仍可以清晰地看出花和叶子的形状和结构，但在构图上却发生了变化。工艺美术运动平衡、对称、稳定的构图形式在马克穆多的手下开始生动起来，弯曲的花和穿插其间的叶子的组合显得富有变化和动感。1883 年，他为《雷恩的城市教堂》(Wren's City Churches) 一书所作的扉页更为明显地表现出这种变化，这一扉页图案显然来自他的椅子靠背装饰，图案采用了不对称的构图，火焰般的花朵与波浪般的叶子更富有动感和活力，开始预示着一种新风格的诞生。1884 年，马克穆多领导的"世纪行会"发行了《木马》杂志。杂志的设计富有新意，在印刷式样、边线装饰、版面设计及插图上都表现出华美和具有动感的风格，对 19 世纪 80 年代到 90 年代的平面设计影响极大，为新艺术风格的形成作出了贡献。(图 24)

25. 为《Tropon》所作的招贴画　设计：亨利·凡·德·威尔德 1899年

　　1899 年，亨利·凡·德·威尔德为《Tropon》一书所作的一张招贴画可以看得出这一风格的成熟。画面构图与马克穆多的扉页设计有某些相似之处，但工艺美术运动的植物纹样已经被抽象流动的线条和色块所替代，整个画面由动感强烈、粗细不一的流畅线条组成类似植物的不对称抽象图案，充满了跳跃不定的流动感。(图 25)

　　伴随着蜿蜒曲折的新艺术曲线，女性形象常常是这种线条描画的主题，她们优雅多姿的形体，尤其是她们的头发是这种富有韵律的线条的最好形式。擅长在插图画里用线条描绘女性形象的是奥布雷·比亚兹莱 (Aubrey Beardsley, 1872—1898)，英国新艺术运动时期最富有才华的插图画家。这位英年早逝、才华横溢的画家，是颓废派艺术的代表人物。他仅仅活了 26 岁，在他生命的最后六年里，他在插图画方面显示出非凡的天赋。他早年是"拉斐尔前派"的追随者,后来发展了他具有个人特色的黑白插图画。他的插图画继承了"拉斐尔前派"的某些审美趣味，人物修长，带有病态的神经质，但他画中流畅的曲线和神秘的象征意味与新艺术风格的审美趣味是一致的。(图 26)

　　1891 年，在爱德华·伯恩·琼斯的房子里，比亚兹莱被介绍给著名的作家奥斯卡·王尔德 (Oscar Wilde)，由此成为王尔德作品的插图画家。1892 年，

17

26. 招贴画 设计：奥布雷·比亚兹莱

27. 《莎乐美》插图 设计：奥布雷·比亚兹莱

他为王尔德的《亚瑟王之死》绘制了插图，设计了句首字母和小饰花，共550幅左右，从此，这位当时年仅20岁的画家开始引起人们的注意。他于1893年创办了《工作室》(The Studio) 杂志，在众多传播新艺术风格的杂志中，这本杂志是读者最多、销路最好的，比亚兹莱本人是这一杂志的主要插图画家。在1893年4月出版的《工作室》杂志上，比亚兹莱为此书设计了封面并发表了他为奥斯卡·王尔德的《莎乐美》(Salome) 一书所画的插图（图27）。1894年，王尔德的剧本被翻译成英文在英国出版，比亚兹莱为此书绘制了全部插图。《莎乐美》一书的插图是他风格成熟的表现，也为他带来了极大的声誉。随后，王尔德创办了《黄皮书》(The Yellow Book)，比亚兹莱成为此书的艺术指导和插图画家。此书虽然也像当时的许多期刊那样刚刚创办不久就停办，但它的设计独具特色，封面用了一年四季都适合的黄色，也是法国色情小说运用的大胆色彩，对当时的艺术和插图是一种挑战（图28）。1895年底，比亚兹莱结识了新的出版商罗南达·史密斯 (Leonard Smithers)，这年他们准备创办《甘蓝菜》(Savoy) 杂志。1896年，此杂志创刊，成了比亚兹莱发挥才能的主要场所，以至于1898年他去世后此书也宣告停刊。他在《秀发劫》(The Rape of the Lock) 中所作的黑白插图画也是他最好的作品之一。

比亚兹莱在短暂的生命里创作了大量的插图画，他的许多插图画虽然选择了古代传说来表达当时流行的象征主题，但他也描绘日常的生活。他的插图画发展了伯恩·琼斯插图画的风格，受到了"拉斐尔前派"、象征主义绘画、日本浮世绘甚至古希腊陶瓶绘画的影响。他擅长运用夸张流畅的长线条来刻画修长的主人公，利用黑白色块来分割画面，极富装饰性并带有色情味。比亚兹莱的

28. 《黄皮书》 设计：奥布雷·比亚兹莱　　　　　　　　　　　29. 法国Rajah茶招贴 1900年

插图画开辟了现代插图画的道路，他的绘画风格影响了许多后来的艺术家，尤其是美国的插图画家。

　　法国是新艺术运动这一名词的发源地——法国的新艺术风格主要体现在建筑和招贴画方面。19世纪末，繁华的巴黎舞台吸引了世界各地著名的表演艺术家，他们的精彩演出也为此时的画家们提供了展示才华的机会，巴黎成为新艺术招贴画最繁荣的地方，现代招贴画便是从这儿开始发展起来的。早期的招贴画还没有脱离绘画而成为平面设计的一部分，它与绘画有直接的关系，法国招贴画的繁荣因此也得益于19世纪巴黎作为艺术中心的地理位置。同时，法国的招贴画风格也深受此时法国各种绘画流派如后印象派、象征主义的影响。后印象主义的表现趋向、象征主义的朦胧神秘色彩和对色情的暧昧表达都成为新艺术招贴画的特点。招贴画是最能表现新艺术风格的艺术形式之一，装饰性的人物描绘，动感曲线的大量运用，都成为这一时期招贴画的特色。（图29）

　　法国招贴画家乔尔斯·查尔特（Jules Chéret，1836—1932）首先把新艺术风格引入到招贴画之中，他因发展了一种可以应用于商业的新的艺术形式而赢得声誉，对现代商业性的招贴画的发展作出了重要贡献。查尔特的招贴画直接继承了法国洛可可艺术的传统，其中人物形象的描绘受到了布歇（Boucher）、华托（Watteau）等洛可可画家的影响。布歇和华托擅长描绘衣着华美的贵族妇女，色彩亮丽，画面有浓郁的世俗情趣。这种画面效果正好能迎合大众的审美趣味，查尔特借鉴了洛可可画风，可以说是对商业性招贴画的准确定位。他

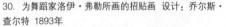

30. 为舞蹈家洛伊·弗勒所画的招贴画 设计：乔尔斯·查尔特 1893年

31.《珍妮·阿维尔和蛇》招贴画 设计：劳特累克 1899年

曾于 1850 年访问英国，在英国期间研究了泰勒（Turner）的作品。泰勒长于表现激烈动荡的场景，笔触轻快、色彩绚烂，他抒情味极浓的风景画在画风和技法上都是一种革新。查尔特把泰勒绘画的特点也用在他的招贴画创作中。他擅长在黑色的底子上运用轻薄亮丽的色块来描绘人物，强调人物的运动感。如 1893 年，他为舞蹈家洛伊·弗勒画的海报，画面中是正在舞蹈的舞蹈家，薄薄的色块和轻快、弧形的笔触加强了旋转的动感，简练的线条勾勒出的人物轮廓线，显示出画家的造型功力。他只用几种单纯的色彩来表现人物，他的招贴画激发了许多人的创作灵感。（图 30）

　　劳特累克（Henri de Toulouse-Lautrec, 1864—1901）是法国招贴画家中的代表人物，他的作品被认为是招贴画成熟的标志。劳特累克出身贵族，但因家族近亲结婚，从小体质孱弱，后来又受伤致残，成年后身高仅 1.5 米。身体上的自卑感使他整日在酒吧舞会上消磨光阴，最后因酗酒而早逝。劳特累克深受印象派画家尤其是德加的影响，他继承了德加色彩明快的画法和类似舞台场景般的描绘。他还专门研究了戈雅和安格尔的线描及日本版画的表现技巧，他把印象主义的色块和富有表现力的线条结合起来，发展出自己独特的画风。他的绘画善于捕捉人物最生动的形象，画面具有戏剧性的效果。劳特累克的招贴画由速写式的曲线和流畅轻快的色块组合而成，注重刻画人物的动态和轮廓线，用描绘性的线条和表现力极强的色块创造了一种新的艺术形式。

巴黎蒙马特区的"红磨坊"于 1889 年开业，后来成为巴黎最著名的娱乐场所，其中的乐队和舞蹈表演非常疯狂刺激，吸引了巴黎上流社会的名士和作家及艺术家们。受"红磨坊"老板的委托，劳特累克为他们设计了许多招贴画。招贴画上的舞女们眼波流转、舞姿迷人，劳特累克独特的表现方法更突出了她们撩拨动人的形象。他的招贴画大多通过石版印刷技术复制，贴满了巴黎的大街小巷，为"红磨坊"增加了知名度，也为他自己带来了声誉。在他留下的招贴画作品中，有许多戏剧和舞蹈的海报。1899 年，他为著名的舞蹈家珍妮·阿维尔（Jane Avril）创作了名为《珍妮·阿维尔和蛇》的海报，画面中的舞蹈家身体呈 S 形的曲线，一条装饰性的蛇纠缠在她身上，人物的脸和手用线条粗粗地勾画出来，服装和帽子则用对比非常强烈的黑红色块粗犷地涂抹而成。画面单纯，主题突出，具有强烈的视觉冲击力，已经体现出现代招贴画作为视觉传达艺术的基本要求。（图 31）

劳特累克的招贴画更多地受到了日本浮世绘的影响，他摒弃了欧洲绘画中传统的透视关系，而采用了东方艺术里常用的主观空间构图和处理方法，常用不对称的构图来安排画面，用纯的色块进行装饰，用线条勾勒人物，选取富有戏剧性的场景，突出了招贴画的戏剧效果。同时，他在画面上夸张地表现人物的性格，把图像和文字巧妙地安排在画面上，以达到招贴画的商业性目的，这种独创方法和表现形式为现代广告作了成功的尝试，他也因此被称为现代招贴画的先驱。（图 32）

阿尔丰斯·穆夏（Alphonse Mucha, 1860—1939）的名字几乎成为新艺术招贴画的同义词，他的招贴画展示了成熟的新艺术曲线装饰风格。在他的艺术顶峰期，他的绘画被称为"穆夏风格"，他甚至成了描绘新艺术运动的代名词。

穆夏出生于捷克斯洛伐克的南摩维亚一个虔诚的宗教家庭里，他的家庭背景在他的艺术发展过程中扮演了重要的角色。穆夏童

32. 招贴画　设计：劳特累克

33. "Job" 香烟招贴画 设计：阿尔丰斯·穆
夏 1896年

年时是南摩维亚布鲁洛圣彼得罗马天主教堂唱诗班的成员，这个教堂里保存着丰富的巴洛克艺术。每次穆夏在这儿演唱时，这些艺术都深深地感染了他并影响了他后来的绘画。在作为剧场装饰设计师工作了一段时间后，他决定到布拉格学院研究艺术。1879年，他去维也纳为"Kautsky–Brioschi–Burghardt"公司的演出画布景，但后来因为剧院失火，演员被迫解散，他也失去了这份工作。1887年，27岁的穆夏到了巴黎，两年后，穆夏被委托为《小巴黎人图书》(Petit Parisien Illustre) 画插图。

他艺术生涯中的真正转机发生在1894年。这年，著名演员莎拉·波纳德 (Sarah Bern-hardt) 在画家生活无着的时候打来电话，委托他为自己"吉斯蒙达"(Gismonda) 的演出画招贴画。随着演出的成功，穆夏的招贴画也被广为传播，并很快为大众所接受，他因此赢得了声誉也赢得了更多的订件。随后的几年是穆夏风格的成熟时期，他创作了著名的"四季"(1896年)、"四种花"(1897年)，并且为"Job"香烟创作了最为知名的广告画，为"文艺复兴"(De La Renaissance) 剧院绘制了一系列的海报。穆夏为莎拉·波纳德所画的招贴还因她到美国的旅行演出而带到了美国，影响了美国招贴画的风格。(图33)

穆夏的作品吸收了日本木刻对外形和轮廓线优雅的刻画，拜占庭艺术明亮华美的色彩和几何装饰效果，以及巴洛克、洛可可艺术的动感和感性化的描绘。他用感性化的装饰性线条

34. "穆夏风格"的招贴画 设计：阿尔丰斯·穆夏

和简洁的轮廓线创造了被称为"穆夏风格"的人物形象。与别的画家不同，穆夏是一位摄影师，他利用了当时发明还没有多久的摄影技术来帮助他创作。他让模特摆出他所需要的姿势后拍成照片，然后以照片为基础，在画面上对服饰和头发进行整理加工，经过特别的构图再加上花卉及植物纹样的装饰，最后在画面上完成他的创作。他的很多招贴画的素材都来源于照片，他为波纳德所画的许多海报也是来自艺术家的剧照或画家本人为她拍的照片。但经过他的加工，所有的女性形象都显得甜美和富有青春的活力。他的画面常常由青春貌美的女性和富有装饰性的花草组成。（图34）

35. 纽约《时代周刊》招贴画 设计：爱德华·佩菲尔德 1895年

穆夏的招贴画也几乎成了一种模式，他常常为了强调形式感而使人物显得呆板，甚至矫揉造作。但在迎合大众审美趣味方面他确实寻找到了一种极好的表达形式，他把富有新艺术风格的人物形象与赏心悦目的花草图案及明亮轻快的色彩组合在一起，创造了一种雅俗共赏的画面效果。穆夏在从绘画到招贴画的过渡中作出了成功的尝试，使招贴画成为一种新的艺术形式。穆夏的画风后来有许多追随者。

一直到1894年底，美国还不知道什么是艺术性的招贴画，爱德华·佩菲尔德（Edward Penfield）为《Harpers》杂志所画的75张插图影响了美国读者新的阅读习惯，插图和招贴画在美国开始流行。（图35）

美国招贴画的代表画家是威尔·波德勒（Will Bradley，1868—1962），他的作品在某种程度上可以说是莫里斯书籍插图的图案和比亚兹莱插图人物的混合体。他也是最早把招贴画用于产品广告的画家之一，这也许与美国对商业艺术发展的强调有关系。他为维克多自行车（Victor Bicycles）所画的黑白两色的招贴继承了工艺美术运动的风格，装饰性的植物图案布满整个画面，花丛中坐着一位正在读书的少女，她前面放着一辆自行车，画面的上方是由装饰性的字母组成的"Victor Bicycles"文字。他也像威廉·莫里斯所做的那样，于1895年创办了一家印刷厂来印制自己的艺术杂志《波德勒：他的书》（Bradley：His Book），他的书籍设计，几乎是威廉·莫里斯书籍插图画的翻版，穿插的

36.《The Chapbook》海报 设计：威尔·波德勒

植物图案几乎完全是从莫里斯的版面设计中引用来的。波德勒随后也开始发展自己的风格，他最著名的招贴画，也是他最具有个人风格的招贴画是他为《The Chapbook》一书所画的海报。海报仅使用了五种颜色，人物纤细、优雅，类似日本画中的仕女，但在表现方法上则一脱工艺美术运动画风的窠臼，把线条和色块糅合在一起，富有动感的色块组成的画面已呈现出成熟的新艺术风格。（图36）

（3）建筑和室内设计

新艺术风格的建筑和室内设计今天仍大量保留在欧洲各国，成为这一风格的见证。像其他门类的艺术所呈现出的丰富多彩的风格那样，新艺术运动时期各国的建筑和室内设计，包括家具设计也是风格多样，每一个国家和每一位建筑师都不拘泥于一种风格或样式，他们更多地强调发挥自己的个性和才能，创造富有个人特色的作品。

苏格兰新艺术运动时期的建筑和室内设计以格拉斯哥学派为代表，这一学派的中心人物是麦金托什（Charles Rennie Mackintosh, 1868—1928）和以他为主的四人设计小组，其余的三人是麦金托什的妻子玛格丽特·麦克唐纳（Margaret Macdonald），他妻子的妹妹弗朗西斯·麦克唐纳（Frances Macdonald）以及弗朗西斯的丈夫赫伯特·麦克尼尔（Herbert McNair）。他们作品的风格都展示在为格拉斯哥艺术学校（Glasgow School of Art）和为克瑞丝顿小姐的茶室所作的建筑、室内以及家具和壁画等设计中。

麦金托什是期望在欧洲建立一种民族建筑的新一代建筑师之一。他出生在格拉斯哥，他的许多作品也在这儿完成。1884年，麦金托什作为当地建筑师约翰·哈钦森（John Hutchinson）的学徒开始了他的建筑师生涯，同时在格拉斯哥艺术学校的夜校学习。当时英国的建筑教育信奉建筑就是一种装饰艺术，格拉斯哥艺术学校是当时欧洲最好、最具有吸引力的学校。麦金托什在完成了他的论文后，进入"Honeyman and Keppie"公司，到1892年，麦金托什已经形成了成熟的新艺术风格。这种风格使用了修长的直线条和抽象的形体，明显受到了 1893 年《工作室》杂志的影响，比亚兹莱等人在杂志上的插图画也启发了麦金托什个人风格的形成。这一时期，他们四人已经在一起发展了一种共同的风格，他们一起设计的金属制品和招贴画因其抽象风格而在 1896 年的"艺术和手工艺展览会"上引起人们的关注。1894 年，麦金托什成为"Honeyman and Keppie"公司的合作伙伴。1897 年，麦金托什作为一个自由设计师首次接受了一个最重要的项目：设计新格拉斯哥艺术学校。这一建筑的主体建于 1898 年到 1899 年间，从 1907 年到 1909 年，麦金托什又完成了它其余的装饰部分。（图 37）

37.格拉斯哥艺术学校的北立面 设计:麦金托什小组

　　麦金托什的才华在新格拉斯哥艺术学校的建筑和室内装饰及家具设计中表露无遗。他在建筑中运用了手工艺人的方法，对每一个细部都作了精心的处理。这是一座两层高的建筑，具有英国传统建筑结实平稳的外立面，但麦金托什大量运用了新材料——玻璃和铸铁。铸铁组成的装饰图案是麦金托什设计中最具特色的地方，弧形的铁条和用铁条挽成的风格化的玫瑰花支撑着窗户，既起到装饰作用又便于清洁工清洗窗户。精致修长的铸铁栏杆体现了他的一贯风格，坚实粗重的墙面与细腻的装饰形成了对比。这种精致细长的装饰特点从外部一直延伸到室内，使内外风格统一起来，宽大的室内也用了细长的支撑柱，图书馆的吊灯也用细长的铁链从高高的天花板上一直垂吊下来。

　　为克瑞丝顿小姐茶室所作的设计是麦金托什四人小组的杰作，从门的装饰到墙上的壁画到室内的家具设计都是精心安排的结果，他们的风格在这里得到完美的体现。茶室的门上装饰着麦金托什设计的抽象的铸铁花纹，长线条分割出来的不

38. 麦金托什为克瑞丝顿小姐的茶室所画的壁画细部

规则的几何形具有音乐般的韵律。墙上有玛格丽特绘制的壁画，在由金色圆点和长线条形成的类似拜占庭镶嵌画的肌理效果中，浮现着优雅、修长，类似日本浮世绘的女性形象。另一些壁画里，女性形象则被玫瑰和长藤般的线条缠绕着，非常富有装饰性。（图 38）

麦金托什的天赋和风格还体现在他的家具设计、灯具设计和装饰品设计中

39. 麦金托什设计的家具和灯具

40. 为"山丘之屋"设计的椅子 设计：麦金托什

（图 39）。他那些结构简单、线条单纯的高靠背椅是其中的代表。他设计的椅子结构、色彩各不相同，但都用高高的靠背把风格统一起来。最有代表性的是他 1902 年在意大利都灵展览会上展出的白高靠背椅子和他为"山丘之屋"（Hill House）设计的高靠背椅（图 40）。前者使用了涂上白漆的木材，简短的圆柱椅腿，与高高的椅子靠背形成对比，坐垫是外宽内窄的梯形，由两根四方体木棍支撑着的靠背上，装饰着麦金托什作品中随处可见的玫瑰花图案，每一个结构和每个细部处理以及装饰图案都看得出设计师的用心。"山丘之屋"的高靠背椅，与前者在结构上相似，但已经没有任何装饰，麦金托什在这里只是运用结构语言来表达他统一的风格。椅子构件采用了几何形的木材，高高的靠背有类似天梯的视觉感，为了照顾视觉上的舒服，麦金托什在靠背的顶部有节制地用了一些方格结构。这些高高的靠背，完全不是为了功能的需要，甚至也不是为了装饰，它纯粹成了麦金托什独特的个人风格的表达，所以有人说这些椅子只是建筑师的家具，体现了建筑师对结构的热爱。由于其突出的个性化色彩，这些椅子今天看起来仍然很前卫。麦金托什结构简单的椅子，虽然是

手工制作的，但带有机械化生产的特征，在新艺术运动中，他的设计是最具现代感的，这些简明的直线风格今天又开始在一些设计师的作品中复活。

新艺术的曲线在麦金托什的作品中变成了夸张的、随意的直线条，麦金托什与新艺术的联系并不是风格上的而是观念上的。他在某种程度上继承了英国工艺美术运动的理性成分，在感性和个性化的艺术语言里保留了简洁、平衡和稳定。可以说，因为他的苏格兰出身背景，他把工艺美术运动和新艺术运动的风格结合起来，然后发展成自己独特的艺术语言。在麦金托什的艺术语言里概念化的玫瑰花图案和细长的直线条是常用的符号，这种图案和线条既可以是平面的也可以是立体的；既可以是画出来的，也可以是用金属材料制作的；既可以大也可以小；既可以用作主题装饰也可以用来处理细部。这些图案和线条体现在麦金托什所有的作品中，形成了他非常富有个性化的风格，在现代设计史中具有独特的位置。

亨利·凡·德·威尔德是英国工艺美术运动的继承者、发展者和新艺术风格的传播者，也是理论家和实践者。他的才华表现在绘画、建筑和装饰等诸多方面。他生于比利时的安特卫普，早年学习绘画，1884年到了巴黎，结识了后印象派的画家们。但在1892年，他放弃了绘画，改行从事建筑和设计，他曾遍游欧洲，在巴黎和德国等地都留下了作品。（图41）

威尔德早期受到罗斯金和莫里斯著作的影响，以至于把自己的名字也改成了英语拼写的方式。他的创作思想带着莫里斯社会理想主义的色彩，他非常强调作品的社会效益，希望为普通的人们创造美的艺术品，使他们有欣赏美的机会。与罗斯金和莫里斯一样，他也把艺术作为改善社会生活的一种手段。19世纪末，他在靠近布鲁塞尔的地方建立了自己的装饰公司和工厂，他新艺术风格的曲线家具设计众所周知。他的设计几乎涉及了所有的领域，包括平面设计。1900年，他移居德国柏林；1902年，他被委托在德国的魏玛（Weimar）建立一所实用美术学校并设计这一学校的校舍，这一学校后来成为被誉为现代设计摇篮的魏玛包豪斯（Bauhaus）设计学校的前身。威尔德的设计生涯一直进入到20世纪的现代设计运动。

威尔德作品的新艺术风格直接从工艺美术运动发展而来，他对工艺美术运动的继承不仅是造型上的也是观念上的，因此他的作品结构简洁，弧

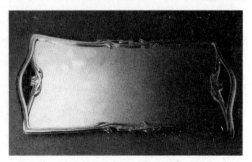

41. 盘子 设计：亨利·凡·德·威尔德 1898年

42. Bloemenwerf椅 设计：亨利·凡·德·威尔德 1895年

度较小，视觉朴实。比起那些强烈表现出新艺术曲线风格的作品来，他的作品具有传统和民间艺术的质朴感，尤其是他的家具设计（图42）。1895年，他为自己设计了一幢住宅以及与之相配的家具。这一建筑虽然在楼梯扶手、壁画等处可以清晰地见到对新艺术曲线装饰的采纳，但整体设计注重了视觉上的平衡和对称效果。威尔德尽管没有接受过建筑师的正规训练，但在这一建筑中他把功能和装饰很好地结合起来，还充分考虑了人与建筑物及环境的关系。在这一建筑的整体设计中充分地发挥了他各方面的艺术才华，他设计了建筑、家具、装饰，甚至屋子里穿的服装。花卉装饰的主题与家具的结构以及所有的色彩十分协调，这种整体设计引起了人们的浓厚兴趣。凡·德·威尔德在平面、金属制品等设计方面都有极好的成就，他对新艺术运动所作的贡献是多方面的。

最能代表新艺术成熟的曲线风格的室内设计也许是维克多·霍塔（Victor Horta，1861—1947）所做的，这位比利时设计师的作品今天仍然矗立在布鲁塞尔的街道旁。他自由大胆地处理室内空间，毫无顾忌地使用工业化的新材料钢铁和玻璃，他也是最早把这些材料引入住宅装饰的设计师之一。他的设计甚至使比利时成为了新艺术运动的中心，他的风格则成为比利时新艺术运动的代表风格。来自各国的艺术家在这儿受到启发，又把这种风格传播到欧洲各地，甚至美国和远东。

1892—1893年，在布鲁塞尔建成的"塔塞尔"公寓（Hôtel Tassel）是新艺术风格成熟的作品，也是霍塔的代表作（图43）。这是霍塔为工程师和几何学教授艾米尔·塔塞尔（Emile Tassel）设计的住宅，这幢建筑的外观除了使用了铸铁花纹的栏杆外，基本上沿用了比利时传统建筑简洁的形式。最能体现霍塔才华的是室内的装饰设计（图44）。活泼、跳跃、类似植物根须的曲线遍布在门面装饰、地面装饰、墙面装饰、楼梯装饰、柱头装饰甚至灯具装饰上。这些线条轻盈、自然，像植物似的在屋子里生长着、伸展着、蔓延着，呈现出生命的活力。这种装饰在公寓的楼梯间被充分运用，用铸铁制作的藤蔓似的线条

43. "塔塞尔"公寓的外立面 设计：维克多·霍塔　　44. "塔塞尔"公寓的室内 设计：维克多·霍塔 1892—1893年

从楼梯扶手的最下端往上延伸，支撑天花板的柱头也爬满了这种铸铁制成的藤蔓，与天花板上的同样装饰连接起来，墙面用绘制的这种线条从墙脚一直装饰到天花板，地面则装饰着用马赛克镶嵌而成的类似曲线纹样。霍塔的装饰几乎喧宾夺主，把建筑的结构和部件掩盖起来，装饰在这里已经成为建筑的主要语言。但这种装饰并不显得拥堵或呆板，相反，流畅、优雅、精致、富有韵律的线条让人觉得像植物生长那样自然，它所呈现出来的美感是赏心悦目的。

　　在随后的十几年里，霍塔在另一些建筑里用铸铁和玻璃发展了自己的风格，探索了这些新材料的各种可能性。如凡·爱特维德公寓（Hǒtel van Eetvelde，1895年），他为自己所建的霍塔公寓（Hǒtel Horta），以及为百万富翁阿蒙德·索尔维（Armand Solvay）设计的索尔维公寓（Hǒtel Solvay，1895—1900年）和为社会工作者联盟（Socialist Worker's Union）设计的总部大楼"人民之屋"（La Maison du Peuple，1896—1899年）等。在凡·爱特维德公寓的设计中，他创造性地用钢支架和彩绘玻璃在屋子的中间修建了一个圆形的天井，支架用栏杆连接起来，中间形成一个活动中心。圆形的玻璃屋顶为整个屋子提供了良好的采光，栏杆和支撑玻璃的支架都运用了霍塔擅长的细长的铸铁线条装饰，但在这里装饰和功能得到了较好的结合。他为自己设计的住宅，现在已成为新艺术的博物馆，在住宅的正面，霍塔探索了石头和铸铁的潜能。石头砌

45. 凡·爱特维德公寓细部 设计：维克多·霍塔 1897—1900年

成的外立面简洁、平实，铸铁组成的抽象图案装饰着凸出的窗台，石头的墙面结构和铸铁的装饰结合得非常完美、自然，每个转折处、每个细部都经过了设计师的精心处理（图45）。建于1895—1900年间的索尔维公寓充分显示了霍塔作为一个金属装饰大师的才能，窗户上装饰的铸铁图案具有阿拉伯风格式的优雅，建筑物的各个部分都体现出这种风格的整体效果，如楼梯扶手的细部设计，铸铁制作成精致、华美的图案，优雅而自然地弯曲着，与楼梯的木质把手自然地合为一体。

"人民之屋"是霍塔作品中少有的公共建筑，但这一建筑已完全可以反映出霍塔的才能并不仅仅表现在住宅建筑方面，他对玻璃和铸铁的使用在公共建筑中同样取得了极好的效果。在这一建筑中，霍塔大胆地使用了现代材料，正立面虽然保留了比利时传统建筑几何形的简洁风格，但几乎完全由玻璃构成，玻璃已经被融合在建筑的结构中，为宽大的内部空间提供了充足的光线，曲线图案的铸铁装饰则用在阳台的栏杆和阳台的支撑架上。内部空间也大量运用了钢铁的支架结构，内部长长的观众席则由铁条结合而成。霍塔的建筑设计成就虽然主要表现在

46. "人民之屋"的外立面 设计：维克多·霍塔

47. "人民之屋"的室内 设计：维克多·霍塔 1896—1899年

装饰上，装饰往往从他的建筑设计中凸现出来，成为独立的审美对象，但他对新材料的探索和成功运用却为现代建筑提供了极好的例子。（图46、图47）

与其说霍塔是一个建筑师不如说他是一个装饰设计师，他在建筑装饰上取得的成功几乎无人可比，他对铸铁材料的创造性使用也没有人能媲美。霍塔在新艺术运动中充当了建筑师和艺术家的双重角色，而且，他把这两种角色很好地统一起来，发展了代表新艺术运动的成熟风格。

在巴黎，建筑方面的新艺术风格主要是由赫克多·吉玛德（Hector Guimard，1867—1942）设计的地铁站体现出来的。如果说新艺术运动的很多作品仅表现出装饰性的形式美感，那么，吉玛德那些装饰着弯曲的类似植物图案的铁条的巴黎地铁站则很好地把美观和实用结合起来了。它们中的很多并没有随着时间的推移而消失，时间一点也没有减弱它们的实用功能或审美价值，这些地铁站今天仍然是巴黎繁华街头的一道景观。（图48）

吉玛德是最著名的法国新艺术风格的建筑师之一，从1885年到19世纪90年代初，他在巴黎接受了传统的学院式教育。在学习期间，他对英国的工艺美术运动极为欣赏。在获得一笔奖金后，吉玛德有机会访问英国，去研究他在杂志上看到的那些工艺美术运动的作品。他看到的这些东西虽然给他留下了印象，但在访问比利时的时候，霍塔1892年设计的塔塞尔公寓给他留下了更深刻的印象。1894年，吉玛德被委托在巴黎设计一幢公寓楼，他设计的38套公寓，每一套都有不同的风格，它们看起来富有变化而且不规则。同样的变化和不规则也体现在建筑物的外立面。在此建筑中，吉玛德使用了多种材料，砖、经过雕刻的石头、铸铁、铸陶、铁和青铜。从建筑的外立面上，可以看到新艺术曲线风格的所有特点。

48. 地铁站 设计：赫克多·吉玛德 1900—1904年

很多建筑的造型是吉玛德作为艺术家和设计师双重身份创造的成果。他承担了与建筑有关的所有设计，包括钢铁框架、彩绘玻璃、陶瓷和地毯等。

巴黎地铁站的设计是吉玛德运用玻璃和铸铁的成功例子。这些地铁站的建造，从 1900 年开始，一直持续到 1904 年，在巴黎共建了 140 个。巴黎地铁站的设计在曲线和直线的不规则的平衡中清晰地反映出新艺术运动的风格，但重要的不仅是这些地铁站是新艺术风格的代表，而是这些地铁站在使用预先制作的铸铁元素上所具有的特别意义。因为吉玛德相信，不管是什么时候，只要有可能，现代机器的制作方法都应该被运用。这些铸铁被涂上绿色的油漆后在视觉上产生了青铜的效果。也许它们的装饰花纹看起来可能有些错综复杂或纠缠不清，但它们在经受了一个世纪的繁忙使用后，仍然非常结实（图49）。吉玛德还把婉转曲折的造型方法同样应用在印刷和照明上，所有这些都被升华为"地铁风格"，成为法国新艺术风格的代表，并成为新艺术的同义词。

49. 阳台栏杆细部 设计：赫克多·吉玛德 约1909年

法国另一个新艺术中心是南希（Nancy），经过努力，南希的艺术家们创造了富有地方特色的新艺术作品，形成了风格独特的"南希学派"（Nancy School）。他们设计的家具最为著名，在 1900 年的巴黎博览会上，南希学派的设计尤其引人注目。这次博览会展示了南希学派在新艺术自然造型方面所取得的最高成就。这群艺术家中的杰出者是爱弥尔·盖勒（Emile Gallé，1846—1904），他是一位充满热情的植物学家并自称是象征主义者。他对植物和

自然的热爱以及在这方面的广博
知识经常反映在他的作品中，他
的装饰主题往往是植物和昆虫的
造型。正是因为他的努力，在法
国的南希形成了另一个新艺术中
心——"南希学派"。南希学派
的家具造型比起他们巴黎的同行
们来更具有体量感。盖勒在艺术
观念上的象征主义思想影响了他
的家具制作，他的一些家具，如

50. 蝴蝶床 设计：爱弥尔·盖勒

极富幻想的"蝴蝶床"（Butterfly Bed）等设计是纯
粹的象征主义作品。"蝴蝶床"的床头和床脚装饰着
两只巨大的蝴蝶，蝴蝶的背景是日出和日落的画面，
由镶嵌着的珠母和各种色调和谐的木头组成，表明
了床在时间上对人们生活的象征意义（图50）。床
头柜上的灯具设计则用了非常写实的蘑菇造型，盖
勒把他在植物学方面的知识用在了他的设计中。这
些家具同时也表明了价格昂贵的制作费用，盖勒只
能为那些富裕的委托人提供艺术家具。

爱弥尔·盖勒（Emile Gallé，
1846—1904），法国新艺术时期著
名的玻璃和陶瓷艺术家，南希学派
的创始人。他曾经在南希和魏玛学
习哲学和植物学。1886年，他创办
了一家家具制造厂，并在1900年的
巴黎世界博览会上获得了极大的成
功。盖勒在艺术观念上的象征主义
思想影响了他的家具制作。

南希学派家具风格的形成是由其地方
背景所造成的：当地的植物和木头常被用
于家具镶嵌和宗教雕塑。盖勒使用了几百
种木材，探索了每一种所具有的特性和潜
能。盖勒在1900年巴黎博览会上展出的"挡
火板"（Firescreen），就充分展示了他对多
种雕刻方式和多种木材的把握。盖勒擅长
在材料上精雕细刻，其流线型的风格体现
了一个手工艺人的严谨态度，也表现出对
传统工艺的尊重。（图51）

新艺术的建筑和室内设计在西班牙呈
现出完全不一样的风格，这种风格是由安

51. 玻璃台灯 设计：爱弥尔·盖勒

东尼·高迪（Antonio Gaudi, 1852—1926）所创造的。高迪被称为建筑史上的鬼才，是西班牙新艺术运动时期的代表。在复活民族建筑和创造新形式的探索中，高迪不是孤独的，但他那些奇妙的、类似新艺术风格的有机建筑风格是极为独特的。

高迪早期的作品维森斯住宅（Casa Vicens），建于1878年到1880年间，住宅是为富有的制造商曼纽尔·维森斯（Manuel Vicens）所设计的。建筑明显地受到了西班牙"穆德哈尔"（Mudejar）建筑形式的影响。这是一种融合了13至16世纪罗马式、哥特式和阿拉伯式的建筑形式，把基督教艺术和阿拉伯装饰结合起来了。高迪设计的维森斯住宅的外墙面是未涂灰泥的砖块和一些陶瓷的贴面，这种墙面处理也许与高迪本人的出身有关，他生于一个陶工家庭。在建筑过程中，高迪常常改变一些细部直到自己非常满意为止，那些去掉的部分往往是他认为不舒服的地方。维森斯住宅显示了高迪作品中个性化的处理方法，就是把一些绝妙的材料组合在一起，砖块、石头和陶瓷被混合在一块儿，逐渐往上成为一个尖顶，尖顶既是作品整体的一部分，在功能上又起到烟窗的作用。高迪对自然的感受主要反映在他用陶瓷来表达花的主题、用铸铁的门表达棕榈的主题等方面。（图52）

1885年，高迪开始为他的朋友古尔在Carrier Nau设计一幢城市住宅。这幢建筑除了是古尔一家在市区的住宅外，还要充当一个博物馆，展示这个家庭的古董收藏品，并且是这个家庭社会生活和组织活动的场所。高迪光为这幢建筑物的外观就做了25个方案，然后将其中两个提交给了他的

安东尼·高迪（Antonio Gaudi, 1852—1926），早年学习建筑，从1878年开始形成自己的建筑风格，用自己的方式表达了建筑的统一性和内部设计，奠定了所谓的现代主义加泰隆尼亚新艺术风格。他富有争议的建筑风格为他赢得了巨大的名声。

52. 维森斯住宅 设计：安东尼·高迪 1883—1888年

委托人。古尔显然选择了高迪本人更喜欢的一个方案，这一方案复兴了威尼斯
哥特式的宫殿外观样式。这座宫殿的平面基脚用立柱支撑起来，只有很少的墙面，
以便使室内有最大的通风量，充分考虑了建筑的功能性。新艺术风格的细节出
现在铁架结构和卧室及门口的石头结构中，一些铁架结构呈现出对花卉主题的
细心观察，这些灵感明显地受到了威廉·莫里斯和拉斐尔前派的影响。高迪在
装饰和结构上对自然造型的兴趣，表现在入口处采用的抛物线门廊和走廊、窗
户上重复的圆形主题上。

　　在1900年到1910年间，高迪放弃了对所有的历史风格参考，在新艺术运
动风格的激发下，设计了他最重要的一些作品，如古尔公园（Guĕll Park）、米
拉公寓（Casa Mila）和巴特罗公寓（Casa Battlo）。

　　巴特罗公寓作为一幢"骨头房子"而闻名于世。这一设计的问题不是建造一
座房子而是接受已经存在的建筑物，它原来的基本结构被保留了下来。改建的目
的是改变正立面的有机形式和建筑的后面部分，把主要的楼层用于主人的生活区

域。经过高迪的设计，建筑外立
面的下面部分与有条纹的骨头
极其相似，而阳台则像极了动物
的脊椎。建筑物的内部却有极好
的木质构件，门和门框被精心地
雕刻，与房间和谐地结合在一起。
一个经过雕刻的橡木楼梯蜿蜒
地弯曲向主要的楼层，这可能是
高迪最好的室内设计，他还为
此设计了非常舒服的橡木家具，
包括著名的为两到三人设计的
曲背沙发（图53、图54）。这一
建筑最有特色的是在老房子顶
层建成的一个新屋顶，它是高
迪有关屋顶理论的诠释。他认
为建筑应该有双重的屋顶，就
像人们应该戴着帽子、拿着遮
阳伞一样。这一屋顶建在弧形

53. 巴特罗公寓的外立面　设计：安东尼·高迪　1900—1910年

54. 巴特罗公寓的室内　设计：安东尼·高迪　1900—1910年

55.巴特罗公寓的屋顶 设计：安东尼·高迪 1900—1910年

砖结构的上面，与房子的其余部分隔开来，考虑了吸收阳光后温度的变化。这个盖在巴特罗公寓屋顶上面的"遮阳伞"非常像东方传说中的龙的脊背，它的表面（像龙的鳞甲）覆盖着陶瓷片。在屋顶的平面区域，高迪设计了用玻璃碎片装饰的烟窗。(图 55)

乌瑟比·古尔的赞助使高迪于 1903 年设计了古尔公园。古尔家族于 19 世纪末在巴塞罗那市区边缘获得了一大片土地，从这片土地的最高点可以越过城市看到地中海。用了三年时间，这一公园的基本结构总算完成了，包括围墙、门房、主要台阶和高架桥。包围着这片区域的正立面围墙给居民一种安全感和受保护感，因为在本世纪初，这片地方是远离城区的、孤独的。一系列的社区服务项目也在规划之内，包括饮用水、照明和能源，以及步行道路和交通路线。另一些设施围绕着一个大的正方形而建，低的部分用作市场，高的部分是一个天然剧院，一个娱乐和文化中心。四方形里提供了一个雨水收集处，成了位于市场门廊下面的一个大的蓄水池。这一设计几乎就是一首标新立异的超现实主义的梦幻曲，蜿蜒伸展的低矮围墙，上面覆盖着陶瓷和玻璃碎片组成的类似中世纪镶嵌壁画的抽象图案。在设计古尔公园期间，高迪成了广义艺术一词中的艺术家。他设计建筑、制作雕塑、绘画，把单调的平面打破成为不同的形体。(图 56)

高迪最主要的成就和他最著名的住宅作品大概是米拉公寓，它建于 1905 年到 1910 年间，这是高迪最后的一件住宅作品，也是他野心的重要体现。但是，像高迪的很多建筑一样，米拉公寓也没有完工，缺少"在两个天使之间的圣母和圣子"

56. 古尔公园小径 设计：安东尼·高迪 1903年

的纪念碑雕像，这一雕像本打算作为结构上的王冠。从空中可以看到建筑物的组成部分：两个大的内部庭院和呈曲线运动的外立面。在米拉公寓里，高迪超前地运用了功能主义，他远离传统公寓的观念，使之上升到一种新型的居住空间。它首次采用了一个活动梯子，从底下一直到平屋顶，但在第二层，梯子被移走了，在它的位置

57. 米拉公寓 设计：安东尼·高迪 1906—1910年

安装了一个螺旋形的楼梯，环绕着庭院的内墙到达生活区域。整座房子用石头和带木格子的砖柱子代替了支撑的墙体，房间里可移动的隔断使这一建筑的内部空间变化自如，适合各种用途。在米拉公寓的设计里，高迪让建筑通常采用的直角变得圆润，正立面是一系列蛇形的曲线。在圆形的窗户、不规则的柱子和阳台的铁构架中，再一次出现了自然的造型，那些装饰在窗户和阳台上的铸铁构件，像生长的植物爬在那儿。屋顶也是蛇形的弯曲线条，所有的墙壁都是弯曲的或倾斜的，一个房间和一条走廊毫无阻隔地向另一个流动，给人以变幻莫测的空间感。雕塑的主题贯穿在整个建筑里，在这里，几乎没有装饰，整座建筑就是一个庞大的装饰雕塑。（图57）

　　1881年，巴塞罗那新镇Ensanche计划修建一座大教堂"圣家族教堂"（El Temple de la Sagrada Familia），这项计划完全由公众赞助。教堂于1882年奠基开工，高迪当时并不是这一教堂的建筑师。1883年11月，高迪成为这一教堂建筑设计的委托人，这项工作一直持续到43年后高迪去世。从1883年高迪接手这项工程起，他一直断断续续地为这座教堂工作，但直到他1926年去世，这一教堂还远未完工。尽管如此，它足以说明高迪在建筑方面的天才，或许应该是奇才。在米拉建筑工作停止后，高迪全身心地投入到"圣家族教堂"的建造中。高迪设计了这一教堂的地窖、教堂的屋顶和正立面，以及高达100米的塔楼。教堂的圆屋顶计划高出150米，但也从来没有完工。这一教堂十字耳堂上面的四个高耸入云的尖塔，一眼就可以看出是高迪的作品，它们今天已成为巴塞罗那市的象征，这些尖塔只是13个计划中建成的一部分。尖塔的墙面被开敞的口子所洞穿，边缘由水平的泥瓦边带连接起来，它的功能更像天窗，为室内遮雨避音。像所有高迪的作品一样，这一教堂为建筑设计的发展提供了新

的理论和方法。高迪在倾斜的三点式结构的基础上发展了圆柱结构，这使他从支撑墙面的拱壁中解放出来。在这一建筑中，设计师已经放弃了哥特式建筑的形式，其若有若无呈

58. 圣家族教堂大门 设计：安东尼·高迪 1883年至今

59. 圣家族教堂屋顶细部 设计：安东尼·高迪 1883年至今

现出来的仅是哥特式建筑的灵魂和精神。这种再创造，已不属于任何历史和现有的风格和形式，它表达的只是建筑师本人的想象。(图58、图59)

高迪生于巴塞罗那，长于巴塞罗那，也工作在这里，他的作品都建筑在这里，他一生都没有离开过这儿。他在建筑方面所取得的成功，一方面由于他的天赋，另一方面他还受到了建筑师和建筑理论家维奥勒特—列—丢 (Viollet-le-Duc，1814—1879) 的影响。维奥勒特—列—丢曾参加过哥特式教堂的修复工作，对哥特式建筑结构抱着理性的态度，满腔热情地要复兴哥特式建筑，他是一位把哥特风格的复兴与新艺术联系起来的重要人物。高迪的早期建筑可以明显地看到哥特式建筑的痕迹，只是他在对新材料的富有想象力的运用上带着时代的色彩。在他设计的第二个阶段，新艺术运动的风格开始反映在他的作品中，但他对不同材料的质感和色彩的把握，以及铸铁装饰图案的个性化，都带着浓郁的个人风格。到了他晚期的创作中，他独特的造型和装饰风格就仅仅属于他自己了。不管外界有何变化，也不管风格发展到何处，或者还将发生什么，都已与他无关，他沉浸在自己的艺术世界里，只是在走着自己的路。他的这种创作态度所形成的独特风格，前无古人，也后无来者，当然，这种仅属于个人的作品也是不可能模仿的。除了他的远见卓识外，高迪不是20世纪建筑这一名词意义上的建筑师，他基本上是一个手工艺人，他的设计在建造的过程中逐步实施，而不是先有一个明确的纸上计划。

高迪的建筑就像长在大地上的有机体一样，从他拒绝继续19世纪的历史主

义风格，对功能型建筑外观的兴趣和他
的实践及他的个性化特点来看，高迪的
作品真正成了新艺术运动的一部分。在
很多情况下，一幢建筑物被称作新艺术
风格是因为它的装饰，一些装饰也许并
不符合建筑的功能，却很能体现以装饰
为主的新艺术风格，但高迪的建筑是一
个例外，他的作品并不以装饰取胜，而
以建筑本身的造型形成特点和风格。他

60. 书柜 设计：亨利·凡·德·威尔德 1899年

成为 20 世纪现代建筑的先驱、著名的现代建筑师勒·柯布西耶的先行者。在
20 世纪，使建筑具有个人风格这方面，高迪的影响是潜在的、观念性的。

德国新艺术运动的设计师围绕在杂志《青年》(Die Jugend) 的周围。《青年》
杂志于 1896 年创刊，随后成为新艺术风格的主要传播者，德国的新艺术运动便
以此为中心展开，因此，德国的新艺术风格也被称为"青年风格"(Jugendstil)。
1895 年发行的《Pan》杂志在德国新艺术的发展过程中也起到重要作用。德国
新艺术运动主要受到了亨利·凡·德·威尔德和麦金托什的影响，加之德意志
民族的特点，他们的作品带有更多的理性成分。在建筑方面，新艺术的装饰并
没有影响建筑的整体结构和造型，装饰仅起到点缀的作用。在 1900 年前，德国
的新艺术运动基本上沿用了工艺美术运动的造型，花卉图案被用于各种装饰之中。
1900 年后，在德国开始发展出一种抽象的风格，这种风格与后来的现代主义设计
运动不谋而合，因此德国成为开展现代设计运动最早的国家。(图 60)

像欧洲一样，美国的建筑师和设计师也开始摒弃 19 世纪传统的历史风格。
对于绝大多数美国设计师来说，哥特式或文艺复兴式的风格和主题只是回忆过
去的一种媒介，作为殖民时代的残留物，对一个新国家已不适宜。对很多美国
人来说，欧洲风格的建筑象征着美国对欧洲文化的依赖。19 世纪后期，芝加哥逐
渐成为美国经济发展的中心，建筑的新形式也开始在这儿发展。路易斯·沙利文
(Louis Sullivan, 1856—1924) 是美国建筑发展过程中的先驱者之一。

路易斯·沙利文生于波士顿，1872 年在马萨诸萨州科技大学学习了一年建筑，
1874 年远赴巴黎深造，1875 年回到了芝加哥。沙利文 1881 年成为达克玛·阿
德勒 (Dakmar Adler) 的合伙人，一直到 1895 年。在他们合作的早期，芝加
哥正面临 1871 年大火后的城市重建，发展防火钢架结构屋顶的技术，提供多层

61. 芝加哥大剧院 设计：路易斯·沙利文

建筑，允许富裕的投资者在芝加哥市购买土地等一系列措施都为他们提供了良好的发展机遇。他们早期的委托项目是些零售商店或百货公司，楼层仅允许六层高。但在1886年，情况发生了变化，他们接受了芝加哥剧院大楼的设计项目，这是一个大的现代歌剧院，两侧是11层高的私人住房、办公室和旅馆。大剧院要建一个允许2500人听音乐会、1000人开会的观众席。声学的要求决定了自然和装饰造型的范围，沙利文使用了可折叠的天花板护墙和垂直的屏障，用许多悬吊的圆形弧圈把声音从舞台传向剧院后面的观众。在建筑的外部，沙利文改变了剧院的立面材料，通过在下面三层使用质朴的花岗岩石块和在四层以上使用沙岩，强调了建筑物的垂直感。虽然在这儿几乎没有装饰，但在湖边平地的旅馆走廊的柱子上暗示了对东方主义装饰的引用。像许多同时代的建筑师那样，沙利文使用装饰并不是为了点缀建筑，而是用来强调建筑的结构元素。（图61）

62. "斯科特"百货公司 设计：路易斯·沙利文

圣路易斯的"Wainwright"大厦是沙利文试图把他的结构原理用于高层建筑的第一次尝试。这一摩天大楼的基本造型是许多完全相同的楼层，从地面到第一层再到顶层，其结构的水平线都没有任何变化，新艺术的花纹装饰虽然在阳台的栏杆上体现出来，但这一建筑整体上的几何形结构已具备了现代建筑结构的特点。沙利文是多产的建筑装饰的设计师，因目的不同设计了许多不同类型的作品。他设计的"希尔辛格－迈尔"百货公司大楼，即现在的"斯科特"百货公司大厦，是他最为知名的作品（图62）。在这一建筑设计里，他明确地把窗户开得比一般的公共建筑更大更长，使得采光效果更好。这种处理窗户的方式被许多建筑师所仿效，并被称为"芝加哥窗户"。加大的窗户使用于销售的楼层有良好的光线，在这里，沙利文实现了他的经典的现代建筑设计格言"形式服从功能"（Form Follows Function）。虽然高层的窗户是完全功能性的，但底下两层被由涡卷形的线条、叶子和花装饰的铸铁图案围绕着。当然，新艺术风格的装饰并没有掩盖其显而易见的建筑结构。这一建筑位于所谓的"世界最繁忙的角落"，沙利文通过它证明了工程师的工作一样可以用于建筑，把建筑形式和人们的美观需要结合在了一起。

美国另一位建筑师弗兰克·L.赖特（Frank Lloyd Wright，1865—1959）的作品和对其他建筑师的影响超过了路易斯·沙利文。1887年，赖特加入阿德勒和沙利文的工作室时才18岁，他们一起为芝加哥剧院工作。在参与这一项目的同时，赖特也开始了他自己的设计工作，他于1893年开办了自己的工作室。但赖特建筑生涯的真正开始是1889年，随后，他为自己在伊利诺斯州的"橡树公园"里建造了住宅（图63）。他在这一建筑上发展了他的有机建筑观念。这一方法认为，建筑的室外和室内的处理应该反映出它们之间的关系，每一个细部（如家具）都要因室内的空间而做独特的设计。赖特的设计受到了19世纪一些建筑教科书的影响，他还受到了东方艺术和建筑的影响，他后来成为日本绘画、装饰品和东方陶瓷的收藏家。日本建筑，因其简单的结构、精巧的装饰和室内空间的灵活组织，以及与自然环境的密切联系，对赖特的建筑设计产生了极大的影响。（图64）

赖特很多的早期建筑和装饰原理都来自于19世纪有关线条的理论与实践，许多是由工艺美术运动风格激发而来。1897年，赖特本人成为"芝加哥艺术和手工艺协会"（Chicago Art And Crafts Society）的成员和发起人。他自己在

63. 橡树园住宅 设计：弗兰克·L.赖特 1902年

64. 弗兰克·L.赖特设计的住宅

65. 室内　设计：弗兰克·L.赖特

橡树公园的住宅就体现了工艺美术运动的美学精神。1900年以前，赖特非常熟悉麦金托什和威尔德等人的作品。赖特的住宅被认为是从一个中心点向外扩展的家庭建筑的开始，这种设计已经被并入美国建筑的本土语言，这种建筑所有的房间都围绕着建筑的中心。美国建筑本土语言的另一个特点是走廊，以此作为遮蔽和户外生活空间。这两大特点都体现在赖特的建筑里，在他的作品中，走廊常常变成了一个悬臂结构的屋顶或马车门廊，成为今天汽车房的前身。（图65）

赖特体现新艺术运动直线风格的早期作品有所谓的"草原住宅"（Prairie Hous-es），位于橡树公园的"联合教堂"（Unity temple）和一组办公室建筑，在水牛城的"拉肯大厦"（Larkin Building）。"联合教堂"是他的第一座混凝土建筑，"拉肯大厦"是赖特的第一座装有空调的办公大楼。像他的许多欧洲同时代的同行那样，赖特的目的是创造一个环境，这种环境要与整个社会互相包涵和互相影响。赖特相信几何造型和直线是自然的造型和机器的线条，他把这些造型和线条用于建筑形式及室内设

66. 椅子　设计：弗兰克·L.赖特　约1908年

计，使他的作品形成了直线的特点，他把这些特点也同样用于他的家具设计中。（图66）

（4）日用品和其他设计

在新艺术运动时期作任何纯艺术和实用艺术之间的区分都是一个问题，因为新艺术的设计者和制作者拒绝任何分类，他们的目的是试图打破这些界限。对新艺术运动的设计师来说，每种艺术形式都是同等重要的，很多艺术家的才能体现在多种造型艺术方面，并用他们的智慧在许多领域创造出了独特的设计。例

如，像花卉造型的银器，是艺术家伯登·卡拉吉奥格威特（Bogdan Karageor-gevitch）的作品，可以在"现代之家"（Maison Modern）找到，他还是一个作家和新闻记者。很多所谓的"实用艺术家"像威尔德就放弃了绘画而去设计制作金属作品和家具等。威尔德早期的实用艺术品有为书籍画的插图，他作为设计师的成就更明显地体现在他的那些小的作品里，如他为梅森·德累斯顿（Meissen Dresden）设计的茶具以及银茶壶和烛台，这些设计的线条体现了功能，装饰反映了结构。（图67）

新艺术运动的艺术家们也并没有单纯地使用一种材料比如银，他们还使用黄铜、铜、锡合金和铁，他们使用所有以前被功利主义者不屑于用的材料，探索各种材料的潜在可能性。他们证明了那些普通的材料也可以制作艺术品，同样可以体现美感，可以成为新艺术运动风格的载体。

67. 茶壶 设计：亨利·凡·德·威尔德 1902年

在机器化的新时代里，英国人的方式被很多国外的艺术家和设计师认为是坚实的和理性化的，本森（W.A.S.Benson, 1854—1924）的金属作品被许多欧洲的设计师看做是这种风格的缩影。本森通过他的朋友爱德华·伯恩·琼斯，见到了威廉·莫里斯。受莫里斯的鼓舞，他在1880年打算开办一家金属制品的生产车间，后来扩展为一家设备良好的工厂。1887年左右，他在伦敦Bond街开办了一家商店。他是莫里斯的学生和朋友，从1884年开始就是"艺术工作者组织"的积极成员，1886年又成为"艺术和手工艺展览会"的领导者，1896年莫里斯去世后，他还一度是"莫里斯公司"的主管。但本森是工艺美术运动圈子里采用机械化大批量生产的极少的设计师之一。用黄铜、铜或合金，本森设计制作了壶、衣帽架、电台灯以及简单的家具。所有的产品在设计时都考虑了机器生产，使用了流畅漂亮的线条装饰和结构支撑（图68）。在1895年12月巴黎萨姆尔·宾的"新艺术商店"开张展览会上，本森

68. 银水壶 设计：本森 1905年

的作品，尤其是那些电子产品受到许多人的欣赏。当另一些人用锤子敲打金属的表面产生丰富的结构来探索金属的其他特征时，新艺术运动的设计师们已经自由地使用不加装饰的金属制作出平滑的轮廓线，苏格兰建筑师麦金托什就为克瑞丝顿小姐的茶室设计了一系列餐具，它们细薄的造型、超前的功能特点和几乎抽象的外轮廓线，预示着 20 世纪现代北欧的设计风格。

在 19 世纪 90 年代后期，电灯成为遍及美国大陆的一种风尚，在当时，如果一个家庭没有一个蒂夫尼或蒂夫尼式风格的台灯就说明这一家已经落伍了。彩绘玻璃的台灯是路易斯·康夫德·蒂夫尼（Louis Comfort Tiffany,

69. 蒂夫尼公司生产的彩绘玻璃台灯

70. 蒂夫尼公司生产的台灯

1848—1933）的杰作，大概是他在功能性的商业设计中最有意义的贡献。色彩丰富的玻璃造型灯具使白炽灯泡里刺眼的灯光变得极其柔和。最流行的蒂夫尼灯具设计基于植物和树的造型，但蒂夫尼并不是简单地把这些主题用于台灯的设计，而是让植物和树本身变成了台灯。青铜的基座是树根和树干，不规则的造型上面悬挂着装饰着百合花、荷花或紫藤花的彩绘玻璃灯罩。蒂夫尼收藏的东方和北非艺术中的自由造型和不经意的不规则形式，吸引了蒂夫尼在设计时试图放弃西方的传统。他对用玻璃本身组成装饰的可能性着了迷，他在旅行时发现的古代玻璃上的彩虹般的色彩激发了他的灵感。经过了几个世纪，埋在地下保留下来的玻璃器，与周围的土壤经过化学反应，其表面形成了彩虹般的光泽。这种自然过程使蒂夫尼为他自己的玻璃器确定了"可以控制的偶然效果"的艺术目标。（图 69）

1884 年，蒂夫尼把他的公司重建为"蒂夫尼玻璃公司"。有大约十年时间，这一公司一直忙于实践，到 1894 年，它以"蒂夫尼玻璃和装饰公司"的面貌出现。在他名为"杰克在传道"的玻璃花瓶中，植物球茎般的底座上面是一个长长的叶柄，叶柄上面是一个类似百合花的喇叭形。蒂夫尼创造了他理想的造型，并展示出他极为偏爱的闪闪发光的彩虹效果。这一花瓶使用了极为丰富的色彩，饱满的孔雀蓝成为最流行和影响最为深远的色彩。对蒂夫尼玻璃器不断上升的需求导致生产公司的不断扩展，最后也致使一些产品成为缺少灵感的程式化作品，公司生产的商业性产品包括了一些装饰着刺眼的金色花纹的餐具。但蒂夫尼本人仍然继续着他个人风格的创造，或为某些特殊的订单创作，或作为对玻璃材料的试验制作了让人吃惊的高品质作品。他那些非常少见的红色玻璃品，颜色通过混合的金色而得到，给人留下了极为深刻的印象。这些造型优雅、装饰精美的玻璃作品赢得了"新艺术商店"的老板萨姆尔·宾的称赞，他的商店成为蒂夫尼产品销往欧洲的一个窗口。对大多数美国人来说，美国的新艺术风格保留着来自外国的、主要由法国进口的样式，但蒂夫尼和他的追随者是一个例外。（图70）

法国南希学派的代表人物爱弥尔·盖勒在设计家具的同时也设计玻璃制品。新艺术运动中最为杰出的一些玻璃作品就是由他的工厂所生产的。1874年，盖勒接管了他父亲的公司并把它扩展为欧洲最大的豪华玻璃器的制造厂，同时，他也继续着他在玻璃材料方面的实验，这些实验产生了一些非常独特的小作品。盖勒对于自然的知识成为他玻璃艺术创作中最大的灵感来源，他把他有关这方面的知识用在作品的造型和装饰上。盖勒相信，玻璃是一种具有无限变化潜力的材质，它用不着许多的色彩，仅通过刻绘就可以达到装饰效果。他早期的作品被玻璃上面的釉色极大地限制了，但到了1884年，他已经能够通过玻璃材料本身来产生色彩和装饰。在1889年的巴黎博览会上，他展示了浮雕玻璃作品和被称为"镶嵌玻璃"的玻璃制作技术。这一技术是在玻璃处在半熔化的状态时把颜色加入仍然还热的作品里，这种技术被认为是一种技巧和妙招。他的花瓶在当地花卉和树的造型中包含了装饰因素，花瓶的线条常常与象征主义的诗歌有着某种内在的联系。（图71）

勒内·拉里克(René Lalique,

71. 玻璃花瓶 设计：爱弥尔·盖勒 1899年

72. 绿色的玻璃花瓶 设计：勒内·拉里克

1860—1945）的设计生涯从 19 世纪的最后几年持续到 20 世纪的前半部分，他凭能力改变了自己的风格以适应时代的潮流。在接受了作为珠宝设计师的训练后，拉里克把注意力转向了玻璃。1884 年，他成为他的朋友蒙·维瑞勒（M. Varenne)的合作伙伴,为他的珠宝设计打开市场。在参加了巴黎卢浮宫的一个展览后，他的设计引起了珠宝设计师阿尔丰斯·富凯（Alphonse Fouquet）的注意。1885 年，拉里克开办了自己的工作室，开始作为承包商为一些著名的大公司设计。五年后，他已经雇佣了 30 多个助手，开始为著名的艺术家莎拉·波纳德设计舞台珠宝首饰。到这一时期，他开始使用新的、不同的材料，把贵重和非贵重的材料混合在一起，包括玻璃。玻璃被铸成花卉或女性的头像。因为探索玻璃釉彩可能性的奇妙特点，使他在玻璃制作的实践中获得了许多意想不到的效果。20 世纪初期，拉里克制作了他最著名的花瓶，采用了独特的"失蜡法"（lost wax），人们可以看到模型复制者在玻璃上的指痕。拉里克设计生涯的转折点源于香水制造商科提（Francois Coty），科提委托他设计香水瓶，这使拉里克成为豪华和艺术玻璃的制作人。不像盖勒和蒂夫尼，拉里克的实验并没有走得太远，他的作品有节制地保留了淡蓝色的乳白玻璃、无色似霜的玻璃和上光玻璃。虽然很多设计使用了一系列明亮半透明的有色玻璃，但并没有像盖勒和蒂夫尼那样进行装饰，取而代之的是，装饰被淡化在造型里或在凹刻中，采用了新艺术运动里成熟和显而易见的图形风格。（图 72）

也许最让人向往和梦想的新艺术运动作品，是由拉里克、穆夏和蒂夫尼设计的那些闪闪发光的珠宝。与这些著名的名字联系在一起的设计，表现了新艺术运动对时尚女性题材的兴趣，体现了新艺术运动的女性主题。在这些设计里，想象和理想的维多利亚式女性是端庄的、品行端正的和传统的。理想的新艺术女性是"命运女神"的形象，一个神秘的女神，她的高贵和美丽是一种荣耀。这场有关女性的风靡一时的革新领导者是妇女自己，她们是剧院明星、舞蹈家和社会名流，她们的行为和服装对这种风格的形成产生了极大的影响。这些人中有著名的女演员莎拉·波纳德，她也是雕塑家和新艺术运动时期著名的艺术家赞助人。还有美国舞蹈家洛伊·弗勒和克罗·德·莫罗德（Cleo de Merode），一个受过古典艺术训练的

73. 诺克斯和拉里克设计的珠宝首饰　　74. 富凯和拉里克设计的首饰　约1900年

舞蹈家,她用她自由、轻快、飘扬的舞蹈打破了传统舞蹈的规则。她在法国表演期间,被称作法国最漂亮的妇女。过去的珠宝被创造出来表达对女性的崇拜,新艺术的珠宝则表达了对女性的赞美,把她们真实的形象作为设计的基础。(图73)

在象征主义作家和东方神秘主义的影响下,新艺术的设计师们开始对不太贵重的石头,像猫眼石、月长石和绿松石产生了兴趣。当几乎没有重要的东西附加在材料本身的价值上时,设计师自由地用造型古怪的石头、黯淡不规则的珍珠来探索不同寻常的形式。通过随意的混合材料,法国的设计师们倾向于奇妙而稀奇古怪的造型:珠宝被制作成妇女的头形,一丝不挂的裸体正在被昆虫吞食,或者变成了蝴蝶,她们的头发被花盘绕着。这些激进的新奇东西仅仅吸引了少数观念新潮的顾客,昂贵和精细的手工活使得这些作品要依靠赞助人来制作。(图74)

查尔斯·罗伯特·阿什比用黄金、白银、珍珠、翡翠和绿松石设计和制作了一些耳环和垂饰,有些造型为孔雀,成为新艺术运动中极富想象力的形式。在这里,设计是极为重要的,因为宝石镶嵌在金属框架的里面,而不是覆盖在上面。这些石头本身反映了英帝国的权力扩张:猫眼石来自澳大利亚,珍珠来自印度,月华石从斯里兰卡运来,钻石则来自南非。这些耳环和垂饰微妙的色彩和柔和的光泽与爱德华时代沉甸甸的镶嵌钻石的珠宝形成了强烈的对比。英国新艺术风格的珠宝设计里最吸引人的作品当然是由"利伯蒂公司"设计制作的,这些作品质量优良、价格合理,用上光的银和半透明的石头设计为抽象的自然形式。在1900年巴黎博览会后,

 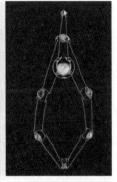

75. 阿什比为手工艺联盟和Haseler为利伯蒂公司设计的项链　约1903年

47

新艺术风格中传统形式的珠宝或多或少地开始大批量生产，设计师也获得了长久的商业性成功，像英国的"利伯蒂公司"和丹麦的"詹森公司"都让他们的设计适合机器生产。(图75)

76. 蝴蝶形的装饰品 设计：勒内·拉里克 1903—1904年

(5) 新艺术运动的影响

新艺术是19世纪末艺术的一次大融合，也是艺术家在世纪末的一次情感大迸发，其感性和唯美的特点显而易见，它的艺术表现形式是与当时工业化发展进程中的标准化相反的，因此，尽管这一艺术运动范围广、涉及的领域多，但在工业化过程中也仅仅是昙花一现。而且，随着工业化生产进程的快速发展，装饰被一部分人认为是一种奢侈和罪恶，这种以装饰为主要特色的艺术风格，一段时间人们甚至已遗忘了这一艺术形式的曾经存在。但介绍新艺术运动及其风格并不仅仅是因为它曾经是艺术史上的一段特殊的阶段，或者是这种艺术形式与过去艺术的联系，而是这种风格到今天仍然有实际意义。新艺术为我们提供了一种美学风格，提供了对于一种美的视觉感受，提供了许多对于艺术门类和材料的尝试和经验。(图76)

在新艺术运动中，艺术家对线条的使用可以说达到了艺术史上的一个高度，蜿蜒曲折、起伏跌宕的线条成为极富表现力和生命力的艺术形式。而艺术家对于植物和花卉图案的创造性使用也极大地丰富了艺术表现形式，对艺术的发展提供了极为有价值的参考。新艺术运动形成的风格在工艺美术运动的基础上走得更远更抽象，植物的母题已失去了写实和理智的平衡对称，朝着感性和夸张抽象的方向发展。既有法国18世纪洛可可弯曲多变的线条，也有中世纪的装饰意味，还有浪漫主义的夸张和象征主义的神秘色彩。与工艺美术运动相比，新艺术运动作品中的线条更为自由、流畅、夸张，抽象的造型常常从实体中游离出来而陶醉于曲线符号中。主题多是绵长的流水、变形的花草、苗条漂亮的年轻女郎，更多地带有令人憧憬和幻想的色彩，新艺术运动带有极为明显的唯美倾向，因此，在工业化生产的进程中它们成

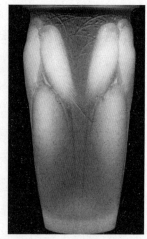

77. 花瓶 设计：勒内·拉里克 约1895年

了从古典到现代的过渡风格。(图 77)

　　毫无疑问，新艺术运动和工艺美术运动一样，是对传统手工艺和装饰的复兴，它们都没有融入日渐代替手工艺生产的机械化大生产中，它们都只是传统生产方式与现代生产之间的过渡。但工艺美术运动在追求质量可靠、形式简练之外，还追求产品和装饰的道德价值，工艺美术运动代表了

78. 银餐具 设计：查尔斯·罗伯特·阿什比 1893年

一种社会行为，艺术家们都怀着改造社会的理想主义思想，而新艺术运动在本质上只是为艺术而艺术，社会道德被认为是无关紧要的东西。但新艺术运动也不像工艺美术运动那样一味追求手工艺的纯粹，对工业化的现实也不像工艺美术运动那样反感，而是接受了一些新材料和新观念，如对于玻璃和金属材料的运用等。(图 78)

　　新艺术运动成为现代设计发展的前奏，其对造型的简化和抽象为现代设计的发展开辟了道路。在艺术发展的进程中，新艺术运动起到了继往开来的作用，它一方面是对古典艺术的总结和融会，另一方面也是对于新的艺术形式的探索和尝试，它是一个时代审美趣味的真实反映。而且，新艺术运动也开始大量尝试用工业化生产的新材料，如玻璃和铸铁，并探索了这些材料在装饰艺术领域使用的潜在可能性，为后来艺术家对材料的运用提供了经验。随着后工业时代的来临，人们的审美观念也随之发生了变化，装饰的语言又开始回归，上个世纪末所发生的艺术运动也开始被人们重新认识。作为一次艺术史上的风格潮流，新艺术运动会不断地被人们提起和引用，也会为艺术家不断提供形式和观念上的灵感和经验。

思考题：

一、简述新艺术运动产生的原因和特点。

二、分别阐述新艺术运动各个国家不同的风格特征。

三、新艺术运动对现代设计的影响。

四、采用新艺术运动常用的元素如花卉、曲线设计一件作品。

课时建议：4 课时

第 2 章
C h a p t e r 2 ◀───────────────────────

现代设计运动

1. 德国工业联盟（The Deutscher Werkbund）

英国的工艺美术运动尽管在观念上有为大众服务的民主思想，但仍然是传统观念对现代工业生产方式的束缚和抵制，因此，现代设计并没有在工业革命的发源地——英国迅速发展起来。在接受工业化的生产方式过程中，德国后来居上。1907 年，德国成立了"德国工业联盟"（The Deutscher Werkbund），简称DWB，开始接受机械化生产的客观现实，并开展了一系列适合机械化生产方式的现代设计活动。（图 79）

79. 德国工业联盟标志

大事纪：
1907年：德国工业联盟成立
1907年：贝伦斯受聘为德国通用电气公司（AEG）的设计师和顾问
1908年：福特推出了T型车
1908年：阿道夫·卢斯发表《装饰与罪恶》
1909年：马里内蒂发表未来主义的第一次宣言

德国现代设计的奠基人是赫尔曼·穆特修斯（Herman Muthesius, 1869—1927），他是一位教师、外交官和古董鉴赏家。在英国开展工艺美术运动期间，他被派驻伦敦工作。他在英国考察了工业革命和工艺美术运动的情况后，既体会到了工艺美术运动的重要意义，同时也认识到了英国否定工业化生产的根本性弱点。1902年回国后，出于对德国工业生产和发展现代设计的责任感，为了改革德国陈旧的艺术教育体系，以适应新的生产方式和需求，他主动要求担任德国公立美术教育的主管官员。他认为德国的设计教育还没有真正开始，由于设计教育完全隶属于美术教育，而美术教育没有培养设计人员的教育结构、设备和条件，因此美术教育的领导人对设计的重要性一无所知。

1904年，穆特修斯出任德国贸易部下主管德国81所国立高等艺术院校的官员，他选择了三所德国最重要的美术学院——杜塞多夫艺术学院、柏林艺术学院和布莱斯劳艺术学院——进行改革试验。他把三名建筑师提升为三所艺术学院的院长，其中包括当时德国著名建筑师彼得·贝伦斯（Peter Behrens，1868—1940），开始在这三所艺术学院进行设计教育的改革试验。

1907年，穆特修斯、彼得·贝伦斯及比利时建筑师亨利·凡·德·威尔德发起成立了德国第一个具有现代设计意义的组织——德国工业联盟，其成员包括了制造商、建筑师和艺术家。其宗旨是"选择各行业，包括艺术、工业、工艺品等方面的代表，联合所有力量向工业行业的高质量目标迈进，为那些能够而且愿意为高质量进行工作的人们形成一个团结中心"。[1] 表明了他们不反对机器生产的态度，并把提高机械化生产的水平作为联盟的目标。联盟的成员建筑师费西尔（Theodor Fischer）在第一次年会演讲上还明确提出"在工具和机器之间没有什么固定的界限。人们一旦掌握了机器，并使它成为一种工具，就能用工具或者机器制造出高品质的产品来……并不是机器本身使得产品质量低劣，而是

1912年：德国工业联盟出版第一期年鉴

1913年：亨利·福特建成第一条汽车装配线

1914年：第一次世界大战爆发

1914年：德国工业联盟在科隆举办展览

1916年：阿尔伯特·爱因斯坦发表《相对论》

1917年：俄国十月革命

1917年：《风格》杂志创办，"风格派"成立

1918年：第一次世界大战结束

1919年：包豪斯设计学校创办，发表包豪斯宣言

1920年：莫斯科成立"艺术文化学院"

1920年：塔特林设计第三国际纪念塔

1921年："构成主义第一工作队"成立

1921年：可可·夏奈尔生产"夏奈尔5号"

1922年：举办"构成主义作品展"

1922年："构成主义与达达主义大会"在魏玛召开

1923年："新建筑师协会"成立

1923年：勒·柯布西耶出版《走向新建筑》

1925年：第一台电视机在德国和英国展示

1925年：包豪斯搬迁到德绍

1925年："现代建筑师协会"成立

1925年：巴黎举行"巴黎国际现代化工业装饰艺术展览会"

1928年：《风格》杂志停刊

1929年：西班牙巴塞罗那世界博览会

1929年：米斯·凡·德·罗设计德国馆和巴塞罗那椅

1929年：华尔街金融危机，大萧条开始

1933年：德国纳粹上台，希特勒成为德国总理

1933年：包豪斯学校关闭

1934年：美国的第一辆流线型火车经过空气动力试验后开始运营

1934年：贝尔·盖茨出版《地平线》一书

1939年：德国入侵波兰，第二次世界大战开始

1939年：纽约举办名为"建造未来世界"的世界博览会

---

[1] （英）尼古劳斯·佩夫斯纳著，王申祐译，《现代设计的先驱者——从威廉·莫里斯到格罗皮乌斯》，建筑与文化出版社，1993年，第17页

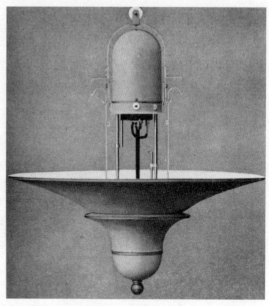

80. 德国工业联盟科隆大展的招贴画
设计：Fritz Hellmut 1914年

81. 为AEG公司设计的电灯 设计：彼得·贝伦斯 1907年

我们缺乏能力来正常地使用它们"。[2]（图80、图81）

德国工业联盟把工业革命和民主革命所改变的社会当作不可避免的现实客观接受，并从一开始就把设计作为德国发展经济和重建德国文化的重要因素，利用机械技术开发满足需要的设计品。他们开展了一系列的现代设计实践活动，还以"提升德国产品设计和品质"为主题进行演讲、展览和其他活动。

德国工业联盟宣言提出：

(1) 艺术与工业、手工艺结合。

(2) 通过教育、宣传，努力把各个不同项目的设计综合在一起。

(3) 强调走非官方路线，避免政治对设计的干扰。

(4) 大力宣传和主张功能主义，承认现代工业生产方式。

(5) 反对任何装饰。

(6) 主张标准化和批量化生产。

穆特修斯本人对机械化、标准化和批量化的生产方式，以及新技术都有非常清楚的认识，并认为这些是提高德国设计水平的重要前提，他认为"粗糙产品的制造并非因为机械制造，而是由于机械使用者的不当和我们的无能；批量化生产与分工并没有什么危险，但要有工业设计设计出生产优质产品的目标"。他还提出"一定要把机械式样作为20世纪设计运动的目标"，并明确强调了产品的

---

[2]（英）尼古劳斯·佩夫斯纳著，王申佑译，《现代设计的先驱者——从威廉·莫里斯到格罗皮乌斯》，建筑与文化出版社，1993年，第17页

使用性能。对机械化、批量化生产方式的肯定和对产品功能的强调，使穆特修斯成为德国现代设计运动的奠基人，他的观念对现代设计运动具有重要的意义。

彼得·贝伦斯是德国工业联盟的中心人物。他本人是建筑师，开办了自己的建筑事务所，主要从事建筑设计。和许多当时的建筑师一样，贝伦斯早期也受到了新艺术风格的影响，并设计了一些具有新艺术特征的作品，但他很快就从新艺术的柔软线条中摆脱出来，开始在建筑等设计中用坚硬的直线代替了新艺术的曲线，发展出简朴新颖的风格。

1907年，贝伦斯受聘为德国通用电气公司（AEG）的设计师和顾问。AEG公司是当时德国最著名的电气公司之一，公司采用了美国的生产模式，使用了最新的机器和合理化的组织生产方式，为工厂生产发电机、涡轮机、变压器和马达，并生产电灯泡、电风扇、电水壶、气温表和加热器等家用产品。贝伦斯从1907年开始，几乎承担了该公司的所有设计项目，包括厂房、电器、标志、海报及产品说明书等。他为AEG公司设计的透平机车间，被称为当时最漂亮的工业建筑，也是早期现代建筑的经典作品。透平机车间采用了清晰可见的钢架结构，侧墙采用了宽大的玻璃，拐角处的石材既起到了巨大的支撑作用同时又增加了视觉上的稳定感。因为采用了工业化材料和新的结构形式，透平机车间得到了简洁、整体、朴素、全新的外观效果。建筑各部分比例匀称，玻璃和钢结构减少了视觉上庞大的体积感，又为车间提供了良好的采光和宽阔的室内空间，成为工厂厂房建筑的典范。（图82）

与此同时，贝伦斯还为AEG工厂设计了产品和标志等，他设计的产品包括电水壶、电风扇、电灯等（图83、图84、图85）。这些早期的电器产品在设计上考虑了机器生产和批量生产的方式和特点，造型采用了几何形，比例匀称，简洁精美，充分考虑产品的视觉美感。经过他重新设计的AEG标志，去

82. AEG车间　设计：彼得·贝伦斯　1909—1910年

83. AEG公司生产的电水壶 设计：
彼得·贝伦斯 1909年

84. AEG公司生产的电水壶 设计：
彼得·贝伦斯 1909年

85. AEG公司生产的电风扇 设计：
彼得·贝伦斯 1908年

在电气技术中有一点是明确的：因
为技术是一个全新的领域，重要的
不是增加装饰来掩盖造型，而是发
现代表技术新特点的造型。

——彼得·贝伦斯

掉了以前标志里所有的装饰因素，仅仅用了AEG三个字母，已体现出现代企业标志设计的特征（图86）。贝伦斯的设计强调了机械生产的特点和产品的使用功能，极好地诠释了现代设计的理念，证明了机器也可以生产出具有高品质美学特征的产品，对现代工业产品的设计具有极为重要的意义。从1907年到1914年，贝伦斯通过设计改变了AEG公司的形象，使之成为新工业的代表，公司的产品也以理性、现代的设计语言和高品质的产品质量赢得了消费者的青睐。他为AEG公司设计的产品成为现代设计史最早体现了现代设计思想和功能主义造型特点的产品，他本人因为他的设计成为了工业设计史上具有真正意义的第一个工业设计师，被称为德国的"现代设计之父"。

1912年，德国工业联盟出版了第一期年鉴，书中介绍了贝伦斯为德国AEG公司设计的厂房、电灯和电风扇等，对这些新产品的介绍可以看到新的工业设计风格正在形成，特点是讲究功能性，外形简洁大方，去掉了装饰，完全脱离了传统手工业产品的特征，呈现出新的审美风格。同时，工业联盟的年鉴开始连续刊登一系列与工业设计相关的理论文章，对现代设计思想的推广、理论的确立起到了非常重要的作用。

1912年的工业联盟年鉴还全文发表了穆特修斯于1911年在工业联盟会议上的发言："我们立足何处。"发言强调了设计师应该重视产品的质量，单纯和抽象的外形，以及产品设计的标准化问题。1913年的年鉴介绍了美国福特汽车公司的流水线装配工厂，把流水线生产和标准化两大要素引入到工业设计中来。1914年，在工业联盟内部爆发了一场标准化的论战。这场论战在穆特修斯和凡·德·威尔德之间进行。威尔德是个性化生产观点的持有者，他认为"工业联盟只要有艺术家存在一天……他们就会反对任何事先预订的准则和标准化。艺术家从本质上讲是一个热情的个人主义者，一个出于自然的创造者。他永远不能将他的自由意志服从于强加给他的规范或准则"。

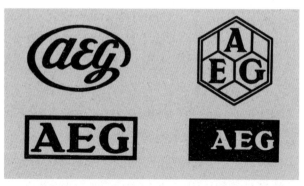

86. AEG公司标志的发展过程　设计：彼得·贝伦斯　1907—1914年

穆特修斯则强调了标准化，他认为"建筑设计和工业联盟的一切活动，其目的在于标准化。只有通过标准化，造型艺术才能达到工业时代的目的。只有通过标准化，并使一般大众接受由此产生的结果（即标准化设计），在此基础上才可以谈及设计风格趣味问题"。[3] 穆特修斯的观点指明了现代设计的发展必须建立在机械化批量生产的基础上，必须采取标准化的生产方式。随后的设计和生产实践都证明了穆特修斯观点的正确性。

德国工业联盟的设计实践活动接受了工业化的生产方式，并生产出了具有新的审美特点的工业产品，同时，工业联盟的论争还澄清了现代设计的观念，传播了现代设计思想，尤其是对于标准化生产的讨论指明了现代设计的发展方向，并成为现代设计的原则。1914年，第一次世界大战爆发，中断了德国工业联盟的设计活动，但德国工业联盟的活动奠定了现代设计的基础，对现代设计的发展产生了重大的作用和影响。

工业联盟理智地接受了工业生产的客观现实，并寻求工业的革新，目的是"通过艺术、工业和手工艺的结合使工业生产成为可能"。经过德国工业联盟的探索后，机器生产作为工业时代最重要的生产方式和经济手段被普遍接受，现代设计也从这一时期开始发展起来。

思考题：

一、简述德国工业联盟对现代设计运动的贡献。

二、彼得·贝伦斯为什么被称为"现代设计之父"？

课时建议：2课时

[3]（英）尼古劳斯·佩夫斯纳著，王申佑译，《现代设计的先驱者——从威廉·莫里斯到格罗皮乌斯》，建筑与文化出版社，1993年，第18页

2. 俄国构成主义（Constructivism）

1917 年 10 月，苏联十月革命成功，俄国激进的革命信念和纲领所导致的轰轰烈烈的革命运动，使得大批知识分子为之狂热，构成主义运动即是这一时期产生在俄国一批先进的知识分子当中的前卫艺术运动和设计运动。在革命成果的鼓舞下，加之这一时期比较宽松的政治环境和学术气氛，一批年轻的建筑师、艺术家和设计师组织起来，试图在建筑、艺术、平面设计和服装设计等方面探索出一种能代表新政权的形式。他们有极为明确的信念：要建设新世界，就要跟传统意识形态决裂，建设新文化；新文化必须充分利用科学技术的最新成就，反映它们；新文化要直接为劳动群众服务，由劳动群众亲自参加创造。

构成主义重要的代表人物是马列维奇（K.Malevich，1878—1953），1919 年，他和另一位构成主义的代表人物李西斯基（E.Markoviech Lissitzky，1890—

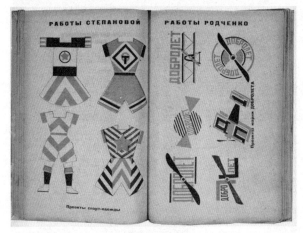

87. 构成主义的标志和运动员服装设计

1940）成立了一个称为"新艺术协会"的团体。这个团体专门研究面、体、空间的构图，把它们互相穿插着搭在一起，形成所谓的永恒的动态或静态，表现运动的方向(图87)。1920 年后，他们开始研究建筑，反对功能和技术的教条，探讨抽象的空间构图。他们认为建筑设计的问题就是为每一种类型的建筑设计出一套与众不同的独特空间来。每个设计的内部空间彼此适应，形成整体，是"有机的"、"自然的"。所以，他们认为一个理想的建筑学会影响到人类之间的关系，使世界和谐。他们创作的都是一些用最简单的几何形组成的立体构图。(图 88)

88. 爱因斯坦天文台 设计：埃瑞许·孟德尔松（Erich Mendelsohn）
1920—1921年

1920 年 5 月，在莫斯科成立了"艺术文化学院"。第二年春天，学院展开了关于"构图"与"构成"的讨论。讨论认为，构图是平面的，它描绘和反映对象；构成是立体的，它不描绘和反映对象，而是创造对象本身。构成的代表作品是弗拉基米尔·塔特林（Vladimir Tatlin, 1885—1953）在 1919 年设计制作的第三国际纪念塔模型。这个塔共有三层，悬挂在巨大的螺旋形钢结构上，第一层是立方体，每年自转一周；第二层是方锥体，每月自转一周；最上面一层是圆柱体，每天自转一周。这样，塔就是一个"四度空间"的立体派构筑物。那个螺旋形的钢结构被称为"无产阶级的脊梁"。塔特林说"螺旋线代表人类解放运动的路线，螺旋形是解放思想的表现。它用脚后跟踏着地面，从地面上腾身而起，成为抛弃一切龌龊的事物的标志"，[4] 具有浓厚的象征意义。这一钢铁的庞然大物因为耗费的钢材量太大而没有建成，却成了构成主义具有革命性的代表作品。塔特林本人也是构成主义的代表人物，他坚持在工作方法、材料使用和产品创意之间达到和谐，但他反对构成主义的直线和直角原则，提倡在设计中用曲线来替代。他提出"艺术家是生活风格的组织者"的观点，他的设计还包括了服装、家具和日用品，强调了实用、便宜和舒适。（图 89）

89. 第三国际纪念塔 设计：塔特林 1919—1920年

1921 年，在艺术文化学院，A. 罗钦科（A.Rod-chenko, 1891—1956）和七位工艺美术家成立了"构成主义第一工作队"，他们的宗旨突出政治，明确提出"工作队的唯一前提是科学的共产主义，以历史唯物主义为理论基础"。目标是在工业技术、材料性能和政治价值之间建立有机联系。[5] 1922 年，工作队成员 A. 甘（Aleksei Gan, 1893—1942）出版了一本《构成主义》

> 今天的家具工厂对人类的身体需要漠不关心，当他们设计家具时，他们的兴趣仅停留在外观。但是，人类是骨骼、神经和肌肉组成的有机体。因此，椅子的灵活性是完全必需的。
>
> ——弗拉基米尔·塔特林

4（俄）M·Я金兹堡著，陈志华译，《风格与时代》，陕西师范大学出版社，2004年，第178页
5（俄）M·Я金兹堡著，陈志华译，《风格与时代》，陕西师范大学出版社，2004年，第164页

宣言的小册子，这是"构成主义"一词第一次出现。宣言声称"传统的艺术观念当然要跟陈旧的文化一起死亡"。革命的艺术家"不应该反映、描绘和阐释现实，他们应该实际地建造并实现新的、积极的劳动阶级的有计划的目标，这就是建设未来社会的基础"。他还说"构成主义的基本目标是为建造房屋和设施建立科学的基础，这些房屋将满足变化中的共产主义文化的需要"。[6]1922 年 5 月，举办了"构成主义作品展"，许多展品类似具有某种功能的建筑物模型。

1923 年，一批先锋派建筑师成立了"新建筑师协会"，但他们的兴趣并不是真正的建筑，而是立体的抽象造型。1925 年，成立了"现代建筑师协会"，协会的主要设计师是维斯宁（Vesnin）三兄弟，其中最小的亚历山大·维斯宁（Alesander Vesnin, 1883—1959）担任主席，金兹堡（Moiser Ginsburg, 1892—1946）担任副主席，主编《现代建筑》，这是苏联 1926 年到 1930 年间唯一的一本建筑专业刊物，对传播苏联早期建筑的现代思想起到了重要作用。金兹堡本人是建筑理论家，对构成主义的建筑思想作出了贡献。他在 1924 年出版的《风格与时代》一书里写道："在我们的世纪，只有机器的和技术的构成才可能是新的审美形式的唯一来源，建筑师只应当以机器构成为榜样，学习形式的构成的艺术。"因为机器构成中"一切都是合理的，没有任何一点多余的东西"。[7]"现代建筑师协会"的成员积极进行新建筑的试验，具有明确的目标和坚实的基础。首先立足于社会革命，立足于人民生活的社会主义改造；其次立足于科技革命，立足于新的工程技术和材料。他们强调建筑的功能性，认为"功能上完善的，看上去必定是美的"。

因为构成主义成员的思想并不统一，而且每个人的思想变化非常快，构成主义的理论比较混乱。"左翼战线"的机关刊物《左翼战线》刊登过一篇宣传构成主义的文章，回答了"构成主义是什么"的问题。文章说，构成主义"不是肤浅的唯美的产物，不是各种形象的创造，而是把材料合乎目的地构造起来。所谓目的，不是它自己的目的，而是内容的意思。'内容'这个词，换成'使命'的话，那么诸位就可以把问题弄明白了"。[8]构成主义者认为绘画是资产阶级的艺术形式，在钢铁和机器时代，无产阶级的艺术应该由工人在车间里用机器制造出来。并进一步指出，无产阶级的艺术形式是工业化生产的工艺美术。构成主义者纷纷参加日用工业品的设计，力求生产效率高、产品成本低、方便实用。

俄国的构成主义设计在观念上受到了共产主义的影响，是知识分子希望发展出代表新的苏维埃政权的视觉形象的努力结果。从形式上来讲，则是西方的

6（俄）M·Я金兹堡著，陈志华译，《风格与时代》，陕西师范大学出版社，2004年，第165页
7（俄）M·Я金兹堡著，陈志华译，《风格与时代》，陕西师范大学出版社，2004年，第191页
8（俄）M·Я金兹堡著，陈志华译，《风格与时代》，陕西师范大学出版社，2004年，第177页

立体主义和未来主义的综合影响的结果。意大利未来主义的主要人物马里内蒂（Filippo Tommaso Marinetti）在俄国十月革命之后到苏联讲学，他的未来主义思想给俄国的艺术家和设计师带来很大的震动，而他也注意到当时俄国的艺术家和设计师是如何急切地吸取立体主义和未来主义的造型语言，可以说，俄国的构成主义是立体主义、未来主义风格的综合。（图90、图91）

在平面设计上，构成主义采用非常粗糙的纸张印刷，目的是表现新时代的艰苦朴素精神，特别是无产阶级朴实无华的阶级特征。在版面编排上，他们采用了未来主义杂乱无章的方法，表示与传统的、典雅的、有条不紊的版面设计决裂的态度。俄国构成主义在平面设计中的重要人物是李西斯基和罗钦科，他们的平面设计风格影响到许多欧洲国家的平面设计，尤其是在包豪斯教师和平面设计师莫霍里·纳吉的设计作品中表现明显。

构成主义设计的集大成者是李西斯基，他对构成主义平面设计风格的影响最大。俄国十月革命胜利之后，李西斯基决心以设计改革来为新时代服务。他探索在抽象几何形

90. 构成主义风格的招贴画

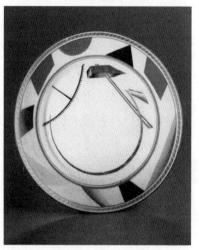

91. 盘子 设计：谢尔盖·瓦西列维奇（Sergei Vasillievich）1919年

体的基础上重新构建新的形态和结构秩序，注重画面中纯粹几何形的各种变化、位置移动、穿插方向及组合排列所产生的空间关系和力场，追求通过平面塑造三度空间的形式结构。李西斯基在图形、字体、透视、摄影、暗房特技等方面深有研究，对印刷字体进行革新，采用绘图仪器制作出富有现代感的几何元素的字体。他在照片、图形、字体三合一的构成方面具有特殊的才能，采用非对称平衡的构图和综合性的表现技法，使作品充满了强烈的视觉冲击力。1921年，李西斯基移居柏林，与"风格派"建立了直接联系。李西斯基利用德国当时世界最杰出的印刷设备和技术，充分地表达了自己的设计思想。他在德国期间，

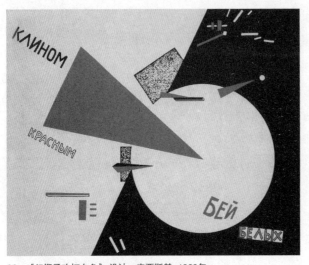

92.《红锲子攻打白色》设计：李西斯基 1920年

设计了大量的平面作品，包括书籍、海报等，李西斯基是把俄国构成主义设计传播到西方的最核心人物。

李西斯基的设计具有强烈的构成主义特色，简单、明确。他对于当时的版面编排受排版技术太大的局限非常不满意，特别是金属版格的控制，使他难以发挥自己的设计思想，因此经常是自己用绘图工具来完稿，设法不受技术的局限。在他的作品中，形式、内容、色彩、图形都围绕中心服务，而这个中心则是革命。由于苏联革命的需要，构成主义有许多表现革命内容的平面设计作品。《红锲子攻打白色》是李西斯基宣传革命的招贴画代表作，采用纯抽象的几何图形构成，设计语言具有象征意义。画面中的红色三角为布尔什维克，白色图形为白军，红色的锐角猛砍入白色圆形，碎片四溅，具有很强的力度感和强烈的视觉冲击力，这是一幅典型的运用抽象图形来表达革命观点的招贴画。（图92）

李西斯基在平面设计上的另外一个重大贡献是广泛地采用照片剪贴来设计插图和海报。照片剪贴是达达主义使用的手法之一，而李西斯基进一步发展了这一方法，广泛地使用在政治宣传海报的设计与制作上，而且取得了非常好的效果。如他1929年创作的招贴画《俄国展览》，采用了把摄影作品拼贴合成的方式，用两个朝气蓬勃的男女青年形象来表现俄国的新面貌，画面把具象和抽象元素结合在一起，使招贴画达到了形式与内容的高度统一，具有革命精神和象征意义。李西斯基是现代平面设计的最重要创始人之一，他对于现代平面设计的直接和间接的影响非常深刻和广泛。

俄国构成主义的另外一个重要的设计师是亚历山大·罗钦科，他在平面设计上进行广泛的探索和试验，他的试验包括字体、排版、拼贴和照片剪贴等，为现代平面设计奠定了基础。罗钦科认为艺术只是少数人享受的东西，而只有设计才能为整个大社会服务。他的立场其实也代表了整个俄国构成主义设计团体的基本立场，即艺术只能为权贵服务，而设计是为人民的，因此，真正的艺术家应该转向设计。罗钦科运用抽象的点、线、面构成了富有动感和变化的几何空间，造型严谨精确，线条流畅洒脱。他经常采用照片合成、综合性绘画、肌理等多种方法来创作招贴。他主张并坚持使用无衬线装饰字体，他的风格除了基本的构成主义之外，还特别强调粗壮的字体和几何图形的线条、强烈的黑白对比特征，因此，整个设计风格非常强悍而有力。（图93）

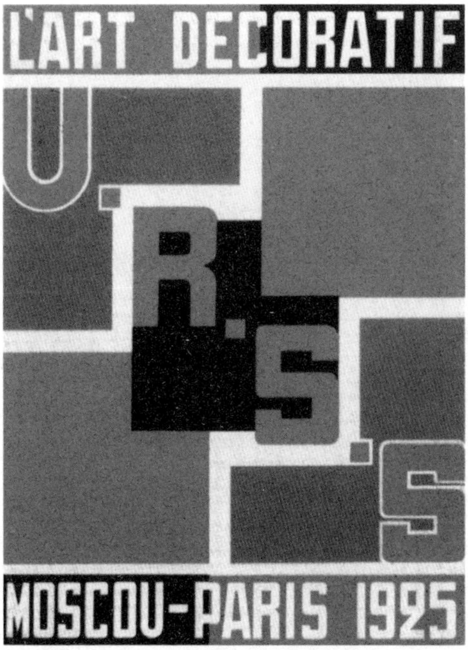

作为具有激进思想的艺术流派，俄国构成主义在斯大林统治时代就结束了他们在建筑和设计领域的探索活动，但他们的实践不仅成了俄国艺术

93. 招贴画 设计：亚历山大·罗钦科 1925年

史上非常重要的一页，对现代设计风格的形成和影响也起到了重要作用，他们对现代设计的语言和形式都作出了重要的贡献。尤其是他们在设计中鲜明的政治色彩，使设计成为强有力的革命武器，成为为无产阶级服务的工具，这种具有革命性的精神一直影响着现代设计领域。

思考题：

一、简述构成主义的主要观点和代表人物。

二、作为现代设计运动之一，构成主义在哪些方面影响了现代设计运动？

三、运用构成主义的设计元素，设计一张平面设计作品。

课时建议：2课时

3. 荷兰风格派（De Stijl）

当俄国的构成主义者积极探索建筑和设计的新形式时，荷兰几个具有前卫思想的设计师和艺术家聚在一起，以《风格》（De Stijl）杂志为宣传阵地，开始探索艺术、建筑、家具设计、平面设计等方面的新方法和新形式，形成了荷兰"风格派"。

荷兰因为在第一次世界大战中一直保持中立地

94. 《风格》杂志 设计：凡·杜斯博格 1922年

位，现代设计运动因此能够在世界大战一结束就率先展开。1917年，凡·杜斯博格（TheoVan Does-berg，1883—1931）创办了《风格》杂志，为画家、建筑师和雕塑家提供了一个论坛，用以发表他们的艺术理论和新的激进的艺术观点（图94）。在随后的近十年时间里，"风格"一词被广泛地用在建筑、设计和绘画领域。荷兰"风格派"的精神领袖是凡·杜斯博格，重要成员有著名画家蒙德里安（Piet Mondrian，1872—1944）和杰克布斯·J.P.乌德（Jacobus Johannes Pieter Oud，1880—1963）等，成员中甚至还有构成主义者李西斯基和未来主义及德国达达派的代表人物。他们主张绘画要绝对抽象，不需要和可见的客观形象有任何联系。他们寻求在艺术中消除所有的情感和个人的痕迹，严格地把艺术限制在不用解释的构成原则里。对于风格派的艺术家来说，纯粹的抽象和严格的几何体排列为现代技术和工业社会提供了真正的美学观。

凡·杜斯博格（TheoVan Does-berg，1883—1931），出版家和批评家，也是风格派的理论家。他通过出版和在欧洲的旅行传播风格派的观点，并与包豪斯和俄国的构成主义建立了联系。

"风格派"的观念和形式与蒙德里安对绘画的探索有密切关系。蒙德里安认为"如果绘画要直接表现普遍的，那么，它们自己必须是普遍的，这就是说，抽象的"。"自然的形式的外观瞬息万变，而实在不变。要给纯实在造像，就必须把自然的形式还原成形式的恒定元素，把自然的色彩还原成原色"。蒙德里安认为立方体和矩形是无限空间的基本形式，是形式的恒定元素。他根据自己的理论创作的几何形纯色块组成的抽象画对"风格派"风格的形成产生了极大的影响。蒙德里安探索新的绘画风格的过程中经历了自然主义、象征主义、印象派、野兽派、立体主义，最后逐步变成纯粹抽象的、高度简单的几何色块组合，他在抽象绘画方面取得了卓越的成就。蒙德里安主张排除主观情绪和意志的影响，理性地将自然物象的形和色转化为纯抽象的视觉语言，用数理逻辑来营造画面的结构，使反映宇宙秩序的潜在法则呈现为纯抽象的画面，并由此产生冷静、明朗、精确和均衡之美感。他在画面中排除曲线，采用纵横的直线来分割画面，用正方形、长方形等结构比例和红、黄、蓝、黑、白等色彩变化，以及非对称的构图，使画面达到视觉上的和谐。（图95）

> 文化人今天的生活越来越缺乏抽象的思想。
>
> ——彼得·蒙德里安

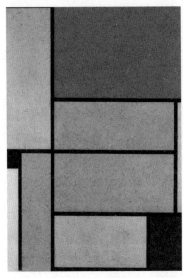

95. 《红、黄、蓝》油画 蒙德里安 1928年

96. 《风格》杂志封面 设计：凡·杜斯博格和莫霍里·纳吉 1925年

盖里特·里特维德（Gerrit Riet-veld, 1888—1964），受弗兰克·L.赖特的影响，1900年开始设计家具，自1918年后，成为风格派的主要成员之一。20世纪后，他开始转向建筑。1928年，他创办了"国际现代建筑委员会"（CIAM）。

杜斯博格的作品探索了几何构成所形成的视觉秩序，以及正负空间的关系和应用。他在白色底上用各种高纯度的色彩进行纯粹的结构组合，使作品取得了纯粹的形和视觉上的均衡，在他的作品中，可以很明显地看到蒙德里安的影响。杜斯博格1921年移居德国，从事教学和实践，并把风格派引入包豪斯，使包豪斯的设计吸收了许多"风格派"的成分。杜斯博格的艺术实践涉及到平面设计、雕塑和建筑等广泛的艺术领域，他的探索越来越朝着简单的几何结构和中性色彩的方向，并开始研究新的国际主义风格。他是风格派的理论家，他通过出版和在欧洲的旅行传播风格派的观点。

1918年，盖里特·里特维德加入到风格派的行列，他设计的家具在形式上被简化到最基本的元素，这些家具几乎成了风格派的宣言。他著名的作品是"红蓝"椅，用几块木头作为简单的支架结构，两块木板作为坐垫和靠背，完全可以采用机械化批量生产，椅子的坐垫和靠背及结构的端面涂上了红黄蓝色，显然受到了蒙德里安的影响。虽然缺少了椅子的舒适性，但它仍然是一件实用的家具，同时也是一件艺术作品，它把风格派的功能主义造型美学原则和批量生产的社会需求结合起来了。里特维德设计的家具几乎没有超出这样的模式，成了诠释风格派艺术和设计思想的代表作。（图97）

与里特维德的家具类似，荷兰风格派的建筑几乎是蒙德里安抽象绘画的立体化。这些建筑最大的兴趣是突出结构，因为建筑师们认为结构是反对老一套和老传统的新精神的象

97. "红蓝"椅 设计：盖里特·里特维德 1917—1923年

征，表现出他们对技术的赞美。他们非常欣赏美国建筑师赖特，欣赏这位重新理解空间和使用混凝土作为建筑结构元素的先驱者。风格派的建筑从基本的立体造型出发，室内由一系列互相开放的房间组合而成，从造型和功能而言，墙的存在不是用来隔断或限制，而是扩展视野。对于风格派来说，建筑的任务是把空间、时间和功能结合起来，开放的房间是这一观点的实践。里特维德在乌德勒兹设计的"施罗德"(Schroder)住宅充分地体现了风格派的建筑观点，这一建筑的室外是大块的、矩形的白色墙面，这些墙面被明显的栏杆线、窗户框架和

98. "施罗德"住宅 设计：盖里特·里特维德 1924年

99. "施罗德"住宅室内 设计：盖里特·里特维德 1924年

铁梁或水平或垂直地划分开来。室内通过阳台和栏杆凸现到建筑的外部，住宅的内部空间分为上下两层，下面由分开的房间组成，楼上的起居室则是一个开放的连续空间，墙面位置的上下装有轨道，可以灵活移动活动的墙面，根据需要安排空间。建筑的外立面和室内都可以看到红、黄、蓝色的运用，这些建筑物几乎是风格派理论在建筑上的宣言，同时也是现代建筑的范例。(图98、图99)

　　荷兰"风格派"的平面设计主要体现在《风格》杂志的设计上，特点是高度理性，完全采用简单的纵横编排方式，字体采用无边线装饰体，除了黑白方块或者长方形之外，基本没有其他装饰，直线方块组合文字成了全部的视觉内容。在版面编排上采用非对称方式，追求非对称之中的视觉平衡。《风格》杂志具有这一运动的全部特点，是这一运动思想、立场、艺术和设计探索的窗口。

　　1928年，《风格》杂志停刊，但参与过"风格派"活动的这些艺术家和设计师

并没有因此而停止他们的探索和实践活动。作为一个团体，应该说"风格派"在20年代末期已经结束了，但"风格派"对于艺术和设计的影响一直延绵不绝。

思考题：

一、简述蒙德里安与风格派在形式上的联系。

二、风格派对现代设计所作的贡献。

三、运用风格派的设计元素，创作一件设计作品。

课时建议：2 课时

4. 国立包豪斯设计学校（Bauhaus）

1914 年，第一次世界大战爆发，德国工业联盟的活动也因此中断，一些工业联盟的成员投笔从戎，参加了战争，其中包括曾经在彼得·贝伦斯建筑事务所工作的年轻建筑师沃尔特·格罗皮乌斯（Walter Gropius, 1883—1969）。1918 年战争结束后，退伍回来的格罗皮乌斯希望创办一所学校来继续德国工业联盟未竟的事业。格罗皮乌斯把自己看做是罗斯金、莫里斯和德国工业联盟的追随者，他办学的目的是想继承和发扬他们的思想，把建筑师、艺术家和手工艺人聚集起来，为建筑事业的新精神共同努力。

1919 年 4 月，魏玛美术学院和工艺美术学校两校合并，组成了新的国立包豪斯学校，当时 36 岁的格罗皮乌斯担任了第一任校长。校名是格罗皮乌斯自己创造的，他把德文中两个有关建筑的单词合并在一起了。

包豪斯学校发表的宣言中表达了格罗皮乌斯的办学宗旨：

"完整的建筑物是视觉艺术的最终目的，艺术家最崇高的职责是美化建筑。今天，他们各自独立地生存着；只有通过自觉，并且和所有工艺技术人员合作才能达到自救的目的。一栋建筑是各种美观的共同组合的实体，只有这样，他们的作品才能灌注进建筑的精神，以免流为'沙龙艺术'。

"建筑家、雕塑家和画家们，我们应该转向应用艺术。

"艺术不是一门专门职业，艺术家与工艺技术人员并没有根本的区别，艺术家只是一个得意忘形的工艺技师，在灵感出现，并且超出个人意志的那个珍贵的瞬间，上苍的恩赐使它的作品变成艺术的花朵，然而，工艺技师的熟练对于每一个艺术家来说都是不可缺乏的。真正的创造想象力的源泉就是建立在这个基础之上。

"让我们建立一个新的艺术家组织，在这个组织里面，绝对不存在使得工艺技师与艺术家之间树立起自大障碍的职业阶级观念。同时，让我们创造出一栋将建筑、雕塑和绘画结合成为三位一体的新的未来的殿堂，并且用千百万艺术工作者的双手将它耸立在云霞高处，变成一种新的信念的鲜明标志。"[9]

从宣言中可以看到，格罗皮乌斯的办学思想带有非常浓厚的理想主义色彩，而且对于培养什么样的人才和进行什么样的设计教育并不清晰。学校初创时期，格罗皮乌斯这位刚刚从战场上回来的建筑师其实是想建立一个类似工艺美术运动的行会组织，为艺术家、建筑师和工艺家创造一个具有团队精神和平等思想、具有理想化色彩的工作环境。但随着工业化的进程，格罗皮乌斯逐渐改变了办

100. 包豪斯德绍校舍 设计：沃尔特·格罗皮乌斯 1925—1926年

101. 包豪斯德绍校舍内景 设计：沃尔特·格罗皮乌斯 1925—1926年

102. 包豪斯德绍校舍主任楼 设计：沃尔特·格罗皮乌斯 1925—1926年

[9]王受之，《世界现代设计史》，新世纪出版社，第125页

汉斯·迈耶（Hannes Meyer, 1899—1954），建筑师，包豪斯的第二任校长。1927年到1928年，他在包豪斯担任建筑课教师，他从包豪斯辞职后，接受了莫斯科建筑学院的教授职位。1936年到1939年，在瑞士从事建筑师工作。1939年到1949年，在莫斯科担任建筑师和城市规划师工作。他是20世纪20年代重要的功能主义建筑师的代表人物，他在包豪斯所担任的角色及对现代建筑所作的贡献颇受争议。

米斯·凡·德·罗（Mies van der Rohn, 1886—1969），建筑师，1908年至1911年在彼得·贝伦斯的建筑事务所工作，在此设计了他20世纪20年代早期的首批玻璃高层建筑。1927年，他成为工业联盟在斯图加特-威森哈福展览的艺术指导。1929年，他设计了西班牙巴塞罗那世界博览会的德国馆。1930年到1933年，他担任了包豪斯学校的最后一任校长。后来，他移居美国，1937年，他担任了美国伊利诺伊理工大学建筑系主任。米斯·凡·德·罗是现代建筑风格最重要的建筑师，他的座右铭是"少即多"。

学观念，学校后来开始走向理性主义，校名也增加了设计的内容，采用了较科学的艺术与设计教育的方式，强调为大工业生产进行设计，并最终成了现代设计教育方式积极的探索者。

包豪斯的办学过程并不是一帆风顺的，德国的政治动荡和经济形势都影响了包豪斯的发展进程。1925年，国家主义势力把持了魏玛市新政府，他们撤销了前任政府对包豪斯提供的经济资助，包豪斯被迫撤离了魏玛，搬迁到魏玛东部的德绍（Dessau）。其间，德国经济曾经有过一段短时间的繁荣，包豪斯在德绍开始调整教学，以适应工业化的要求，还创办了期待已久的建筑系。在德绍，包豪斯学校进入到成熟和繁荣时期，学校从手工艺行会向培养现代工业设计师的方向转变。经常举办的晚会成了老师和学生尽情展示才艺的场所，包豪斯德绍时期的爵士乐队声名远扬，服装和舞台设计也因为学校经常举办演出找到了用武之地。（图100、图101、图102）

1928年，格罗皮乌斯辞去了校长的职务，把学校交给了建筑师汉斯·迈耶（Hannes Meyer, 1899—1954）管理。迈耶接任后把学校的重点放在了建筑、广告和对社会学的探讨上。迈耶公开承认自己是一个共产主义者，并鼓励学生加入共产党。学校开设了政治理论课，鼓励学生进行政治讨论，还成立了一个共产主义小组，吸收了15名成员。在迈耶的带领下，包豪斯的政治气氛越来越浓，引起了一些教师和学生的不满，也受到了来自政府的压力，迈耶被迫于1930年辞职。随后，著名建筑师米斯·凡·德·罗（Mies van der Rohn, 1886—1969）接任了校长一职。（图103）

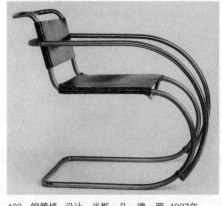

103. 钢管椅 设计：米斯·凡·德·罗 1927年

在米斯的领导下，包豪斯经历了最后一段时期，建筑成了包豪斯最重要的专业，但许多探讨都只停留在口头上和纸上，一些车间日渐萧条，最终停产。米斯把包豪斯九个学期的学制缩短为七个学期，把家具车间、金属车间和壁画车间合并为室内设计系，学校被划分为两个主要领域：建筑外形的设计和室内设计。很多人指责学校又走上了空谈的老路，包豪斯的形象变得面目全非。1931年，纳粹势力控制了德绍市议会，开始对包豪斯大肆批评，认为包豪斯没有表现德国所特有的价值观，通过设计和建筑表现出来的风格没有任何特色，这种现代主义就是共产主义的同义词。德绍议会收回了提供给包豪斯的赞助，并终止了与全体老师订的合约。1932年9月，学校被封闭，被迫迁到柏林。1933年4月，刚刚上台的纳粹政府下命令查封了包豪斯，因为他们认为包豪斯是"犹太马克思主义的'艺术'观念最显眼的据点之一"。1933年8月，米斯宣布学校永久关闭，他的解释是"学校的经济状况陷入了困境"，包豪斯仅存在了14年时间。学校关闭后，随着第二次世界大战的爆发，包豪斯的教师和学生纷纷离开德国到其他国家避难，大多数人去了美国，包豪斯的现代设计思想也通过他们传播到世界各地。

在经受着来自政府和经济的双重压力的同时，包豪斯在办学初期内部也是矛盾重重。因为包豪斯学校建立在美术学院和工艺美术学校合并的基础上，一些人认为包豪斯的教学方式扼杀了美术学院，他们中有人给格罗皮乌斯写信称"这些年轻人在包豪斯上完学以后，连个工匠都不见得能胜任，更不要说当个画家了"。[10] 1920年9月，经过魏玛当局批准，包豪斯分出一个绘画学校，原来美术学院的一些艺术家和部分学生随后成立了国立美术学校。但是，由于学校早期的办学目的并不明晰，留在包豪斯的教师和学生也不是大家一条心，一些学生对包豪斯的教学不能理解，他们本来是希望通过学习成为一个艺术家，但现在的学习课程好像离一个艺术家的距离越来越遥远，一些学生选择了退学。

格罗皮乌斯创办包豪斯是试图把美术与工艺技术结合起来。他聘请艺术家作为造型导师，工艺家作为车间（即工作室）的指导教师，他们分别担任不同时期的课程。但艺术家和工艺技师之间经常因为待遇等问题发生矛盾，包豪斯的办学理想和前瞻性常常在现实中陷入困境。不过，在学校的发展过程中，经过调整后慢慢走向正轨，逐步形成了比较清晰的教学思路和教学模式。学生也从工业化进程和社会的需求中看到了前途，学校在争论、调整和协调中逐渐成熟。

与此同时，包豪斯在风格上也不断成熟。荷兰风格派和俄国构成主义思想也影响到包豪斯，首先是凡·杜斯伯格1921年旅行到魏玛，1922年在魏玛组

10 （英）弗兰克·惠特福德，林鹤译，《包豪斯》，三联书店，2001年，第42页

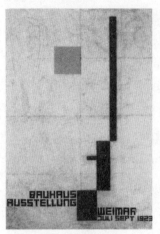

104. 包豪斯在魏玛的展览招贴
设计：弗里茨·施莱弗（Fritz Schleifer）1923年

105. 包豪斯在魏玛的展览招贴
设计：朱斯特·施密特 1923年

织召开了"构成主义与达达主义大会"，他还在魏玛开讲了一门风格派的课程，无偿地指导包豪斯的学生们进行构图设计，极大地影响了包豪斯学生的思想。然后，深受构成主义影响的莫霍利·纳吉于1923年接替了伊顿的工作，把构成主义思想带到了包豪斯。这样，包豪斯学校通过10多年的发展，把20世纪初欧洲各国对现代设计的探索与实践成果，特别是荷兰风格派、俄国构成主义和德国现代设计的成果进行了综合发展和逐步完善，使设计和设计教育实现了从手工艺向现代设计的转变，对现代设计教育体系的形成作出了巨大贡献。包豪斯学校还注意把教学、实践、展示、销售结合起来，树立起整体形象，使这一学校为世界所瞩目。（图104、图105、图106）

包豪斯把现代设计教育建立在科学的基础上，建立了比较完善的现代教育体系。学校教学方式分为基础课和车间制。首先，包豪斯确立了比较科学的设计基础课程，这些课程把对平面、立体结构的研究，材料的研究，色彩的研究独立起来，开设了平面构成、色彩构成和立体构成三大构成课，以此培养学生

106.《包豪斯魏玛展览目录》封面 设计：赫伯特·拜耶 1923年

的造型能力。基础课结束后，学生可以选择众多的车间中的一个学习地毯、陶瓷、金属工艺、玻璃工艺、舞台设计、摄影或商业艺术等专业技能。每个车间里都有两个指导老师（主要由工艺技师担任）对学生进行专业技能的指导。格罗皮乌斯根据把艺术家和工艺家联合起来，创造出一座将建筑、雕塑和绘画结合成为三位一体的新的未来殿堂的理想，聘请了当时著名的艺术家如康定斯基、克利、蒙克等来学校

107. 包豪斯金属车间主任克里斯汀·戴尔（Christian Dell）设计的台灯 1928—1929年

108. 包豪斯金属车间生产的茶壶 设计：玛丽安·布兰德（Marianne Brandt）1928—1930年

授课，同时也聘请了著名的工艺家指导学生在车间实际操作。（图107、图108）

包豪斯同时开始了采用现代材料、以批量生产为目的、具有现代主义特征的工业产品教育，奠定了现代主义风格的工业产品造型基础。他们在产品设计上以使用功能作为造型的基础，以适合机器批量化、标准化生产为目的，由此产生的设计作品成为现代工业产品的早期经典形式，确立了现代设计以功能为前提的造型风格和美学思想。包豪斯用现代工业和机械生产的技术眼光观察客观现实，从一切方便人的使用功能出发，采用功能主义的原则处理材料、结构、造型。明确提出了"艺术与技术的统一；设计的目的是人，而不是产品；设计必须遵循自然和客观"的原则。在设计中强调创造精神，反对模仿因袭、墨守成规。在教学中，包豪斯将建筑、绘画、手工艺、雕塑都纳入自己的教学体系中，以谋求与各种造型艺术间的交流与整合。包豪斯的构成理论奠定了工业时代艺术设计教育的基本原则和方法，不仅为现代造型思潮（功能主义和理性主义）奠定了基础，而且为后来的造型教育展示了革新的方法论。包豪斯的成功显示了工业时代艺术教育创新的伟大成果，反映了工业文明发展与设计文化进步的内在需求。包豪斯倡导的功能主义设计原则，不仅符合现代人生活的需要，而且代表了设计发展的现代方向，符合机器生产时代的要求。

包豪斯学校能够在现代设计史上具有如此重要的意义，与包豪斯具有发展的、开创性的办学观念是分不开的。作为包豪斯学校的第一任校长和现代设计的实践者，格罗皮乌斯的设计思想具有鲜明的民主色彩和社会主义特征。与莫里斯的观念一样，格罗皮乌斯一直希望他的设计能够为广大劳动者服务，而不仅仅是

109. 陶瓷茶壶 设计：玛格丽特·弗里德伦德尔（Marguerite Friedlaender）1930—1931年

少数人。他试图通过现代生产方式和现代材料，采用没有任何装饰的形式，主要是降低产品的成本，能够为社会提供大众化的产品和建筑，让人们都可以享受设计。莫里斯的理想最终因为格罗皮乌斯采用了工业化的生产方式和现代材料而得以实现。

如果说在包豪斯初创时期格罗皮乌斯的观点还有许多手工艺行会的理想主义和浪漫主义的成分，随着工业化的发展，他的思想也发生了变化。1923年，在包豪斯魏玛展览会期间，格罗皮乌斯发表了题为《艺术与技术：一种新的统一》的演讲，它标志着格罗皮乌斯的观点已完全转向了新的目标，手工艺行会的浪漫主义思想和乌托邦的梦想开始被理性和现实的观点所替代。他把莫里斯"艺术与手工艺"结合的观点上升到"艺术与技术"结合的高度，把现代设计与工业技术密切地联系起来。（图109）

格罗皮乌斯本人也是现代设计成功的试验者。在他早期的建筑设计作品中，已经可以看到20世纪现代建筑已趋成熟的风格。他1911年设计的工厂建筑显

110. 办公室 设计：沃尔特·格罗皮乌斯 1923年

111. 包豪斯德绍学生宿舍的阳台 设计：沃尔特·格罗皮乌斯及师生联合设计 1925—1926年

然比彼得·贝伦斯的建筑向前迈进了一步。主体建筑已经呈现出崭新的现代形式，充满了给人启迪的建筑新思想。整个建筑的立面以玻璃为主，在建筑史上是对新的工业材料的全新尝试。在格罗皮乌斯的建筑中，由于采用了钢与玻璃，使室内外的空间变得通透，也可以让空气和光线自由地出入，具有良好的功能和现代的造型，形成了新的建筑面貌。（图110）

　　1925年，格罗皮乌斯设计的德绍包豪斯新校舍体现了成熟的现代建筑风格。这是一个综合的建筑群，包括教室、车间、办公室、宿舍、食堂、礼堂、体育馆和教师宿舍等。格罗皮乌斯采用了单纯的形式和现代材料，以及现代加工方法，建筑主体采用了预制件拼装，大量采用了玻璃幕墙结构，没有任何装饰，体现了现代主义设计在当时的最高成就。建筑的室内、家具和用品都由包豪斯的老师和学生设计，在包豪斯自己的工场制作，体现出与建筑同样的设计原则。并且，所有的建筑都用可以防风避雨的走廊连接，学校所需要的所有的功能都包含在建筑群之中，因此，包豪斯校舍又提供了非常密切的社区精神和团队精神，对于师生之间的交流合作具有促进作用。可以说，格罗皮乌斯把自己的办学理想和设计思想都体现在这一建筑中了。（图111）

　　包豪斯学校的校长、教师和学生所取得的成就共同成就了包豪斯的辉煌。包豪斯的三任校长都是著名的现代建筑师，尤其是第三任校长米斯·凡·德·罗对现代建筑思想和风格作出了巨大的贡献。他提出的建筑思想和设计的建筑实例都极大地影响了现代建筑的历史，他在建筑上取得的成就使他成为20世纪最伟大的建筑师之一。在包豪斯的教师当中，有20世纪著名的画家瓦西里·康定斯基、乔治·蒙克、保罗·克利、里昂·费宁格（Lyonel Feininger）、奥斯卡·施莱默（1888—1943）和乔治·穆夏（Georg Muche）等，还有建立了一套自己的教学方法、善于启发学生创造力的著名教师约翰·伊顿（Johannes Itten，1888—1967），在平面设计和印刷技术方面具有实践经验和现代思想的拉兹罗·莫霍里·纳吉（Laszlo MAholy Nagy，1895—1946）等。伊顿、康定斯基和克利主要负责基础理论课的教学，他们开设的色彩与图形课都是必修课，培养学生运用平面、色彩和立体造型的能力。康定斯基在包豪斯写有教材《点、线、面》，克利出版了《教学草图集》，这些书都收集在"包豪斯丛书"系列中，成为包豪斯教学的系统教材。除此之外，这些20世纪著名的艺术家能够集中在包豪斯本身也为学校带来了声誉。（图112）

　　包豪斯的教师分为造型导师和工艺技师。造型导师主要负责学生的基础课

112. 为包豪斯丛书的广告目录设计的封面 设计：莫霍里·纳吉 1925年

教学，工艺技师主要在车间指导学生具体操作。约翰·伊顿是包豪斯早期造型导师中最重要的人物，他是瑞士人、画家，原来是一名小学教师。他在维也纳发展了一套独特的艺术教育方法。他信奉拜火教，长年剃着光头，穿着自己设计的长罩袍。他的教学方式充满了神秘主义色彩，他认为，每个人都有与生俱来的创造天赋，只要通过拜火教，就可以把他们的艺术才华释放出来。他的主要贡献是设计了包豪斯的基础课，并独自负责基础课的教学。他的基础课其实就是洗脑的做法，把学生进校以前所学的东西一扫而光，然后再学习新的创意和方法。他要求学生做两个练习，第一个是感受各种质感、图形、颜色和色调，采用平面和立体的练习方式。第二个是要求用韵律线来分析艺术作品，让学生把握原作的内在精神和表现内容。他通过很多对比练习的作业培养学生的视觉感受能力。伊顿的教学方式在学校引起了争论，他的教学效果也遭到了学生们的质疑，最后，他被迫于 1922 年辞职。

莫霍里·纳吉是匈牙利人，他的到来带来了构成主义的观点和思想，把构成主义注入到包豪斯的新风格中。他积极肯定了机器生产的重要性，他认为"我们这个世纪的现实就是技术：就是机器的发明、制造和维护。谁使用机器，谁就把握了这个世纪的精神。它取代了过去历史上那种超验的唯心论"。[11] 他的观点把包豪斯教学中纯粹的抽象探索落到了实处，从过去对图形色彩的探讨变成了解决实际的问题，如采用现代材料设计实用的日用品等。他受聘担任了金属车间的造型教师，在包豪斯期间，他在车间对学生进行金属工艺和印刷技术等方面的指导，同时也创作了大量的设计作品。莫霍里·纳吉多才多艺，他的才能表现在产品、印刷和平面设计等方面。他擅长把自己对现代设计的理解和研究成果转化到设计作品中，如对现代印刷字体的创造与运用、电影的蒙太奇手段、摄影作品的拼贴等。莫霍里·纳吉是大量采用照片拼贴和抽象摄影技术来从事平面设计的先锋人物之一，他在这一时期拍摄了许多抽象照片，通过把细节放大或者对特殊角度进行处理等方法，从具体的形象中提炼出抽象的形象，作品表现出非常强烈的现代感。

[11]（英）弗兰克·惠特福德，林鹤译，《包豪斯》，三联书店，2001年，第136页

113. 莫霍里·纳吉

114. 包豪斯丛书 设计：莫霍里·纳吉 1924年

他把这些照片用于平面设计中，表达了平面设计的现代感。在他的影响下，包豪斯把摄影提高到绘画的高度，使摄影在后来的设计教育中具有极为重要的位置。莫霍里·纳吉是包豪斯丛书出版的主要参与者，他独特的风格是谨慎地运用色彩，只采用不同规格的无饰线字体，整个画面只用几条粗重的纵横直线作为构图的主要元素。（图113、图114）

包豪斯学生所取得的成果也证明了包豪斯设计教学模式的成功。一些优秀的学生毕业后留在了学校任教，壮大了包豪斯的教师队伍。包豪斯在德绍时有12名教员，其中至少有6位在魏玛时曾经是包豪斯的学生。包豪斯学校培养了著名的平面设计师、家具设计师和日用品设计师等，他们在学校期间就创作了具有典型现代风格的家具、日用品和平面设计作品。这些著名的包豪斯学生中有赫伯特·拜耶（Herbert Bayer, 1900—1985）、马歇尔·布鲁耶（Marcel Breuer, 1902—1981）、朱斯特·施密特（Joost Schmidt, 1892—1948）和根塔·斯托尔策（Gunta Stolzl, 1897—1983）等。他们后来都留在了包豪斯

拉兹罗·莫霍里·纳吉（Laszlo MAholy Nagy, 1895—1946）出生于匈牙利，画家和平面设计师，包豪斯金属车间的指导老师。1923年到1928年担任包豪斯的字体、摄影、电影和舞台设计的教师，他还设计了包豪斯几乎所有的书籍。1928年，他离开包豪斯，在柏林开办了一家平面设计工作室，同时也做舞台设计和展示设计，并致力于灯具、电影和树脂玻璃的实践。1930年，他开发了调节灯具亮度的开关。随后，他移居美国，1937年在美国创办了新包豪斯学校，1938年，创办了设计学校。他是把包豪斯思想传播到美国的重要人物。

执教。拜耶接管了印刷车间，布鲁耶接管了地毯和制柜车间，施密特接管了雕塑车间。包豪斯基础造型课与车间技能课相结合的教学方式使学生可以在车间里进行具体的设计制作，同时，也是为了解决当时非常紧张的财政压力，包豪斯的教师和学生还承接建筑设计和家具设计的项目，学校的车间也生产金属产品、陶瓷产品和纺织品等日用品出售。一些买主或者直接到学校购买，或者在学校举办的展览会上购买。1923年，包豪斯举办展览会后，开始有私人和公司，其中包括外国公司直接向包豪斯的车间下订单。包豪斯产品还同时出现在一些世界博览会上，如法兰克福博览会、莱比锡博览会等，还有一些厂家则委托包豪斯设计壁纸等图案。这些设计、生产和销售活动为包豪斯的学生提供了非常好的实践机会，包豪斯的设计师就是通过这种方式成长起来的。

赫伯特·拜耶生于奥地利，1921年来魏玛求学，进入包豪斯，成为康定斯基和纳吉的学生。因为学业优秀，他在包豪斯毕业后留校任教。拜耶在平面设计、摄影、展览设计、建筑设计等方面都表现出非常杰出的才能。1923年，拜耶接受了图林根铸币厂的委托，设计100万、200万和10亿马克的钞票。拜耶设计的钞票简单、直接、视觉清晰，与当时的其他钞票形成了鲜明的对比，体现了包豪斯现代平面设计的特点。在1925年到1928年期间，他负责包豪斯的印刷设计系，他把魏玛包豪斯一个单纯为石版印刷、木刻和其他艺术服务的印刷系改造成为一个主要采用活字印刷、机械化印刷技术的现代新专业。拜耶注重字体和意象的结合，他创造的具有包豪斯现代风格的无饰线装饰字体具有很好的信息传达功能。拜耶的平面设计风格常常是由强烈的视觉形象，几行斜的印刷字体，以及点、

115. 康定斯基60岁生日海报 设计：赫伯特·拜耶 1926年

116. 报刊亭 设计：赫伯特·拜耶 1928年

线、面合理分割的空间，水平
线、垂直线、斜线等组成的动
态构图，体现出非对称的形式
构成特点。1925 年，拜耶认为
字母的大小写在读音上毫无区
别，提出在出版物上取消大写
字母，这是一个非常激进的改
革。他的目的是要创造出一个
视觉平衡的版面来，所有字体

117. 包豪斯丛书封面 设计：莫霍里·纳吉 1929年

都必须为版面的最佳视觉效果服务。他设计出来的版面和字体非常简洁，但具有
强烈的视觉力量，如为庆祝康定斯基 60 岁生日所设计的海报。拜耶是现代字体
设计的重要奠基人，他完成了字体的现代化形式。（图 115、图 116）

1926 年，包豪斯在德绍的新校舍落成，包豪斯在同年出版了校刊——《包
豪斯》，"包豪斯丛书"的出版计划也在此时开始了，这份刊物和丛书成了包豪
斯现代平面设计风格试验的主要园地。负责平面设计的是纳吉，事实上，这些
刊物和丛书的大部分封面和版面设计都是由纳吉主持设计的，拜耶也参与了大
量的具体设计工作。格罗皮乌斯、克利、杜斯伯格、蒙德里安等人都参与了校
刊的编辑工作。刊物和丛书的设计广泛采用了无饰线字体，简单的版面编排，
构成主义的形式，突出了现代平面设计的功能性特点。（图 117）

马歇尔·布鲁耶出生在匈牙利，1920 年来到包豪斯，他在学习期间的作品
就极富原创性。他受到了表现主义和荷兰风格派的影响，他的才华主要体现在

118. Club B3钢管椅 设计：马歇尔·布鲁耶 1926年

119. B 91钢管桌 设计：马歇尔·布鲁耶 1930年

家具设计方面，尤其是采用现代材料如钢管所设计的家具。他早期设计具有风格派特点的木制家具，然后推出了具有原创性的第一把钢管椅子。这些椅子首次采用了弯曲的钢管，坐垫和靠背采用了皮革或纺织品，坐上去感觉很舒适。因为采用了新材料，他的设计完全改变了家具传统的结构和形式，极具现代特点。他为德绍包豪斯的礼堂、教室和教师宿舍设计了家具，他还在包豪斯的一些建筑项目中为之设计配套的家具。（图118、图119）

朱斯特·施密特1919年打算在包豪斯重新开始学习时，已经是一位经过训练的艺术家了。他在雕塑、印刷等方面都表现出了杰出的才华，被认为是包豪斯众多师生中最多才多艺的一位。1923年，包豪斯在魏玛主办展览时，他设计了主楼的浮雕，后来他主管了雕塑系。朱斯特·施密特同时还是一个天才的印刷专家，在拜耶主持的印刷车间讲授手写字体课。1928年，拜耶辞职后，施密特担任了印刷车间的主管。

根塔·斯托尔策是包豪斯全体教师中唯一的女性，被称为是20世纪最有原创力的纺织品大师之一。她1919年进入魏玛包豪斯学习纺织，1924年毕业。1925年回到包豪斯，1926年担任了包豪斯纺织车间的主管，一直到1931年。在包豪斯工作期间，根塔奠定了她在同时代纺织人才中的杰出地位。她不仅能够把复杂的图形编织在手工编织的地毯、挂毯和桌布上，她还为机械化生产设计了许多纺织品图案。与此同时，她还与工业界建立了密切的联系，尝试新材料在编织中的运用，并取得了极大的成功。她所主管的纺织车间是包豪斯销售产品最成功的车间。正是因为这些包豪斯的新人和他们的设计作品，确立了包豪斯的现代设计风格及在现代设计史上的地位。（图120）

包豪斯学校存在的时间虽然短，但它所开创的现代设计教育模式至今仍然影响着世界各国的设计教育，它形成的现代设计风格也仍然影响着今天的工业设计、建筑设计、平面设计等广大设计领域。毫无疑问，包豪斯

120. 壁挂 设计：根塔·斯托尔策 1927—1928年

是现代设计教育的开创者，它尝试的基础课和车间制的设计师培养方式仍然是今天设计教育的基本模式，它开设的基础课程如平面构成、色彩构成和立体构成，以及有关材料的课程仍然是设计教育的基础课程。今天，当设计史发展到后现代设计时期，对包豪斯的颂扬和现代主义的设计原则开始受到了一些人的质疑，功能主义的设计思想也被人们认为是导致单调乏味的设计作品的罪魁祸首，但作为现代设计史上的包豪斯设计学校，他们所作出的开创性工作和对机械化生产方式的接受，以及针对机器生产所开展的现代设计实践和对现代设计教育方式的积极探索都具有历史意义。从历史的角度看，包豪斯的贡献和地位都是不可动摇的。（图121、图122、图123）

121. 烟灰缸 设计：玛丽安·布兰德（Marianne Brandt）1924年

122. 咖啡具 设计：卡尔·米勒（Karl Muller）1929年

思考题：

一、简述包豪斯学校产生的历史背景和在设计史上的地位。

二、包豪斯对现代设计教育所作的重要贡献。

三、从包豪斯的办学过程分析现代设计教育的特点。

四、如何理解作为一种风格的包豪斯？运用包豪斯的风格元素，创作设计一件作品。

课时建议：4课时

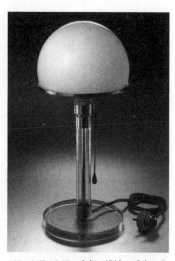

123. MT 9/ME 1台灯 设计：威廉·华根菲尔德（Wilhelm Wagenfeld）1923—1924年

5. 装饰艺术运动（Art Deco）

装饰艺术运动一词来源于 1925 年在巴黎举行的"巴黎国际现代化工业装饰艺术展览会"。

经历了第一次世界大战后的法国，幸存下来的资产阶级掀起了室内装饰和家用产品的豪华风格，在巴黎出现了一股具有活力和追求优越生活方式的设计潮流。在巴黎大百货公司的要求下，保守的法国艺术家组织和当时一些重要的工艺家和设计师决定举办一次展览，名为"现代工业装饰艺术展览会"。从展览的名称上就可以看出来，这是一些艺术家和设计师在接受了现代工业的观念后，试图把现代工业与装饰艺术结合起来的作品。也可以说，这是进入工业时代后，一些仍然对装饰艺术和历史风格怀着依依不舍心情的艺术家们和设计师们折中心理的表现。

展览会上的产品风格几乎与当时的现代主义设计背道而驰。这是一些远离了批量化生产的手工艺装饰作品，采用了昂贵和稀少的材料，如象牙、水晶、蛇皮和高档的木材，使用了精致的手工艺制作方法。虽然展品中也有一些采用了玻璃和钢等现代材料的作品，但主要是突出它们的装饰价值。装饰艺术运动的出现正逢现代设计运动开展得如火如荼时期，俄国构成主义、荷兰风格派和包豪斯都处在发展的高峰，作为逆时代潮流的一次艺术设计思潮，装饰艺术运动很快就被人遗忘了。20 世纪 60 年代，随着后现代思潮的出现，历史主义风格和装饰又开始在设计领域为人们所关注，装饰艺术运动也因此浮出历史的尘

124. 典型的装饰艺术风格的雕塑

面。20 世纪 60 年代，美国举办了装饰艺术运动的回顾展，装饰艺术运动（Art Deco）这一名称才确定下来。（图 124）

装饰艺术运动与工艺美术运动和新艺术运动有极为密切的关系，可以说是这些带有浓厚的装饰趣味的艺术风格的发展和变化，也是设计师在接受了机械化和新材料后的装饰活动。从装饰艺术作品的风格上分析，它受到了当时西方流行的现代艺术流派如野兽派、立体派和未来派的影响，在形式上受到古埃及艺术、非洲原始艺术，以及美国的爵士音乐和当时设计师所探讨

的现代风格的影响。这些影响既体现在日用品设计、平面设计上，也反映在这一时期的建筑装饰和服装设计等方面。在选择造型时，装饰艺术首先从各种历史主义风格和异国情调的文化中寻找创作的灵感，然后把这些形式与具有现代特点的造型糅合起来，形成了非常独特

125. 奥斯卡·王尔德（Oscar Wilde）墓碑上的雕塑　作者：雅各布·爱珀斯坦（Jacob Epstein）

的风格。许多新造型是基于六角形、八角形、椭圆形、三角形和菱形的几何形装饰，它所呈现的风格表现出古典的优雅、异国的情调和夸张了的现代。装饰艺术运动喜欢直线和对称的抽象构成形式、极富光泽的材料、具有强烈色彩效果的颜色，还采用了钢筋混凝土、合成树脂、强化玻璃等新材料。这种既有现代设计特征，又具有装饰趣味的艺术运动，反映出艺术家在工业化生产发展进程中对装饰艺术留念的矛盾心理，成为装饰风格在现代设计出现后的最后辉煌。装饰艺术运动创造了20世纪初新生活的景观，成为极富时代特色的艺术运动。（图125）

　　装饰艺术运动起源于法国，由于这一时期法国是当时各种艺术流派盛行的中心，因此装饰艺术得以吸取众家流派的装饰特点，然后形成自己独特的风格。

126. 黄鹂鸟灯　设计：勒内·拉里克

如平面化处理的形象、夸张变形的造型、明快的色彩、不对称的几何图形、抽象的构成形式、综合性的表现技法、强烈的装饰性和时代感等。因为融合了众多风格元素，因此装饰艺术的面貌也呈现出错综复杂的形态。这种风格从时间上来说起源于20世纪早期，在20年代后期达到高峰。在1925年巴黎的展览会上，雅克-埃米尔·伦尔曼（Jacques-Emile Ruhlmann）和勒内·拉里克及埃德加·勃兰特（Edgar Brandt）设计的家具和日用品占了重要的位置，他们的设计既传统又豪华，因为采用了贵重的材

料和精致的装饰手法，他们的作品非常昂贵（图126）。路易斯·苏（Louis Sue）和安德尔·马尔（Andre Mare）两人推出了极端奢华的家具，吸引了

127. 保尔·波利莱特设计的服装

展览会观众的注意。他们的家具设计主要是追随传统的风格，采用的贵重材料和装饰的发光金属配件增加了这些设计的豪华感，体现了装饰艺术的特征。

第一次世界大战和第二次世界大战之间短期的经济繁荣导致了资本家、电影明星、职业女性、工业新贵和大发战争之财的暴发户数量的增加，时装领域在这一时期也得到了发展。装饰艺术运动时期时装界的风云人物是保尔·波利莱特（Paul Poiret）、夏奈尔、詹妮·拉文（Jeanne Lanvin）和艾尔莎·夏帕拉里（Elasa Schiaparelli）等，这些设计师提供了装饰运动时期最流行的服装。一次世界大战后，社会和生活环境发生了巨大的变化，生活频率加快，社会结构更加民主化，技术更加发达，人们的观念变得更加开放和民主。妇女的解放和独立被表现在时装设计上，时装开始往简洁、宽松的现代风格发展。加长了的柔和优雅的轮廓把这一时期的女性衬托得更高更苗条（图127）。在这一时期流行的时装风格中可以看到拜占庭、印度、中国和俄罗斯的风格元素，闪光的面料和带有珠片装饰的服装很受欢迎。采用金色和银色、带有金属织物做成的礼服，经常镶嵌着小金属的圆边、串珠花边，或者用珍珠绣成图案，塑造出光彩照人的新女性形象，发带、头巾和帽子与时装一起成为塑造新女性形象不可或缺的道具。珠宝饰品作为服装的佩饰也非常流行，修长和富有变化的耳坠用来搭配当时流行的短发造型，长串的珍珠项链或彩色宝石项链用来强调开胸较低的服装胸线，各种皮带和腰带用来突出腰部的曲线，许多造型采

128. 装饰艺术运动时期流行的服装风格

用了几何形。首饰和佩饰设计是装饰艺术运动中的重要内容。(图128)

20世纪20年代的许多先锋派艺术家都对时装表现出浓厚的兴趣。如未来派试图把时装同人的身体分离开来,使之成为一门独立的艺术形式,并反映现代都市生活的运动和速度。俄国构成主义试图把民间传统或工业构成的元素注入到时装中,塔特林和亚历山大·艾克纳(Alexandra Exner)曾经尝试用功能性、实用性和吸引人的特点来替代时装设计中繁琐、累赘的装饰。在这些先锋派的影响下,一些时装设计师采用了几何轮廓,运用色彩和造型使服装具有现代感,并且使时装成为20世纪艺术设计风格中的一部分。

装饰艺术虽然在法国开始流行,但很快就传播到世界各地,包括北美。在建筑和室内设计领域,华丽的装饰艺术运动风格比起简洁单调的现代功能主义风格来在当时更受到那些富裕的中上层人家的欢迎。20世纪初期,美国的许多大型建筑都采用了历史主义的窗、墙脚、壁龛和哥特式风格的拱券进行装饰,以此迎合美国中上层阶级的审美趣味,成为他们炫耀上乘品位的范例。这些建筑中包括了著名的帝国大厦、诺克菲尔中心和克莱斯勒大厦。(图129、图130)

129. 诺克菲尔中心的立面浮雕

建于1932年的帝国大厦由三位建筑师谢维(Shreve)、蓝博(Lamb)和哈密(Harmin)设计,其外观与埃及的金字塔形似,整齐和重叠的造型保留了当时流行的几何形式,帝国大厦在当时令人震撼的高度体现了夸张的装饰艺术风格。诺克菲尔大厦的立面采用了具有浓厚装饰趣味的浮雕图形,人物形象是典型的装饰艺术风格。克莱斯勒大厦建于1930年,由建筑师威廉·凡·艾伦(William van Alen)设计,这是装饰艺术建筑风格的典型例子。克莱斯勒高耸入云的尖顶表面采用了白色的金属,在阳光下可以反射出如白金般耀眼的光芒。纽约无线电城音乐厅里的豪华套房把装饰艺术运动的优雅和奢华与功能主义

130. 克莱斯勒大厦 设计:威廉·凡·艾伦 1930年

的美学混合在一起，典型地体现了这一时期的室内设计流行风格。20 世纪 20 到 30 年代，美国好莱坞是集中展示装饰艺术风格的地方，明星们的服装和首饰、华丽的舞台布景和装饰豪华的剧院内部都是装饰艺术发挥的对象，由此而形成了"好莱坞风格"。这些奇特的造型和豪华的装饰成了美国 20 世纪初美学风格的重要内容。（图 131）

在装饰艺术流行时期，一些早期的工业产品也受到这一风格的影响，如收音机、照相机、电冰箱和烤箱等，它们的装饰元素让那些有钱的中产阶级感到更加满意。这种风格的流行，甚至还影响到了一些大型工业产品的设计，包括汽车和大型交通工具。在一些小的日用品中，如香烟盒、香水瓶等更是装饰艺术发挥得淋漓尽致的地方，玻璃成为这些产品最具表现力的材料（图 132）。新艺术时期就享有盛名的玻璃艺术家勒内·拉里克继续为科提香水公司设计香水瓶，但风格从新艺术往装饰艺术风格变化。他同时还设计了许多玻璃花瓶、台灯等日用品，

131. 装饰艺术风格的剧院灯光设计

132. 玻璃碗 设计：西德尼沃（Sidney Waugh）1935 年

他把原始的、古典的、东方的和当代的风格融合在一起，形成了自己的独特风格，表现出一个杰出玻璃工匠的创造力。

一批艺术家和平面设计师把绘画上的立体主义风格和设计上的"装饰艺术"特点综合起来，成为新的平面设计风格，从而形成了以立体主义绘画为特征的所谓"后立体主义图画现代主义"设计运动。重要的代表人物有定居巴黎的俄国设计师卡桑德尔（A.M. Cassander,1901—1968）和在伦敦工作的美国设计师爱德华·麦克奈特·科夫（E.Mcknight Kauffer,1890—1954）等。

133.《北方之星》招贴画 设计：卡桑德尔 1927年

卡桑德尔是装饰艺术运动时期最负盛名的平面设计师，他把立体主义、构成主义、风格派、未来主义等艺术风格中的形式和表现方法吸收过来，采用高度概括的形体、强烈明快的色彩、粗壮醒目的字体、多角度的视点和透视手法，使作品充满了强烈的时代气息。1927年，卡桑德尔创作了《北方之星》招贴画，开始确立了他设计大师的地位。在这一招贴画中，卡桑德尔的风格开始呈现，他从未来主义、立体主义和构成主义等艺术语言中探索高度简洁的形与明快的色彩对

134.《诺曼底号》招贴画 设计：卡桑德尔 约1930年

比的感情表达，把对时代生活的感受和形式与内容统一起来。他采用强烈的透视手法来表现列车疾驰的速度感和画面的空间感，非常好地体现了人们对机器、力量、速度的赞美，成为装饰艺术运动时期招贴画的代表作。（图133）

卡桑德尔的招贴设计往往通过特殊的透视处理强调了画面的空间感和视觉冲击力。他的代表作除了《北方之星》之外，还有极为著名的旅游招贴画《诺曼底号》。《北方之星》采用近大远小的焦点透视，成功地体现了深远的空间感。《诺曼底号》则用正面仰视的角度突出了游船高大的体积感，使采用了几何形而简化了的巨大船体形象直逼观众（图134）。他把空

85

间设计成一个紧张的力场，通过大小、疏密、宽窄、黑白等强有力的对比，造成形体向四周扩张的力度感。卡桑德尔将形象简化到近乎图解的符号，并以抽象元素来表现和深化主题。他把文字作为视觉传达要素融入到画面里，使人们能够把视线集中到所要传达的信息中，明确而清晰。卡桑德尔是一个非常多产的招贴画设计师，他设计的其他招贴都成了装饰艺术运动中具有代表性的作品。

科夫在招贴画领域的成就与卡桑德尔齐名，他擅长用未来主义、立体主义等多种风格进行创作。他为荷兰壳牌石油公司所创作的招贴画成为他的代表作，也是装饰艺术运动风格的典型作品。这幅题目为《你可以相信壳牌》的招贴画，采用了装饰性的构图、几何形的主体形象、高纯度的原色、大块面对比构成的黑白灰色调，清晰明快，典型地体现了装饰艺术的风格。科夫还为伦敦地铁公司画了许多招贴画，因数量之多、传播之广，他甚至还有"地铁招贴画王"之称。（图135、图136）

装饰艺术运动时期法国著名的平面设计师还有保尔·科林（Paul Colin,1892—）。他被认为是最多产和最具有创造性的画家和设计师，招贴画的数量多达2000余种。科林在设计中坚持以装饰艺术风格为主，并结合了立体主义等多种艺术风格，注重空间比例的分割和构图的变化，采用重叠等表现技法使画面的主体形象更为突出。科林的图形追求简洁和绘画性，他的招贴画设计具有极高的艺术价值。

装饰艺术运动时期，著名的平面设计师还有赫伯特·马特（Herbert Matter,1907—1984）和吉恩·卡鲁（Jean Carlu,1900—）等。赫伯特·马特是瑞士著名设计师，他擅长把摄影蒙太奇技法和黑白照片、手绘图形、字体设计进

135.《你可以相信壳牌》招贴画 设计：爱德华·麦克奈特·科夫 1933年

136. 招贴画 设计：爱德华·麦克奈特·科夫 1925年

行组合，具有非凡的创造才能。他为瑞士旅游创作了许多著名的招贴画，代表作有《通向瑞士》。作品运用焦点透视和黑白技法，以及醒目的红色大字，画面激动人心，令人神往。（图137）卡鲁是法国著名平面设计师，他擅长把文字和图形进行创造性的组合，以突出主题，并用各种不同的线条来表达不同的感受。卡鲁的招贴画画面简洁，文字粗壮有力，信息传达明确。

137. 旅游招贴画　设计：赫伯特·马特　1935年

装饰艺术运动几乎与现代主义设计运动同时发展，所以无论是从材料还是形式上都受到现代设计运动的影响，但它在表现方式和造型风格上仍然与传统的装饰活动有较为密切的关系，与强调为大众服务、大批量生产的现代设计相区别。装饰艺术运动中的许多造型手法，对后来的设计风格产生了影响。经过后现代思潮后的当代设计领域，许多设计，尤其是奢侈品的设计，20世纪20年代装饰艺术运动仍然为设计师们提供源源不断的创作灵感。

思考题：

一、分析装饰运动产生的原因和风格特点。

二、以某位装饰艺术运动具有代表性的设计师作品为例，分析其中所包含的现代设计风格和元素。

三、以装饰艺术运动的风格元素为基础，创作一张招贴画作品。

课时建议：2课时

6．流线型设计（Streamlining）

根据物理学原理，流线型的造型可以减少风的阻力，加快物体在运动时的速度。流线型是第一次世界大战后飞机和汽车制造中空气动力学研究和风洞试验的成果。从 20 世纪 30 年代开始，流线型设计被用在交通工具的设计上，以此提高交通工具的速度。随后，流线型被广泛地用在许多产品的造型中，用来象征对未来的信心，体现工业时代的技术美感。（图 138）

1929 年，面对动荡的华尔街经济和全国性的经济大萧条，美国联邦政府试图通过鼓励消费来刺激经济的发展。政府希望通过优秀的设计来吸引消费者的购买欲，设计开始成为提高市场消费额的一种方式，对消费产品设计的强调在这一时期几乎成了一种爱国主义行为。20 世纪 30 年代左右，流线型作为最佳造型被美国设计师普遍接受，大量具有弧形轮廓线的工业产品在美国极为流行。事实上，流线型并不是美国设计师的发明，它们最早被意大利的未来主义所青睐，把它作为速度和未来的象征，美国富裕的资源和先进的工业技术使之成了批量化生产的流行样式。对于产品式样的强调，意味着工业产品已经进入到一个注重设计的时代，意味着一件产品在纯粹

对于两件价格、功能和质量都一样的产品来说，外观漂亮的将卖得更好。
——雷蒙德·罗维

138. 火车机车 设计：奈杰尔·格雷斯利（Nigel Gresley）
1935年

139. Cord 812型车（美国最著名的流线型汽车） 设计：戈登·比里格（Gordon Buehrig）1936年

的美学风格和从市场角度考虑下对造型上的修正，设计开始作为产品市场竞争的一种手段。（图139）

作为进步和具有活力的象征，流线型被广泛运用到各种产品造型中，从火车机车、公共汽车到婴儿车，从电冰箱、咖啡机到削铅笔刀，这种造型还影响到建筑设计。工业新材料，如三合板、塑料和金属的薄板，作为最具有塑造潜力的材料成为实现流线型造型的理想材料。美国早期著名的工业设计师如怀特·D.蒂古（Walter Dorwin Teague，1883—1960）、雷蒙德·罗维（Raymond Loewy，1889—1988）和亨利·德雷福斯（Henry Dreyfuss，1903—1972）等在设计上都或多或少地受到了流线型风格的影响。1934年，美国的第一辆流线型火车经过空气动力试验后开始运营，随后，流线型设计被大量用在交通工具和一些新的工业产品中。雷蒙德·罗维1938年为宾西法尼亚铁路公司设计的火车机车，怀特·D.蒂古1936年采用木头、金属和蓝色的玻璃设计的收音机都是流线型设计的典型例子。如果说，流线型在交通工具中的运用是造型设计中的一种进步，那么，流线型发展到后来，完全是一种形式上的泛滥。这种新形式并没有多少功能上的价值，它们成了一种进步的信仰和对美国经济发展信任的标志，成了美国摆脱经济压力的一种方式。（图140）

140. 火车机车 设计：亨利·德雷福斯 1938年

1939年，纽约举办了名为"建造未来世界"的世界博览会，流线型设计在这次展览会上达到了高峰。美国著名的设计师诺曼·贝尔·盖茨在展览会上展出了他1934年设计的流线型水滴形公共汽车和客车，他为通用汽车公司设计的展馆建筑也很明显地受到了流线型风格的影响。在此次展览会上，诺曼·贝尔·盖茨还展示了他设计的"未来城市"模型，"未来城市"是经过美国人重新设计的美国，是充塞着超级高速公路和先进技术的乌托邦，其中所有的东西都是整洁的、流线型的和科学的。参观者可以坐在一个移动的椅子上围绕着展品来回观看，通过展品上面的穿越飞行看到完整的场景，几乎每一件产品都有白色或金属的外观，流线型的造型让人们对未来有一种平滑圆润的感觉。1934年，贝尔·盖茨还通过《地平线》一书向美国公众介绍了"设计"和"设计品"，他极力推广

141. 纽约"明日世界"博览会 1939年

诺曼·贝尔·盖茨（Noerman Bel Geddes，
1893—1958），画家、广告艺术家和舞台设
计师。他设计了颇具意义的流线型火车和汽车
的模型。1930年，他为通用汽车公司在纽约的
世界博览会设计了展望未来建筑。

流线型和有机造型，他所画的飞机、轮船和汽车的设计图，都有清晰的流线型和有机造型的外观。（图141）

作为一种设计的形式，流线型造型在20世纪30年代左右被许多设计师所采用，成了30年代左右的流行风格，这也是设计师在产品造型上的探索。因其所具有的科学原理，今天，流线型仍然被大量用在交通工具的设计上。

思考题：

一、选择一件流线型的交通工具设计，分析流线型设计的原理。

二、运用流线型原理，设计一件交通工具。

课时建议：2课时

第 3 章
➤ *Chapter 3*

战后现代设计的发展

1. 美国现代设计的发展与美国生活方式

比起英国来，美国是一个移民国家，接受工业化时在文化上没有传统的束缚。美国还是一个土地面积大、人口少的国家，因为缺乏人力，他们更需要机械化的批量生产方式来满足人们的物质需求。同时，美国还是一个民主国家，其奉行的市场经济体制有利于现代设计的发展。因此，美国虽然没有在工业革命中领先，也不是最早发起现代设计运动的国家，但美国在接受机械化批量化生产方式时毫不犹豫，并率先建起了工业生产的流水线。1913 年，福特汽车公司的第一条装配生产线投入使用，标志着工业产品流水线生产的开始。同时，科学的管理和生产方式开始引入到美国企业的生产中，工业生产朝着规范化、标准化发展。第一次世界大战对于军用品和物资的需求又促进了美国工业生产的发展，战争结束后，美国的工业生产进入高速发展阶段。

机器生产的快速发展导致了职业设计师的产生，大约在 20 世纪 30 年代左右，美国就已经出现了专

大事纪：
1913年：福特汽车公司的第一条装配生产线投入使用
1922年：勒·柯布西耶出版《走向新建筑》
1925年：汉宁森设计的PH灯具在巴黎世界博览会上获金奖
1927年：通用汽车公司成立了汽车外形设计部
1928年：吉奥·庞提创办《Do-mus》杂志
1932年：美国建筑师H.R.希区柯克和P.约翰逊出版《国际风格》
1937年：亨利·德雷福斯设计Model 300电话机
1939年：纽约世界博览会
1940年：纽约现代艺术博物馆举办"日用品的有机设计"竞赛
1945年：第二次世界大战结束
1945年：第一台计算机在美国研制成功
1946年：首次米兰家具展览
1947年：马歇尔计划开始帮助欧洲重建
1947年：第八届米兰三年展
1947年：德国工业联盟重建
1949年：科隆举办工业联盟的"新生活"展
1951年：雷蒙德·罗维出版《简单并不够》

91

1951年：首批彩色电视机在美国销售

1951年："米兰三年展"

1951年：美国市场出售第一台彩色电视机

1951年：日本宣传美术会成立

1952年：乔治·彦森公司的老板F.龙宁设立"龙宁奖"

1952年：日本成立"东京艺术总监俱乐部"

1952年：日本工业设计协会成立

1953年：德国乌尔姆高等造型学院开课

1953年：伦敦举办"桌边的斯堪的纳维亚设计"展览

1953年：日本设计师、设计教育家和评论家联合成立日本设计学会

1954年："波什平"设计事务所创办

1954年："米兰三年展"

1954年：意大利设立"金圆规奖"

1954年：美国和加拿大开始"斯堪的纳维亚设计"巡回展

1955年：亨利·德雷福斯出版《为人的设计》

1956年："意大利工业设计协会"成立

1957年：亨利·德雷福斯出版了《人体测量图表》

1959年：德国成立工业设计师协会（VDID）

1964年：东京举办奥林匹克运动会

1968年：德国乌尔姆高等造型学院关闭

1970年：大阪世界博览会

1972年：日本在京都举办第八届"世界工业设计大会"

1975年："宜家"（IKEA）开业

门为工业生产服务的职业设计师。这些早期的工业设计师大多来自广告行业，他们独自开业，在保持独立身份的基础上，作为顾问设计师为一些大型的制造业企业服务。可以说，独立的顾问设计师的出现是推动美国设计发展的最重要的动力之一。这些顾问设计师为不断增长的工业企业进行各种产品的设计，大到火车机车，小到电熨斗及厨房用品等。他们积极尝试新材料，如铝合金、玻璃和塑料等，努力发掘这些材料潜在的价值和美学特征（图142、图143）。从20世纪30年代开始，美国开始发展具有自己特色的现代设计风格，流线型和随后出现的有机造型成为这种风格的重要特征。被广泛用于家具设计领域的有机造型主要受到了超现实主义艺术家抽象雕塑的影响，在20世纪四五十年代的美国极为盛行。与此同时，纽约现代艺术博物馆在现代设计的发展过程中扮演了重要角色，它们所举办的各种设计展览和设计竞赛，使之成为判断设计优劣的权威机构。

从20世纪30年代中期起，随着纳粹在欧洲的势力越来越大，许多欧洲的知识分子开始移居国外，他们中的很多人选择了当时开放和发展的美国。在艺术和设计方面，欧洲许多最杰出的艺术家和设计师都先后移居美国，艺术家有杜尚、蒙德里安、恩

142. 真空吸尘器 设计：雷蒙德·罗维

143. "Bluebird"收音机 设计：怀特·D.蒂古 1934—1936年

144. Ekco AD65收音机 设计：维尔斯·科茨 1934年

145. 柯达No.1A Gift相机 设计：怀特·D.蒂古 1930年

斯特等，设计师则有包豪斯的核心人物格罗皮乌斯、米斯、拜耶、莫霍里·纳吉和马歇尔·布鲁耶等人。在第二次世界大战期间，其他国家都处在战火之中，只有美国远离了战争的破坏，生产仍然能够正常运行，现代设计的发展也从欧洲转移到美国。移居美国的艺术家和设计师将绘画和设计的各种流派以及现代观念带到美国，二战结束后，美国成了现代设计最发达的地方。到40年代，美国开始将实用主义和欧洲的多种风格融合在一起，逐步形成了具有美国特色的现代设计特点。（图144、图145）

在美国现代设计的发展过程中，美国的第一代设计师为美国现代设计风格的形成作出了重要贡献，这些设计师中的杰出人物是诺曼·贝尔·盖茨、怀特·D.蒂古、亨利·德雷福斯和雷蒙德·罗维等。与欧洲早期从事工业设计的设计师不同，美国的第一批工业设计师大多出身广告行业，他们没有接受过类似包豪斯设计学校那样的训练，也没有建筑师出身的知识背景。他们之所以从事工业设计的工作，主要是因为这一行业在当时还没有急需的专业人才，但发展前景很美好。因此，美国早期的工业设计师大都多才多艺，他们既可以设计大型的工业产品，如汽车、轮船甚至飞机，也可以设计广告招贴和香烟盒。

怀特·D.蒂古在成为工业设计师之前是一名成功的广告设计师，他有20多年从事商业广告的经验。20世纪20年代中期，他开始设计产品，他主要的客户是著名的柯达照相器材公司。1928年，他成功地为柯达公司设计了

146. 柯达Bantam Special相机 设计：怀特·D.蒂古 1936—1937年

93

147. 波音707内舱 设计：怀特·D.蒂古 1956年

小巧可爱的"Bantam"大众型照相机，这款相机在造型和装饰上受到了装饰艺术风格的影响，相机上面的铝条既有功能作用也有视觉上的装饰效果，深受消费者的欢迎（图146）。20世纪50年代中期，蒂古接受了波音公司的委托，为他们设计波音707的内舱。他们采用了与飞机原大的模型，通过几十次的模拟飞行来检验座位、厨房和其他设施是否符合人机工学的原理。在波音707的内舱设计方案里，蒂古采用了凹进去的隐蔽的灯、带轮廓边的高座椅和让人宁静的色彩方案，增加了乘坐飞机旅行的舒适感。经过设计后的波音707受到了客户的欢迎。（图147）

亨利·德雷福斯曾经是一个戏剧舞台设计师，然后转行做工业设计。从1930年开始，他为美国贝尔（Bell）电话公司设计电话机。1937年，他设计的Model 300电话机是工业设计史上里程碑式的产品设计（图148）。在1938年到1940年间，他为纽约铁路中心设计了两辆机车，是当时流线型设计的经典。二战后，他受波音公司委托为波音707系列作内部设计。在设计实践过程中，他收集了大量的资料，于1955年出版了一本非常重要的设计著作《为人的设计》。从40年代开始，他致力于人机工学的理论研究，1957年，他出版了《人体测量图表》，为设计师提供了非常有用的设计参考数据。（图149）

在美国第一代设计师中，雷蒙德·罗维最为著名，他虽然以工业设计师著称，但他设计的项目几乎涵盖了所有的设计领域。1889年，雷蒙德·罗维生于法国巴黎，1919年，他离开巴黎到了美国，先作为一个橱窗设计师为百货公司工作，后来又为报纸和杂志画广告和插图。1929年，他开始了自己作为一个工业设计师的生涯。他接受的第

148. Model 300电话机 设计：亨利·德雷福斯 1937年

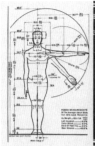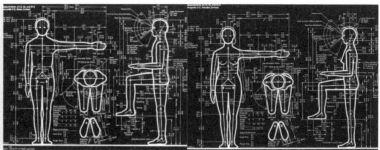

149. 人体尺寸图 设计：亨利·德雷福斯 1955年

一个委托项目是为 Gestrtner 公司重新设计复印机。在新的设计中，他采用了流线型，复印机以前外张的造型被具有圆弧形轮廓线的柜子所替代，这一设计为他带来了声誉。随后，许多公司与他签约，设计的项目非常广泛，从冰箱到汽车、火车机车、加油站，以及企业形象等。

在很大程度上，雷蒙德·罗维所做的工作就是在原有的造型上进行改进，使新设计看起来外形更漂亮，更具有吸引力（图 150）。1934 年，雷蒙德·罗维为可口可乐公司设计了玻璃瓶。他把原来圆形的瓶子改为树桩似的造型，下面凹进去的部分既增加了瓶子视觉上的美感，使瓶子具有优雅的轮廓线，又易于把握。这款玻璃瓶可口可乐公司一直沿用至今，并成了 20 世纪最经典的设计之一。1947 年，他把可口可乐公司原有的标志进行了重新规范和统一，制订了色彩计划。公司的名称保留了以前活泼生动的手写字体。字体颜色为白色，底色为纯正的红色，视觉效果非常鲜明、生动，具有活力。新的公司视觉形象被用在可口可乐公司所有的产品、广告、招

亨利·德雷福斯（Henry Drey-fuss，1903—1972）是美国早期仅有的几个不是来自广告界的设计师之一，他是一个舞台戏剧设计师。1929年，亨利·德雷福斯在纽约创办了自己的设计工作室。40年代后，他开始致力于人机工程学的理论，1957年，他出版了《人体测量图表》。

150. 一个工业设计师的办公室 设计：雷蒙德·罗维 1934年

151. 雷蒙德·罗维设计的可口可乐瓶及可口可乐不同时期的包装

贴画及与公司有关的地方，使公司在视觉上形成了整体的形象。他长期为可口可乐公司担任顾问设计师，为公司提供设计服务，使可口可乐公司的形象不断完善。今天，可口可乐公司虽然不断在广告和视觉形象的细节上有所改动，但公司视觉形象的基调仍然保持了雷蒙德·罗维的设计特点。（图151）

　　罗维还是在美国发展流线型设计思想的设计师，他设计的火车机车、冰箱和其他产品，甚至铅笔刀都有明显的流线型特征。20世纪50年代，他为美国最重要的长途客运公司"灰狗"公司设计了标志和系统的企业形象，也为该公司设计了流线型的豪华大客车。灰狗汽车公司的标志形象是一条正在奔跑的小猎狗，以体现客车公司在速度上对乘客的承诺。灰狗公司的双层豪华大客车采用了流线型的外观，车身上装饰的线条减弱了汽车在视觉上庞大的体积感。（图152）

　　他为一些大公司所做的CI设计，使他成为美国最重要的企业形象设计师之一。他最著名的企业形象设计有美国可口可乐公司、美国"艾克森"（Exxon）石油公司、美国"灰狗"长途客运公司、英国石油公司和"壳牌"国际石油公司等。"壳牌"公司早期的标志是写实的，模仿了自然贝壳的造型，后来又改为具有装饰性的贝壳形象，虽然较之以前简单、规范，但仍然保留

152. "灰狗"公共汽车 设计：雷蒙德·罗维 1954年

了手工艺时代的装饰因素。
1968 年，经过雷蒙德·罗维
重新设计后，公司的标志变
成了类似几何形的图形，但
又有贝壳的形式特点。雷蒙
德·罗维把"壳牌"公司原
来极具装饰性的标志改为了
简洁、现代的标志，把公司
引入到具有现代企业特点的
形象上来。他还为公司进行

153. 雷蒙德·罗维设计的标志和包装 1942—1967年

了整体的视觉形象设计，包括色彩、员工的服装等。（图 153）

　　雷蒙德·罗维把他的设计工作建立在对现代市场分析的基础上，并通过各
种传播媒体把自己的设计推向市场。他重新设计了许多产品，也重新为许多公
司设计了新的企业形象。他通过更新的、更吸引人的视觉样式让人们更乐于接
受他的设计概念，并由此提高企业的销售额。他深谙产品外观设计的重要性，
充分认识到式样对消费者的吸引力，他曾经说："对于两件价格、功能和质量都
一样的产品来说，外观漂亮的将卖得更好。"可以说，凡是通过他重新设计的企

业几乎都能够在市场上提高它们的销售
份额，因此也为他带来了更多的客户。
他开设的设计事务所最多时有 300 多
个设计师在工作（图 154）。在雷蒙德·
罗维的设计思想中充满了美国市场经济
的商业味，他能够非常清楚地认识到市
场的需求，了解消费者的心理，及时地
为市场提供消费者需要的产品。1951 年，
他出版了《简单并不够》（Never Leave
Well Enough Alone）一书，书中写道：
"最值得信赖的产品是简洁的、高质量
的，因为具备这样的要求，它非常实用、
易于维护，而且也易于修理……它还是
最好卖的，看起来美观的。"[12] 雷蒙德·罗

154. 雷蒙德·罗维设计的各种标志 1938—1970年

[12]（德）托马斯·哈福，梁梅译，《设计》，黑龙江美术出版社，2001年，第76页

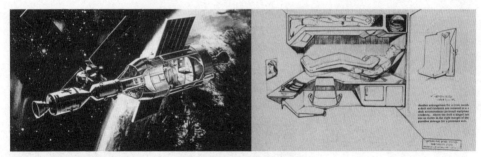

155. 雷蒙德·罗维为美国宇航局设计的宇航器和空间站 1970年

维能够在美国设计界独领风骚，与他的设计思想是分不开的。（图155）

雷蒙德·罗维在美国设计领域取得的成功使他成了美国总统肯尼迪的设计顾问，他参与了美国总统座机"空军一号"的形象和色彩设计，他还为美国宇航局开发了空间站和空中实验室的概念，采用人机工学的原理设计了宇航器的内舱。这些国家设计项目使他成了美国家喻户晓的公众人物，为他赢得了更高的荣誉。通过他的设计，雷蒙德·罗维奠定了他在20世纪美国设计领域至高无上的地位。雷蒙德·罗维是美国最成功的设计师，他的设计创造了美国式的生活方式，他的成功是美国梦的现实版本。（图156）

查尔斯·依姆斯（Charles Eames, 1907—1978）也是创造美国生活方式的设计师之一，他的家具设计为战后的美国人提供了现代舒适的生活方式，是为美国有机设计风格作出重要贡献的设计师。查尔斯·依姆斯是建筑师和设计师，他采用三合板和合成材料制作的完美家具使他成为20世纪最著名的家具设计师之一。1941年，他与雷·凯西（Ray Kaiser, 1912—1988）结婚，从此，查尔斯·依姆斯和夫人雷·依姆斯（Ray Eames）一起合作设计了许多著名的家具。（图157）

1940年，纽约现代艺术博物馆举办了一次题为"日用品的有机设计"的设计竞赛，以此鼓励日用品的当代造型。看上去与人体有某种联系、线条流畅清晰的有机造型的家具在竞赛中赢得了人们的青睐，查尔斯·依姆斯和伊诺·沙里宁（Eero Saarinen, 1910—

156. 雷蒙德·罗维在美国《时代》周刊的广告里

157. DAR椅 设计：查尔斯·依姆斯和雷·依姆斯 1948—1950年

1961）带有有机曲线的木头蛋形椅子获得了竞赛的大奖。1946 年后，查尔斯·依姆斯与美国最著名的家具制造商赫尔曼·米勒（Herman Miller）合作，为他们设计了一系列镀铬钢管、三合板和聚酯纤维的家具。1946 年，他为米勒公司设计的

158. No.670休闲椅　设计：查尔斯·依姆斯和雷·依姆斯　1956年

LCW 胶合板椅成为当时的流行家具，这款椅子结构简单，充分利用了胶合板可以弯曲成型的特点，并考虑了适合人体的形状和角度。1948 年，查尔斯·依姆斯和雷·依姆斯合作设计了具有典型有机风格的椅子"La chaise"，采用了合成材料，造型上与亨利·摩尔的雕塑有异曲同工之妙。50 年代，依姆斯为米勒公司设计了一系列采用塑料一次成型的椅子，这些椅子是依姆斯有机风格的典型体现，充分发挥了塑料一次成型的制造特点。他还为米勒公司开发了简洁的、可以任意组合的办公家具。1956 年，查尔斯·依姆斯设计的休闲椅采用了花梨木和皮革，有柔软宽大的坐垫和靠背，椅子可以转动，椅背高低可以调节。查尔斯·依姆斯还为椅子设计了一个配套的搁脚凳，成为舒适生活的象征。（图158）

159. "郁金香"椅　设计：伊诺·沙里宁
1955—1956年

米勒（Miller）和诺尔（Knoll）是美国两家最重要的家具公司，他们聘请了一些著名的设计师为他们设计家具，除查尔斯·依姆斯外，还有伊诺·沙里宁和亨利·伯特（Harry Bertoia, 1915—1978），沙里宁生于芬兰，伯特来自意大利，他们都随家人移居美国。他们是美国有机设计风格的杰出代表人物，他们采用树脂、铝和三合板等材料，为战后物资紧缺的市场提供了舒适美观的家具。1955 年，沙里宁为诺尔公司设计了著名的"郁金香"椅，这款椅子成了有机造型设计的经典作品（图159）。沙里宁

160. "钻石"椅 设计：亨利·伯特 1950—1952年

对于椅子来说，人们的任务主要是解决功能问题……但如果人们近看的话，它们还探讨了空间、造型和金属。

——亨利·伯特

最杰出的设计是他1956—1962年为肯尼迪机场设计的候机厅，从建筑外观到室内，他擅长的有机风格在这一设计中发挥得淋漓尽致。亨利·伯特1952年为诺尔公司设计的"钻石"椅是他的代表作，他采用了钢铁的支架和铁丝编织的有机造型，不仅在椅子的形式上具有独创性，还呈现出异乎寻常的现代感。（图160）

汽车是美国生活方式的重要内容，也是战后美国设计的重要领域。美国最重要的汽车公司是福特汽车公司和通用汽车公司。在引进批量化和流水线生产汽车的过程中，福特汽车公司领先于其他汽车公司，于1913年就采用装配线生产福特T型车。因为采用了流水线生产，福特汽车公司最先把汽车的价格降低到工薪阶层可以承受，在汽车销售市场上占据优势地位（图161）。美国经济大萧条后，对产品式样（Styling）的重视成为许多企业竞争市场的手段，1927年，通用公司率先成立了外形设计部，试图通过对汽车外形的设计来吸引消费者。通用汽车公司推出

161. 福特不同时期的T型车 1912—1925年

的新型汽车在一年之内就击垮了福特汽车公司的市场垄断地位，迫使福特公司关闭了生产线，并于 1928 年也成立了外形设计部。到了 30 年代，外形设计成了汽车设计领域占有市场的重要竞争手段。（图 162）

二战后，美国成为当时世界上最富裕的国家，中产阶级人数迅速上升，是战后美国社会人数最多的阶层，也成了

162. 通用汽车公司的Pontiac车 1935年

美国消费市场的主流。汽车作为中产阶级人群最重要的消费产品，也是企业市场竞争最重要的领域。在汽车竞争中，"计划性废止制"被引入到汽车设计模式中。"计划性废止制"是通用汽车公司的总裁斯隆和设计师亨利·厄尔（Harley Earl, 1893—1969）提出来的，根据他们的设想，在设计新的汽车式样时，要有计划地把几年后就淘汰的概念放进去，形成一种制度，使汽车外形不断花样翻新，基本上在三到四年就更新一次。这是一种利用汽车外观变化从而刺激消费的方式，使消费者为了追求新设计而更新换代，因此增加汽车的销售额。在这样的思想指导下，美国 20 世纪 50 年代的汽车变得更长更豪华，外形也更新奇，出现了不少造型独特的作品（图 163）。1957 年，通用汽车公司推出了带有飞机尾翼和火箭造型尾灯的凯迪拉克，成了具有典型美国梦想特征的汽车。这种价格昂贵、形状奇特的汽车吸引了许多消费者，但加长的车型除了会造成浪费外，飞机尾翼式的尾灯还很不安全（图 164）。"计划性废止制"是美国式市场经济竞争制度下的产物，对汽车设计的发展能够起到推动作用，但这种方式所造成的浪费和鼓动的消费欲望导致了美国"用后即弃"消费思想的出现，遭到了环

163. 通用汽车公司的Chevrolet车 1955年

164. 通用汽车公司的凯迪拉克Eldorado车 设计：亨利·厄尔 1959年

165. IBM公司的Selectric 1 Golf-ball打字机 设计：艾略特·F.诺耶 1961年

境保护者的抨击。同时，"计划性废止制"片面追求汽车的外形设计而忽视了汽车的内在质量，导致了美国汽车在性能上没有与外形同步发展，致使美国汽车在20世纪60年代成了外形豪华宽大、内部性能不佳的产品，为美国汽车在以后的国际市场竞争中处于劣势埋下了隐患。

美国战后办公用品的增长和这类企业的增多导致了一些从事办公用品设计的设计师出现，艾略特·F.诺耶（Eliot Fette Noyes, 1910—1977）是其中的杰出人物。艾略特·F.诺耶接受过建筑师的培训，曾经和包豪斯的一些重要人物共事，如包豪斯的第一任校长格罗皮乌斯、包豪斯的教师马歇尔·布鲁耶等。在与欧洲设计师接触的过程中，他接受了功能主义的设计思想，并在自己的设计实践中突出了这一特点。1947年，诺耶开办了自己的设计事务所，1956年，他成为美国著名的办公用品公司IBM的设计顾问。他为IBM公司设计了Executive型（1959年）和Selectric型（1961年）电子打字机，是同时代同类产品设计中的佼佼者（图165）。他在设计中充分考虑了产品的生产特点和装配方式，他的设计风格体现了他的建筑教育背景和欧洲设计风格的影响。

在平面设计领域，美国战后的主要代表人物有保尔·兰德（Paul Rand, 1914—1996）、索尔·巴斯（Saul Bass, 1921—1996）和赫伯·鲁巴林（Herb Lubalin, 1918—1981）等。保尔·兰德是美国战后最有影响力的平面设计师，他多次获得世界平面设计大奖。兰德的设计把未来派、立体派、包豪斯等风格融入自己的作品中，并采用抽象、变形、概括、重复组合等手法，让画面形象简洁，构图严谨，富有现代感（图166、图167）。兰德的设计强调把功能与形式结合起来，达到有效的视觉传达效果。他为美国IBM公司设计的标

166. IBM公司标志 设计：保尔·兰德 1962年
167. 美国"西屋"公司标志 设计：保尔·兰德 1960年

志一直被设计界所欣赏。

索尔·巴斯的设计擅长把形象和信息转化为简洁有力的象征符号，主题形象突出，字体易读，并具有装饰性。他在设计中还首创了图

168. 电影《金臂人》招贴画　设计：索尔·巴斯　1955年

169. 图书封面　设计：赫伯·鲁巴林　1957年

形在时空中的变化过程，被运用在电影《金臂人》的片头字幕上，然后又用在这一电影的招贴画上，产生了独特的平面设计风格。巴斯采用了剪影形式的图形，视觉效果厚实、有力，在放大和缩小的情况下都有很好的视觉效果。（图168）

赫伯·鲁巴林在字体的图形化方面作出了杰出的贡献。他摒弃了传统的印刷排版的规则，对字体的放大、缩小、连接、重叠、疏密，以及字体的变形、倾斜、翻转等进行了大胆的试验和创新，取得了新的平面设计视觉效果。他还对文字的结构、含义，以及在画面中的作用进行解析，创造性地使字体图形化，如采用各种形象取代字母等，使字体能够表达一定的观念。他把字体和图形各自的意义复合成为新的语义，揭示了字体与内容之间的内在联系，还让观众对此产生了相关的联想。（图169）

随着商业社会对平面设计在传达信息时的新要求，美国的平面设计出现了新的风格，一些平面设计师也开始致力于发展出具有美国特点的平面设计风格。1954年，设计师什瓦斯特（Seymour Chwast，1931—）、格雷瑟（Milton Glaser，1929—）和索雷尔（Edward Sorel，1929—）等人在纽约创办了"波什平"（Push Pin）设计事务所。他们的设计从美国民间艺术、原始艺术、传统绘画及现代艺术和设计作品中吸取营养，从中提取各种元素并加以创造性发展。他们倡导用各种绘画性的表现语言，尤其是写实的水彩画技巧来塑造形象，使手绘作品在设计界重新得到认可和高度重视。他们还开发了富有特色的新字体，并运用流畅的书写字体和涂鸦式的字体进行设计，使字体和图形组合成协调的画面。

"波什平"设计师们开拓的新风格和新的视觉表现形式，在20世纪六七十

170. 招贴画 设计：什瓦斯特 1967年

171. 为鲍德·狄伦设计的招贴画
设计：格雷瑟 1966年

年代的美国平面设计界产生了广泛的影响。"波什平"的核心人物什瓦斯特是美国著名的设计师，曾担任美国设计师协会的副主席，他的作品多次获奖并被美国华盛顿国会图书馆和大都会现代艺术馆收藏。他的作品富有创意和幽默感，画面朴实自然。什瓦斯特采用素描、版画、拼贴等多种表现形式，非常好地表达了招贴画的主题和深刻内涵。他的作品言简意赅，画面单纯，主题突出，具有很强的视觉震撼力。（图170）

格雷瑟也是美国著名的平面设计师，他扎实的绘画功底为他在平面设计领域的发展奠定了良好的基础。格雷瑟的设计把独创的观念和信息特征结合起来，强调图形和字体的字体性特征及信息传达功能。他用构成主义、超现实主义等多种风格进行创作，具有深刻的内涵和象征意义。他擅长研究各种表现技法并把它们运用在自己的作品中，如装饰画、摄影技巧、蒙太奇手法，以及喷绘、剪贴等。他那些风格迥异、形式

172. "我爱纽约"标志 设计：格雷瑟 1975年

多样、富有创意的作品被许多人模仿。（图171、图172）

思考题：

一、简述美国现代设计发展的原因。

二、以雷蒙德·罗维的设计为例，简述美国现代设计的特点。

三、解释"计划性废止制"及其危害。

四、综述美国现代设计的成就。

课时建议：4课时

2. 乌尔姆高等造型学院——德国新理性主义设计思想的实践者

二战结束后，德国被分裂为东德和西德两个部分。20世纪50年代，德国工业联盟和包豪斯的现代设计思想在一所私立的设计学院——乌尔姆高等造型学院（The Hochschule Für Gestaltung,Ulm）发展起来。乌尔姆的创办者是奥托·埃克尔（Otl Aicher, 1922—1991）和英格·斯库尔（Inge Scholl, 1917—1998），目的是希望重新恢复包豪斯设计学校的教育思想。1947年，他们和马克斯·比尔（Max Bill, 1908—1994）在一次会议上提出了要创办一所设计学校的提议，比尔随后做出了学院的建筑方案。乌尔姆高等造型学院于1953年开课，一些包豪斯的成员包括米斯、约翰·依顿和约瑟夫·阿尔伯斯（Josef Albers）都成了学院的客座教授。学院新建筑1955年才启用，因此，学院直到1957年才正式开学。因为学院是为了纪念参加反法西斯抵抗组织"白玫瑰"的活动而被处死的人所设立的家族基金创办，所以学院旗帜鲜明地反法西斯，并提倡国际主义风格和民主思想。（图173）

乌尔姆的学生和教师来自世界各地，担任第一任校长的是马克斯·比尔，他是艺术家、建筑师和设计师，还是一个颇有自己设计思想的理论家。比尔是瑞典人，曾经在德绍的包豪斯学校学习过两年，深受包豪斯功能主义设计理念的影响。担任乌尔姆校长后，他把学校看做是包豪斯思想的继承者，在教学方法、课程设置和行政管理上都延续了包豪斯的传统，并且，与欧洲早期的设计先驱者们一样，他也相信设计在社会中扮演着重要的角色。马克斯·比尔和汉斯·古戈洛特（Hans Gugelot,1920—1965）等人一起设计了乌尔姆学校的建筑，他还为乌尔姆设计了造型极为简洁的凳子，此凳子可以充当茶几、书桌和书架等功能，成了乌尔姆理性设计的象征。1957年，因为对学院办学思想持有异议，

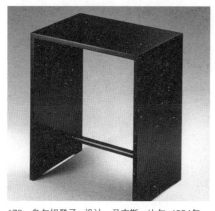

173. 乌尔姆凳子 设计：马克斯·比尔 1954年

174. 手表 设计：马克斯·比尔 1962年

乌尔姆高等造型学院的基础课:
哲学(包括德育、理论和实证哲学)、方法论、艺术与设计(内容包括构成主义、风格派和包豪斯)

他离开了乌尔姆高等造型学院,成为一个独立设计师。(图174)

在乌尔姆高等造型学院的开学典礼上,格罗皮乌斯应邀发表了演讲,他再次强调了合作的重要性。他在演讲中说道:"一个开放的教育必须为艺术家、科学家和商人之间的正确合作提供正确的方式。只有联合他们才能开发出一种产品标准,这种标准以人来衡量。也就是说,把人类无法估量的精神需要看做与物质需要一样重要。我相信,对于生活在民主制度里的精神要求,合作将变得越来越重要。"[13](图175)

乌尔姆学院设立了四个专业:产品设计、视觉传达设计、建筑设计和带有电影制作事务所的通讯设计。学院的教学体系像包豪斯一样,为学生提供了基础课的训练,基础训练注重把各学科联系起来。学生在校学习时间至少四年,第一年的基础课结束后,学生再花三年时间选择其中的一个专业学习来完成学业。比起包豪斯的基础课来,乌尔姆的基础课增加了理论方面的内容,除了艺术设计的内容要学习构成主义、风格派和包豪斯外,基础课还开设了德育、理论和实证哲学、方法论等课程。1954年,汉斯·古戈洛特担任了工业设计系的主任,他成了功能主义思想的积极倡导者。学院阐述的功能主义风格基于简单的矩形造型、有节制的色彩装饰,强调了系统设计的观念,并通过教育过程本身来培养有社会意识的设计师。(图176)

但是,学院不久就从包豪斯的教学模式中分离

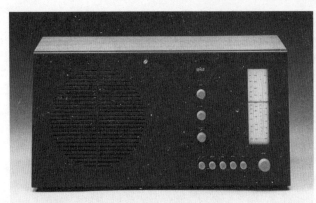

175. 布劳恩RT20收音机 设计:迪特·拉姆斯 1961年

13 (德)托马斯·哈福,梁梅译,《设计》,黑龙江美术出版社,2001年,第83页

出来，把重点放在了科学、技术和设计的方法论基础上。一些教师完全反对艺术在设计中扮演的角色，在教学中把艺术课程剔除出去。这些观点远离了马克斯·比尔的办学初衷，导致了他在争论中辞职。1956年，阿根廷人、设计理论家托马斯·马尔多纳多（Tomas Maldonado, 1922—）取代马克斯·比尔成为学院的院长。托马斯·马尔多纳多热衷于技术，从60年代开始，在他强有力的领导下，学院的课程主要围绕解决纯技术问题而开设。增加了像数学、信息理论和人机工程学这样纯理工科的课程，使现代设计教育往更为理性的方向发展。家具、灯具和一些普通的日用产品设计不再是学院教学的重点，教学重点转到交通和通讯系统的设计上。因教学思想导致的问题在学校领导层上并没有得到真正的解决，加之随后学校又陷入了财政危机。1968年，乌尔姆学院被迫解散。（图177）

乌尔姆学院把现代设计思想带到一个更为理性的高度，在把艺术课程从培养设计师的学习课程中剔除后，学院提出了"科学和技术结合"的现代设计观念，把现代设计的基础建立在技术和科学之上，

> 汉斯·古戈洛特（Hans Gugelot, 1920—1965），建筑师和工业设计师，作为建筑师和马克斯·比尔合作。1954年，他受聘到乌尔姆高等造型学院任教，并在学院积极推行功能主义设计思想。他还与工业企业积极合作，如德国的布劳恩公司等。

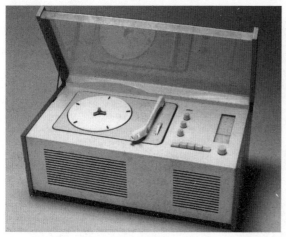

176. 布劳恩Phonosuper SK4唱机　设计：迪特·拉姆斯和汉斯·古戈洛特　1956年

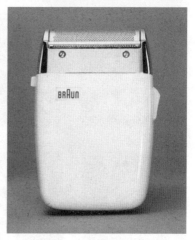

177. 布劳恩SM3电动剃须刀　设计：汉斯·古戈洛特和格尔德·阿尔弗雷德·米勒（Gerd Alfred Müller）1960年

107

奥托·埃克尔（Otl Aicher, 1922—1991），商业艺术家和设计师。1950年，他积极参与了乌尔姆高等造型学院的成立工作，并在学院担任视觉传达设计的教师。1962—1964年担任了乌尔姆学院的院长。1972年，他接受了慕尼黑奥林匹克运动会的视觉图形设计，获得了极大的成功。埃克尔还为一些著名的企业设计了标志，如布劳恩、宝马和汉莎航空公司等。

形成了新的理性主义设计思想。乌尔姆学院的理性主义设计思想主要是通过学院教师与企业的合作来实现的。乌尔姆著名的教师有产品设计师迪特·拉姆斯（Dietr Rams, 1932—）和汉斯·古戈洛特，平面设计师有奥托·埃克尔，他们与一些著名的大公司合作，如布劳恩（Braun）公司和柯达（Kodak）公司等，为它们设计具有理性主义风格的产品，体现了功能主义的思想。拉姆斯和古戈洛特是布劳恩公司长期的顾问设计师，他们为公司开发了一系列采用了新材料、造型简洁、功能突出，但感觉冷漠的电器产品。埃克尔以设计慕尼黑奥运会的标志而著名（图178），他还为汉莎航空公司设计了标志，他们的设计对功能主义和国际主义风格的形成产生了重要影响。

乌尔姆学院被称为"新包豪斯"，它所创造的"乌尔姆教学模式"是战后现代设计教育思想的典范，他们强调技术的新理性主义设计思想成为现代工业产品设计的模式，尤其是他们的系统设计方法成为理性设计思想的重要内容。他们在包豪斯设计教育的模式上，把现代设计教育往更为理性的方向发展，形成了德国战后新理性主义的设计特征，并一直影响了德国的设计风格。（图179）

从德国工业联盟到包豪斯设计学校再到乌尔姆高等造型学院，德国发展了清晰的、以突出功能为特点的现代主义设计思想，形成了德国的理性主义设计传统。按照这一传统，德国对产品设计的好坏形成了他们自己的评价标准。德国著名设计师赫伯特·林定格（Herbert Lindinger）认为，工业产品

178. 慕尼黑奥运会标志 设计：奥托·埃克尔 1972年

除了有良好的功能外，还要考虑产品的使用寿命和
安全。要符合人机工学的原理，即考虑人体的状况，
在技术上和形式上和谐，与周围环境有着有机的联
系。与此同时，还要考虑到环境保护和有明确的使
用目的，还要有高品质的造型，产品与消费者能够
产生呼应。林定格把使用功能放在首位的设计思想
即来自于乌尔姆的传统，他曾经在那儿学习和任教。

在理性主义思想的基础上，德国的设计强调
产品的多功能特点，设计师们常常颇费脑筋地思考
如何通过几种方式就能够把床变成靠椅。为了强调
功能，设计师们在产品中毫不隐藏其机械特征，反
而把结构明显地暴露出来（图180、图181）。如凳子可以折叠、桌子可以拉开、
柜子和书架可以叠放在一起，同时，产品还可以改变形式、增加部件等。为了
提高产品的功能，德国的设计师就是设计一个门把手，也要考虑每一个细节，
使其造型能够符合人机工学。从人机工学和为人设计的思想出发，他们还充分
考虑到那些特殊的人群，如左撇子、残疾人等。德国的设计师设计了既适合一
般人也适合左撇子使用的工具，也设计了适合残疾人使用的餐具和座椅等。

随着人们对产品的要求越来越个性化，同时又要符合批量化生产，设计师采
用标准构件法来解决这一问题。设计师汉斯·威赫曼对此作出过定义："第一种
系统是在一个主件上由不同的部件组成一个整体……使用者可以自己按自己的设
想来组成自己所需要的形式。第二种系统则是每个部件都已经是一个独立体，也
可以再与其他补充部件拼合成一个更有效益的物件。"[14] 这种设计方式既解决了人

179. 布劳恩公司生产的咖啡机 1972年

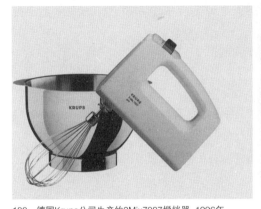

180. 德国Krups公司生产的3Mix7007搅拌器 1996年

181. 布劳恩公司生产的K750食物搅拌机 1997年

14《物尽其用——新颖日用品设计展览会》画册，1993年，第8页

182. 博世（Bosch）公司生产的电钻 设计：汉斯·埃里奇·斯拉尼（Hans Erich Slany）1992年

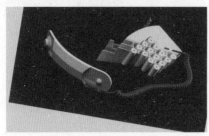

183. 德国西门子（Siemens）公司生产的电话机 设计：西门子设计中心 1986年

184. ABR 314df时间控制的电子收音机 设计：迪特里希（Dietrich Lubs）1997年

们的不同需求，产品也因此而变得多样化，并由此发展出系统设计的概念。（图182）

早在1955年，乌尔姆高等造型学院就提出了"生产耐用的产品，提高其使用价值，减少浪费"的设计原则。随着能源危机的出现，德国设计界和民众增加了对环境污染和节约资源的认识。他们积极寻求减缓消费品周转速度的策略，如提倡退空瓶制度，鼓励多次用餐具，重复使用包装品和减少物品包装的面积等。人们越来越多地注意到减少废料、脚料，提倡废品回炉。并且，在制定产品生产步骤时，就把环境保护的因素考虑进去。在一件产品的整个生产过程中，从准备原材料到能源的使用、废料脚料的安排、废气的处理、产品的寿命和有效使用及最后的回炉等都要有充分的考虑。（图183）

今天，在经历了他们认为的"后现代设计的混乱"后，德国的设计仍然以强调产品的实用性为特点，并把对环境保护作为设计师的自觉行为和评价产品美学品质的重要内容（图184），形成了德国设计重理性、重功能，善于利用科学技术，重视品质优良，强调秩序感、逻辑性、系统性和标准化的特点。他们认为新的美学原则应该建立在这样的观念上：更好地提高物品的使用价值，把对生态的保护当作最好的美德。

思考题：

一、简述乌尔姆高等造型学院的办学思想和特点。

二、以乌尔姆学院的教师作品为例，分析新理性主义设计思想的特点。

三、简述德国现代设计风格的形成和特点。

课时建议：4课时

3. 功能主义设计（Functionalism）和国际主义风格（International Style）

第二次世界大战结束后，经过几年的艰苦努力，欧洲部分国家的经济开始复苏，尤其是西欧各国的经济恢复得极为迅速。经济的发展增加了对设计的需求，同时也促进了设计的发展。为了尽快满足战后人们的物资需求，到20世纪50年代期间，战前探讨的功能主义风格在这一时期得到了很快的发展，并成为一种国际风格流行起来。

虽然国际主义风格到20世纪50年代才正式确立，但是，类似的设计探索早在50年代以前就已经开始。事实上，国际主义设计的风格可以追溯到荷兰风格派、俄国构成主义和包豪斯对设计现代语言的探索，国际主义风格的形成与功能主义的设计思想有极为密切的关系。（图185）

功能主义设计是指产品的造型由它的功能所决定，产品以突出使用功能为特点。从美学意义上讲，意味着一个完全满足其功能的物体，自然会是美丽的。工业化的生产方式和民主思想是导致功能主义设计思想产生的主要原因。在现代设计史中，功能主义的设计思想始于早期现代建筑的探索者们，经过德国工业联盟和包豪斯设计学校的实践，再发展到乌尔姆高等造型学院的新理性主义，形成了成熟的现代设计思想体系。（图186）

受莫里斯工艺美术运动的影响，随着人们对工业时代的不断了解和认识，欧洲的建筑师们在建筑与日用品设计领域，坚决反对历史样式，开始运用新材料和新技术，努力创造符合工业时代的简洁形式，把装饰简化，从实践的角度开始思考形式与功能的辩证关系。形式与功能的关系成为这一时期建筑师关注的焦点。在民主思想的影响下，反对铺张浪费的装饰，追求朴实无华是这一时期建筑师们谈论的重要话题，同时，他们开始积极探讨机器时代的新的美学精神。（图187）

1894年至1900年间，建筑师凡·德·威尔德在演讲中表示，相信机器可以实现一种新

185. 钟 设计：彼得·贝伦斯 1930年

186. MT 8台灯 设计：威廉·华根菲尔德（Wilhelm Wagenfeld）1924年

111

型的美，他说"美一旦指挥了机器的铁臂，这些铁臂有力地飞舞就会创造美"。[15]美国现代主义建筑大师赖特也对工业时代的机器大加赞叹，他预言未来的建筑将是新型的、简洁轻巧的。德国工业联盟的主要发起人穆特修斯在艺术和建筑领域则提倡合理、贴切、完美而纯粹的实用精神。（图188）

在提倡简洁的风格之后，功能主义的设计思想首先表现出对装饰的摒弃。美国建筑师、芝加哥学派的代表人物路易斯·H.沙利文在1892年发表的《建筑中的装饰》中明确地表达了对装饰的厌恶，他说"如果我们能够在若干年后抑制自己不去采用装饰，以便使我们首先专注于创造不借助于装饰外衣而取得形式秀丽完美的建筑物，那将大大有益于我们的美学成就"。[16]他旗帜鲜明地提出了"形式服从功能"（Form follows function）的现代设计原则，他认为世界上一切事物都是"形式永远服从功能，这是规律"（Form ever follows function and this is the law）。沙利文认为建筑应该从内而外地设计，相似功能的空间在结构上具有一致性，他的思想在当时具有革命性的意义。他的观点提出了功能在建筑设计中的主要地位，明确了功能与形式之间的主从关系。"形式服从功能"的观点对当时正在探索过程中的工业产品设计指出了明确的设计原则，并被普遍地运用到现代设计中。

维也纳建筑师阿道夫·卢斯（Adolf Loos，1870—1933）深受沙利文功能主义美学思想的影响，他在发表的一些文章中表达了与沙利文同样的观点。他说"一个民族的标准越低，它所采用的装饰就越多得令人厌烦。从造型中发现美而不依赖装饰获得美，这是人类所企求的目标"。[17]1908年，他发表了一篇题

187. 餐具 设计：约瑟夫·阿尔伯斯 1926年

188. 钟 设计：阿道夫·卢斯 1904年

[15]万书元，《当代西方建筑美学》，东南大学出版社，2001年，第326页
[16]汪坦、陈志华，《现代西方艺术美学文选》，春风文艺出版社，1989年
[17]（英）尼古拉斯·佩夫斯纳，《现代设计的先驱者》，中国建筑工业出版社，1987年，第9—10页

为《装饰与罪恶》的文章，犹如向传统的建筑美学投下了一颗重磅炸弹。他在文中反对建筑物的一切装饰因素，主张建筑以实用为主，认为"建筑不是依靠装饰而是以形体自身之美为美"，进而提出"装饰就是罪恶"的观点。卢斯主张建筑和实用艺术应去除一切装饰，认为装饰是恶习的残余。无论是从技术上还是道德上，他都憎恶任何浪费现象。他在文中写道："装饰是对劳动力的浪费，因此也是对健康的浪费……今天，它还意味着浪费材料和浪费资金……现代人，具有现代观念的人，不需要装饰，换句话说，他们痛恨装饰。"[18] 卢斯设计的建筑物采用了简洁的外立面，去除了装饰的内容，强调了建筑的比例关系。建筑物去掉装饰后，只剩下了基本的结构，成为体现功能的简洁形式，同时也降低了造价和成本。卢斯的观点带有浓厚的民主色彩，体现了建筑设计的现代美学原则。（图189）

对功能主义设计思想有贡献的还有著名建筑师勒·柯布西耶（Le Corbusier，1887—1965）。1923 年，他出版了《走向新建筑》一书，书中激烈地批评了保守派的建筑观点，为新的建筑形式提供了一系列的理论依据。他认为"住宅是居住的机器"，像机器

阿道夫·卢斯（Adolf Loos，1870—1933），建筑师和理论家。1890—1893年在德国德累斯顿技术学院学习。在美国生活了几年后，他去了维也纳从事建筑设计工作。1923年到1927年生活在法国。卢斯是功能主义造型的积极拥护者，反对新艺术运动的装饰风格。1908年，他发表了他最著名的文章——《装饰与罪恶》。

189.阿道夫·卢斯设计的建筑及室内　1927—1928年

勒·柯布西耶（Le Corbusier, 1887—1965），是20世纪最重要的建筑师之一。他极力鼓吹用工业化的方法大规模建造房屋，赞美简单的几何形体。20世纪50年代，他从纯粹的几何功能主义转向有机造型，在法国设计了著名的朗香教堂。

一样，住宅也可以大批量生产。他极力鼓吹用工业化的方法大规模建造房屋，赞美简单的几何形体。他设计建造了一组标准化住宅，把自己的理论付诸实践。勒·柯布西耶的观点把功能主义的观点上升到理性的高度，并发展了新的建筑形式，几何形体也由此成为现代建筑普遍的形式。（图190）

在柯布西耶之后，包豪斯的第三任校长，著名现代建筑师米斯·凡·德·罗提出了"少即多"（Less is more）的建筑观念，进一步把现代建筑的设计原则推向更为简洁的发展方向。从"形式服从功能"到"装饰就是罪恶"，再到"少即多"，建筑设计在观念和形式上完成了现代主义的蜕变，也从理论上确立了功能主义、理性主义的设计原则。（图191）

建筑领域里的设计观点被当时正在探索新形式的工业产品设计广泛借鉴，产品设计也遵循这些设计原则发展出了功能主义风格，随着工业化的不断发展和在生产中的运用，工业时代的机器美学和反装饰的功能主义美学占有越来越重要的位置。

功能主义设计风格在产品设计领域的形成经过了德国工业联盟、荷兰风格派、俄国构成主义和包豪斯设计学校、乌尔姆高等设计学院的探索和实践。从彼得·贝伦斯为德国 AEG 工厂所设计的各种电器，

190. 勒·柯布西耶和皮埃尔·吉纳瑞特（Pierre Jeanneret）设计的建筑 1929—1931年

191. No.MR90巴塞罗拉椅 设计：米斯·凡·德·罗 1929年

[18]托马斯·哈福，梁梅译，《设计》，黑龙江美术出版社，2001年，第39页

到包豪斯工场生产的各种产品造型，然后再到乌尔姆学院的教师与布劳恩公司合作生产的电器产品，它们在造型上都遵循了"功能服从形式"的设计原则。在这些产品的造型上，所有的装饰元素都去掉了，取而代之的是简单的几何形式，充分体现了机器批量化标准化生产的特点。到乌尔姆高等造型学院后，功能主义的原则更是发展到理性主

192. 美国洛杉矶的Philip Lovell "健康住宅"　设计：理查德·诺伊特拉（Richard Neutra）1927—1929年

义的程度，产品设计教育中的艺术成分被去除后，技术在产品设计中的因素更进一步地加强，从而导致了乌尔姆学院的教师与企业合作的产品完全成了冷冰冰的技术产物，以至于人们对它们冷漠的外观非常反感。

在去掉了设计的装饰元素后，无论是建筑还是产品的形式都根据功能来决定，因此不管是欧洲、美洲还是亚洲，现代设计在形式上都逐渐趋于一致，功能主义的风格成为世界各国现代设计的普遍风格，由此形成了国际主义风格。从功能主义发展起来的国际主义风格在战前经过一系列的实践后趋于成熟，到第二次世界大战结束后，这种造型简洁、造价较低、功能突出的设计在战后一段物资匮乏的时期找到了用武之地，因此，国际主义风格在二战后迅速发展起来，成为当时的流行风格。

在建筑设计领域，国际主义风格的建筑大量采用了现代建筑材料——钢架和玻璃，在形式上是简单的几何形方盒子，框架结构多用钢筋混凝土，屋顶为

193. 米斯为艾迪斯·范斯沃斯（Edith Farnsworth）设计的别墅　1946—1951年

194. 菲利浦·约翰逊 "玻璃住宅" 中米斯设计的家具　1949年

115

钢筋混凝土的平顶（图192）。这种建筑新形式在彼得·贝伦斯设计的AEG工厂的大楼中就已经初见端倪，格罗皮乌斯设计的德绍包豪斯校舍已经是非常成熟的功能主义风格了。后来，勒·柯布西耶利用现代技术和材料发展了这种风格，他所设计的巴黎瑞士学生宿舍就是典型的例子，米斯·凡·德·罗可以说是把国际主义风格发扬光大的建筑师，他设计的美国伊利诺理工学院的校舍、西格拉姆大厦都典型地体现了现代建筑的国际主义风格。（图193、图194）

195. 米斯·凡·德·罗和菲利浦·约翰逊设计的西格拉姆大厦 1954—1958年

国际主义风格在现代建筑思想的影响之下出现在20世纪初的欧洲，主要是受到了功能主义和理性主义建筑思想的影响，这种风格重要的代表人物有格罗皮乌斯、勒·柯布西耶和米斯·凡·德·罗，这些设计师在寻找新建筑的试验过程中创造了国际性的语言。1932年，美国建筑师H.R.希区柯克（H.R.Hitchcock）和菲利浦·约翰逊（P.Johnson）出版了《国际主义风格》一书，并列举了1922年以来的建筑作为这种风格的代表。同时，他们两人还在"现代艺术博物馆"举办了同名展览。在《国际主义风格》一书中，建筑被理解为一个容积而不是面积，任何部分都没有装饰，风格简洁、清晰、高雅、理性。1922年，勒·柯布西耶在他出版的《走向新建筑》一书中也阐述了国际主义风格的设计原则，那就是垂直的、严格的几何形建筑外立面。（图195）

建立在功能主义和理性主义思想之上的国际主义风格建筑原则，虽然每个建筑师在说法和做法上不完全一样，但他们有许多相似的地方。他们都认为随着新时代的来临，建筑也应该有新功能、新技术，尤其是新形式；提倡艺术与技术在建筑上的结合；认为建筑空间是建筑的实质，建筑是空间的设计及其表现，认为建筑设计应该外观和室内统一。他们在建筑美学上都极力反对外加的装饰，提倡美应当把功能及建筑手段（如材料与结构）结合起来，认为建筑的美在于空间的容量与体量在组合构图中的比例和表现。除了这些共同点外，功能主义和理性主义建筑还强调建筑和建筑师的社会责任，重视建筑的经济性和社会性。

第二次世界大战打断了现代建筑的试验，二战结束后，这种重视建筑功能、强调建筑的实用性，并具有民主思想的建筑风格非常适合战后恢复时期的建设，功能主义建筑受到了前所未有的重视和发展，格罗皮乌斯、勒·柯布西耶和米斯的建筑生涯也发展到了一个高峰。在20世纪50年代，这种风格流行的结果就是在世界各地看到的新建筑大多数都是钢架玻璃的几何形方盒子，由此形成了建筑的国际主义风格的滥觞。这种局面随着经济的不断发展、

196. 通用汽车公司的技术中心 设计：伊诺·沙里宁 1949—1956年

物质生活水平的提高和几位大师的相继去世才有所改变。（图196）

　　突出功能的国际主义风格的建筑在工业化早期无疑具有极大的进步意义，不仅是因为它们采用了现代的材料和技术在建筑的外形上进行了革命性的创造，而且它们还具有民主意识和社会责任感，为大多数人提供低成本的住房作出了重大贡献。同时，功能主义的建筑思想发展了新的建筑美学思想，丰富了建筑学的内容。但功能主义的建筑因为造型单调简洁、缺少变化，而流行导致的国际主义风格冲击了很多国家具有本土特征的建筑，到了60年代，随着物质生活水平提高，开始受到很多人的质疑。

　　工业产品设计的国际主义风格是经过德国工业联盟、包豪斯设计学校和乌尔姆高等造型学院发展起来的。通过德国工业联盟的试验，尤其是彼得·贝伦斯的设计实践，产生了早期功能主义和国际主义风格产品设计的例子。贝伦斯

197. 厨房钟 设计：马克斯·比尔 1956年

198. 布劳恩公司生产的吹风机 设计：莱因霍尔德·韦斯 1964年

199. 布劳恩公司生产的唱机 设计：迪特·拉姆斯 1962年

在新的生产方式中找到了客观和功能的造型方法，他的设计在造型上突出了功能特点，他还试图实现"在所有的机器生产的产品中，在艺术和工业中有内在联系"。[19] 把实用产品的造型从繁琐的花卉图案和装饰中脱离出来。在德国工业联盟的论争中，标准化和批量化生产的现代设计观念占据上风，从此肯定了现代设计的生产方式，功能主义风格的设计在这种生产方式之下渐成风气。（图197、图198）

一战后创办的包豪斯设计学校除了继承和发展德国工业联盟的现代设计思想外，他们还通过车间制作的产品继续了功能主义形式的探索。如金属车间生产的钢管椅、家具和灯具，还有其他车间生产的工业产品都明确地把功能放在重要的位置，并采用了钢管、玻璃和三合板等工业材料，为后来流行的国际主义风格提供了最为经典的范例。他们还把为大众提供便宜的批量化产品作为设计目标，体现了现代工业生产的民主思想。（图199）

二战后流行的国际主义风格，德国的乌尔姆高等造型学院在教学思想和设计实践上都为之作出了贡献。乌尔姆学院在教学中剔除了艺术方面的内容，增加了理工科课程，提出"科学与技术结合"的口号，把设计带到一个更为理性的高度，形成了战后的新理性主义设计思想。他们与企业合作设计开发的产品，造型简洁，功能突出，去掉了所有的装饰元素。这些产品闪烁着金属的光芒，

200. 奥利维提公司生产的Praxis48型打字机 设计：埃托·索特萨斯和汉斯·冯·克利尔（Hans von Klier）1964年

201. 柯达公司生产的幻灯机 设计：汉斯·古戈洛特和莱茵霍尔德·霍克（Reinhold Hocker）1964年

[19] （德）托马斯·哈福，梁梅译，《设计》，黑龙江美术出版社，2001年，第44页

也呈现出金属的冷漠感，是国际主义风格的代表作。(图 200、图 201)

机械化、标准化和批量化生产和功能主义的设计思想是国际主义产品风格产生的主要原因，对于工业化和机器生产的肯定，由此产生了功能主义美学和机器美学观念。在 1950 年发表的一篇文章里，马克斯·比尔也解释了"功能就是美"这一美学观念里包含的美学原则。在新的审美观念里，机器生产的特征和痕迹被作为新的审美形式来看待，体现出时代感和现代性。而在机器美学观念中，根据产品功能要求所规定的造型本身就体现出美感，把产品的功能作为审美评价的标准可以说是功能主义美学的重要内容。

国际主义平面设计追求几何学的严谨、简洁明快的版面编排、无饰线字体的运用、完美的造型和非常和谐的整体，从而形成了高度功能化、理性化的设计风格。设计师力图通过简单的网格结构和近乎标准化的版面形式达到设计上的统一性。具体来讲，这种风格往往采用方格网为设计基础，在方格网上的各种平面元素的排版方式基本是采用非对称式的，无论是字体，还是插图、照片、标志等，都规范地安排在这些框架中，因而排版上往往出现简单的纵横结构，而字体也往往采用简单明确的无饰线字体，因此得到的平面效果非常公式化

202. 国际主义风格的招贴画　1927—1961年

和标准化，具有简明而准确的视觉特点 (图 202)。也正是这一原因，它才能在很短的时间内普及，并在近 40 年的时间中长盛不衰。直到现在，国际主义风格依然在世界各地的平面设计中比比皆是，为不少设计师所喜爱。

国际主义平面设计运动的两个关键人物都是毕业于包豪斯的瑞士平面设计师，一个是西奥·巴尔莫 (Theo Ballmer)，另外一个是马克斯·比尔 (Max Bill)。

巴尔莫努力把荷兰"风格派"特点引入到平面设计中，特别是他在设计中利用纵横的简单数学式规范版面编排，他设计的招贴画非常成功，具有强烈的现代感。马克斯·比尔 1927 年至 1929 年在包豪斯学习，师从格罗皮乌斯、康

定斯基、纳吉、迈耶等人，1931 年发展出自己的艺术和设计思想。二战结束后，他曾经执教于战后德国的乌尔姆高等造型学院，并一度担任了学院的院长，传播他的理性主义设计思想，是战后理性主义设计的重要代表人物。比尔的新风格是把各种平面设计元素，包括字体、插图、照片、标志与图案等以一种高度秩序化的方式安排在平面上，同时注意到以简单的数学方式编排。编排的依据是数学比例、几何图形的标准比例，并且广泛地采用无饰线字体，版面的右边有意识处理得比较粗糙，与高度工整的左边形成对比。

逐步成为国际主义平面设计风格精神领袖人物的是约瑟夫·穆勒－布鲁克曼（Josef Muller-Brockman），他是瑞士最重要的平面设计师、版面设计师和设计教育家之一。他最重大的成就，是参与并奠定了瑞士国际主义平面设计的基础，并通过设计实践使这一风格在世界范围内广泛流行和使用。他的设计思想主张系统化、规范化和工整的原则，主张设计以传达功能为最高目的。为了达到传达信息的目的，设计师个人的偏好、顾客的特殊要求、宣传的压力都应该不顾，唯一重要的是设计反映的时代感和现代感。（图 203、图 204）

1963 年，布鲁克曼在德国当时最重要的设计学院乌尔姆高等造型学院担任教学工作，并接受美国和日本的学院邀请，多次进行国际性讲学，对于传播平面设计的国际主义风格产生了重要的影响力。布鲁克曼注重视觉设计元素的强度与

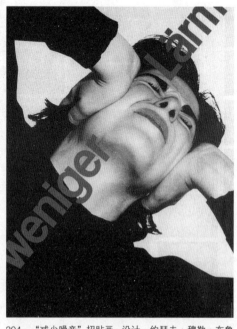

203. 贝多芬音乐会招贴画 设计：约瑟夫·穆勒·布鲁克曼 1955年

204. "减少噪音"招贴画 设计：约瑟夫·穆勒·布鲁克曼 1960年

清晰度,使之适合功能性视觉传达的要求。强调抽象、具象图形的高度概括、简洁,使之具有一定的象征意义。在数学比例、几何空间分割、无饰线字体运用等方面具有独到的创新意识。他采用构成主义等设计语言创作的招贴具有强烈的现代感。布鲁克曼强调设计的社会功能,与包豪斯的奠基人一样,具有鲜明的现代主义色彩。

国际主义平面设计风格的出现与世界经济的发展是分不开的。不断发展的世界经济贸易形成了国际市场,为了让世界各国的人民了解其他国家的商品和信息,具有国际风格的平面设计就成了最迫切的要求,因此,国际主义平面设计风格就应运而生了。国际主义平面设计风格创造了一种高度功能化、理性化的国际视觉传达语言,清晰明确,主题突出,为人们理解信息提供了便利。虽然也有很多人认为国际主义风格太理性、太功能,缺乏艺术性和情感,但在一段时期,国际主义风格确实满足了市场对设计的需求。作为一种具有国际性的视觉语言,平面设计的国际风格今天仍然被设计师所重视,以尽量减少信息传达过程中因为文化背景所造成的障碍。尤其是经济全球化以后,平面设计的国际性语言更多地被许多国际化的企业所重视。(图 205)

ABCDEFGHIKLMN
OPQRSTUVWXYZ
abcdefghiklmn
opqrstuvwxyz

205. 字体 设计:马克斯·米耶丁格(Max Miedinger)和爱德华·霍夫曼(Edouard Hoffman)1961年

思考题:

一、综述国际主义设计风格产生的原因和过程。

二、简述功能主义设计的代表人物和主要观点。

三、今天如何认识功能主义设计和国际主义风格?

四、运用功能主义的原则,设计一件电子产品。

五、运用国际主义平面设计的元素,创作一张平面设计作品。

课时建议:4 课时

4. 北欧设计和斯堪的纳维亚风格（Scandinavian Style）

斯堪的纳维亚地区（Scandinavian）指芬兰、丹麦、瑞典、挪威、冰岛组成的北部欧洲地区，也称北欧。在现代设计发展过程中，丹麦、芬兰、挪威、瑞典四个国家逐渐形成了在世界设计领域具有重要地位的斯堪的纳维亚风格。这几个国家虽然有着各自迥异的文化背景及传统材料，但是他们在现代设计中致力的目标有着惊人的一致性，即通过适当地运用现有技术，尽可能地提高生活质量。他们的座右铭就是"为日常生活创造更多的美"。这些国家尊重传统、强调功能，努力探索新材料和新形式，发展出了具有地域特色的现代设计。从20世纪50年代开始，这些国家的现代设计风格就开始被称为"斯堪的纳维亚风格"，在国际市场上享有极高的声誉。（图206、图207）

18世纪，在欧洲中心展开的工业革命也波及到了当时仍旧以农业为主的北欧，一些北欧国家纷纷建立起设计组织来抵制外来低劣的批量产品的侵蚀，保护本国的手工业传统的发展。1845年，瑞典成立了世界上最早的艺术工业联合协会——瑞典工艺协会（Svenska Slöjdföreningen，今瑞典工业设计协会）。它不仅积极致力于维护本国手工业，同时还提倡设计物品的功能性。由于在工业化进程中意识到了对手工业的保护，因此，几个国家的手工业并没有像其他欧洲国家那样在工业革命的影响下迅速消退，反而使他们日后走出了一条以传统手工艺与现

206. 大口水罐　设计：汉宁·古柏（Henning Koppel）1952年

207. 郁金香玻璃杯　设计：尼尔斯·兰德贝里（Nils Landberg）1956年

代设计结合、独具特色的发展道路。

斯堪的纳维亚风格的形成与两部重要的著作有密切的关系。1899 年，一本呼吁通过改善大众生活条件的书《为大众的美》（Beauty for All）问世。该书的作者艾伦·凯（Ellen Key）是一位社会主义者，她提出所有的家具设计应该在满足其功能的同时又十分舒适。她写道："当人们身边的日用品具有美丽的色彩和形状时，他们会比往常工作得更好，感觉更好，更快乐，而不会顾及到这些物品是多么普通。"1919 年，另一位北欧功能主义的奠基人 G．保尔逊

208. 拉松夫妇Lilla Hyttnäs的起居室，卡琳·拉松设计制作其中的纸质灯具

（Gregor Paulsson）出版了《为日用品增添更多美》（More Beauty for Every-day Use）一书，提出"让艺术家为工业进行设计"。[20] 这两本有关设计的著作强调了设计的美观和为大众服务的思想，成为北欧现代设计发展的思想源泉。

而开启斯堪的纳维亚现代设计风格的，也许是瑞典画家卡尔·拉松（Carl Larsson）的《在家》一书。1897 年，拉松的《在家》在瑞典斯德哥尔摩举办的"工业和艺术"的商业展览上展出。在这本书中，作者用水彩画给人们展现了自己在瑞典乡下居所的一个家庭场景，表达了田园诗般的主题。拉松在书中绘制的房间显得非常简洁、宽敞，房间中的几件家居物品有他妻子卡琳·拉松（Karin Larsson）设计的自制灯具（图 208）和一些样式简洁的乡村风格家具。拉松夫妇田园诗般简朴的家代表了一部分瑞典人对简约主义和传统手工艺的看法，书

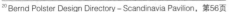
209. 卡尔·拉松绘制的水彩画

[20] Bernd Polster Design Directory – Scandinavia Pavilion，第56页

123

中所描绘的家居场景和家具，去除了流行的华丽装饰，具有简单、轻快的特点，因此显得十分贴近人们的日常生活(图209)。它集理性与浪漫风格于一身，后来成了现代斯堪的纳维亚设计的普遍特征。1997年，由瑞典著名的跨国家具公司"宜家"赞助，在伦敦的维多利亚阿尔伯特博物馆举办了拉松回顾展，这对艺术家夫妇获得了"瑞典风格创造者"的美誉。

1900年左右，随着工业生产逐渐渗透到日用品制造领域，手工艺在北欧各国逐渐变成了艺术工业：即生产日用品中那些具有较高审美价值的日用品制造工业。最初的艺术工业主要在玻璃和陶瓷领域，后来这两个领域成了艺术工业的核心。但是，艺术工业生产的那些造型精美的陶瓷制品因为普通百姓根本买不起，因此艺术工业产品基本上也起不到商业效用。另一方面，受到德意志工业联盟的影响，瑞典工艺协会提出了一种适合于机器生产的最新美学观念，认为任何东西都应该符合其想要满足的功能。正是这种强调物品功能性的理念，使瑞典逐渐跳出了新艺术运动局限于物品外形的观念，将现代北欧设计思想推进了一大步。20世纪20年代末，以包豪斯为代表的现代主义影响到了斯堪的纳维亚各国，瑞典受到的影响最大。建筑设计、工业设计、家具设计无一例外地受到了这一来自德国的设计理念的冲击。(图210)

保罗·汉宁森（Poul Henningsen，1894—1967）是功能主义在丹麦发展的代表性人物。汉宁森是当时左倾文化杂志《评论回顾》的主编，极力反对

210. 瑞典RÖRSTRAND公司生产的日用瓷 设计：路易斯·阿德尔博格（Louise Adelborg）1930年

211. PH灯 设计：保罗·汉宁森 1926—1927年

212. "洋蓟"灯 设计：保罗·汉宁森
1957年

那些有品位、有阶层区别的设计作品，强调一种大众化、功能性的工业设计。
1925 年，汉宁森设计的新型照明灯具在巴黎世界博览会上获得了金奖，此后这
一系列灯具就以他的名字命名，被称为 PH 系列灯具。这种灯具不仅造型优美，
更重要的是，它的设计是从灯具照明的功能出发，因而使用起来特别舒适。这
款灯具发出的所有光线都至少通过一次反射后才到达工作面，因此获得了柔和、
均匀的照明效果，并且从任何角度都无法直接看到光源，因而不会有刺眼的眩光。
这些设计精巧的反射灯具成了丹麦在二战前最重要的产品设计，也是功能主义
在北欧的首批成功作品之一。（图 211、图 212）

20 世纪 30 年代初，一些大胆的公司尝试将功能主义的代表产品——钢管家
具投入生产，但是，这种极端的功能主义并没有被人接受：冷漠的钢管材料，严
格得近乎冷酷的几何造型，都无法满足北欧人对于温暖、舒适生活的要求，人们
需要的是一种更具有亲和力的现代主义设计。有鉴于此，许多具有现代主义意识
的设计师开始尝试使用不同于现代
主义使用的材料进行实验，并将更
加柔和的有机造型运用到设计之中，
逐渐形成了后来被称作"有机现代
主义"的设计风格。这种风格首先
很明显地出现在家具设计上，以芬
兰设计大师阿尔瓦·阿尔托（Alvar
Aalto，1898—1976）和瑞典设计大
师布鲁诺·马松（Bruno Maths-

213. 帕米奥椅 设计：阿尔瓦·阿尔托 1931—1932年

125

son，1907—1988）的作品为代表。（图213）

阿尔瓦·阿尔托（Alvar Aalto，1898—1976），芬兰建筑师、家具设计师、玻璃设计师。1921年，阿尔托以优异的成绩从赫尔辛基理工学院毕业。在随后的两年时间里，他成了一名展示设计师。1923年，阿尔托在尤瓦斯加拉开办了他的第一个设计事务所。1927年，阿尔托开始用胶水和曲木进行实验设计椅子。正是这些研究，使阿尔托得以在20世纪30年代设计出那些具有划时代意义的椅子。作为"有机设计"的创始人之一，阿尔托的设计很明显地以使用有机形态为特征。

尽管两者处于不同的国家，两人都不约而同地开始了对层压胶合板进行实验、制作家具，并运用该材料替代具有冷漠感的现代主义材料，如钢管等。层压胶合板技术能够通过外力将木头塑造成全新的有机造型，突破了现代主义严谨的几何形式，而且，木材本身能给人带来触觉和心理感受上的温暖体验，也是正统的现代主义所无法实现的。三四十年代间，这两位杰出的设计师推出了一大批成功且轰动一时的有机设计作品。阿尔托和马松使用的有机功能主义造型的灵感来自于多个方面，现代艺术也影响了他们的设计，如阿尔托的作品便受到过雕塑家汉斯·阿尔普作品的启发，而马松则在家具设计领域提出一个新词汇"动感曲线"，因而他的作品看起来总是生气勃勃，具有明显的雕塑特征。（图214）

1939年，纽约举办世界博览会，斯堪的纳维亚的现代设计引人注目，尤其是阿尔瓦·阿尔托设计的芬兰展馆。通过运用木材，他将展馆变成了一曲"木制交响乐"。另一个引起轰动的便是瑞典的设计作品，它们被冠以"瑞典现代"的称号。这种"瑞典现代"风格实际上是自然形态、图案装饰与源于德国的功

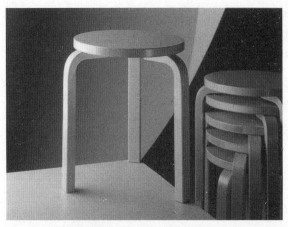

214. No.60可叠放凳 设计：阿尔瓦·阿尔托 1933年

215. 椅子 设计：芬·居尔 1944年

能主义的一种结合体。通过这次博览会,"瑞典现代"风格得到了进一步的推广,引起了世界各国强烈的兴趣和普遍欣赏,瑞典和斯堪的纳维亚的设计逐步获得了世界的承认。(图215)

从20世纪50年代初开始,北欧的设计师们将设计抽象化、有机化,并使科技变得富于诗意和人情味,同时,制造商运用科技发展大规模生产。这样,运用新的材料和生产技术批量生产出来的产品,不仅在造型上贴近人心,而且在价格上也让老百姓能够承受,真正地实现了他们的座右铭"为日常生活创造更多的美"。北欧的设计师们将批量生产与产品的高品质结合起来,通过技术运用,使价格相对低廉的材料成了原有昂贵材料的替代品。不锈钢成了普通老百姓的"银器",胶合板则替代了实木,同样的高品质产品,却以低廉的价格走入了普通人的家庭。(图216、图217)

216. No.978水罐
设计:科帕 1948年

217. 不锈钢蔬果盆 设计:派森 1953年

斯堪的纳维亚设计师充分利用了机器进行生产,胶合板技术为他们提供了更大的设计舞台,而在大战期间发展出来的新的材料技术,也为设计师提供了更广泛的空间。随着热压成型技术的发展,以丹麦的阿诺·雅各布森(Arne Jacobsen,1902—1971)为代表的设计师开始采用这种新技术所带来的材料进行家具设计。1952年,阿诺·雅各布森开发了一把具有开拓意义的椅子模型——"蚁"椅。这种使用整体成型的热压胶合板技术制造的椅子,将三维造型以最优雅的方式体现了出来。"蚁"椅是雅各布森最简约的设计之一,并在商业上获得了巨

218. "蚁"椅 设计：雅各布森
1952年

阿诺·雅各布森（Arne Jacobsen，1902—1971），丹麦建筑师、家具设计师、产品设计师。1927年，雅各布森毕业于哥本哈根皇家艺术学院。1929年之后，雅各布森成立了自己的设计工作室，开始了他独立的设计师生涯，并在家具设计和工业设计领域获得了巨大的成就。雅各布森第一个将现代主义理念带入了丹麦，并与丹麦设计传统相结合，推动了20世纪后半期丹麦现代设计的发展，形成了独具特色的"丹麦现代"风格。

大的成功。这把椅子是第一件真正适合工业生产的家具产品，由于它那雕塑般的造型和实用性，成了现代斯堪的纳维亚设计的经典（图218）。雅各布森利用热压胶合板为其他家具设计师提供了一个范例，从此，斯堪的纳维亚设计师可以不受材料本身的限制，而创造出更多造型优美的家具。

与此同时，芬兰的国家福利制度和现代化也有了很大发展。阿拉比阿（Arabia）陶瓷厂与芬兰家庭福利部一起合作，以"满足基本需要"和"培养良好的品位"为目标，设计生产出一套大众餐具——"家"(Kilta)。阿拉比阿工厂的设计师卡伊·弗兰克(Kaj Frank, 1911—1989) 出色地完成了这项设计。弗兰克是一位家用陶瓷用品设计大师，他的设计信条是"激进和社会化"，故意与"斯堪的纳维亚的田园诗风格"形成对比。他所设计的作品往往具有包豪斯简洁的"几何精神"，而不是流行的柔和曲线。弗兰克的设计原则是不同的餐具可随意搭配，而且能一物多用。其新颖之处在于，它们不再像以前的餐具那样，一件餐具只具有一项特定的功能，而是可以按照消费者的意愿随意混合搭配使用。（图219）

"混合和搭配"的餐具观念很快流行起来，弗兰克引发了一场"餐桌上的革命"。他的设计对当时欧

219. "Kilta" 系列餐具 设计：卡伊·弗兰克 1948—1952年

洲流行的复杂的桌面礼节提出了挑战，简化了就餐所需要的各种器具。1957 年，设计师昂蒂·诺米纳米（Antti Nurmesniemi, 1927—）设计了一套红色、黄色、淡蓝色的珐琅釉咖啡壶，体现出了一种欢快的情绪，评论家们一致认为，他设计的这些看似朴素、简洁的咖啡壶指出了芬兰设计发展的新方向。（图 220）

从 1951 年开始，斯堪的纳维亚设计师在米兰三年展上独领风骚长达 20 年之久，并捧回了大量的奖杯。芬兰设计师显然是北欧诸国中收获最多的：1951 年，仅芬兰一个国家就获得了六个大奖，四个荣誉证书，七个金奖和八个银奖。在这次三年展上，卡伊·弗兰克也载誉而归，但更受人们关注的却是另外两位芬兰玻璃设计师塔皮奥·威卡拉（Tapio Wirkkala, 1915—1985）和提莫·撒塔涅瓦（Timo Sarpaneva, 1926—）。这两位设计师设计的玻璃作品与众不同：它们不再具有任何功能，体现的是玻璃纯粹的美感，被誉为最优美、最精致的玻璃艺术品。他们使北欧手工艺传统转变为艺术工业后，最终在现代设计中表现为一种纯粹个人化的艺术。撒塔涅瓦和威卡拉也因此成了欧洲最早的设计明星，并在芬兰获得了与伟大艺术家同样的尊敬。1950 年前后，斯堪的纳维亚设计师创造了不少流传于世的经典之作：汉斯·维格纳设计的"圈"椅（Round Chair），卡伊·弗兰克设计的"家"系列餐具，芬·居尔设计的具有雕塑般美感的椅子，塔皮奥·威卡拉设计的胶合板椅子等。（图 221、图 222）

1952 年，乔治·彦森公司的老板 F. 龙宁（Frederik Lunning）设立了第一个全斯堪的纳维亚设计奖——龙宁奖（The Lunning Prize, 1951—1970）。这个奖项每年颁发一次，授予两位斯堪的纳维亚最杰出的设计师或手工艺人。曾获得过龙宁奖的设计师，

220. 珐琅釉咖啡壶　设计：昂蒂·诺米纳米　1957年

221. "圈"椅　设计：汉斯·维格纳　1943年

222. 胶合板椅子　设计：威卡拉　1958年

卡伊·弗兰克（Kaj Frank, 1911—1989），芬兰陶瓷及玻璃设计师。1932年，弗兰克毕业于赫尔辛基中心应用艺术学院。1945年，弗兰克开始在阿拉比阿公司从事陶瓷设计工作，他为该公司所设计的那些美观实用的家用陶瓷器皿直接影响了芬兰人家居用品风格的变化。在他的设计中，人们很难看到当时流行的温和曲线，更多的是起源于包豪斯"几何精神"的几何形态。他的作品以简约、永恒和实用著称。

后来几乎都成了世界著名的设计师。龙宁奖在20世纪中期为鼓励和推动北欧的设计和设计教育起到了重要作用。

与此同时，斯堪的纳维亚国家借助在一系列展览上的成功和设计奖项的设立，将最好的设计展示给人们，以扩大北欧设计的影响，将其变成了一种席卷世界的潮流。这些展览包括1951年到1954年的"米兰三年展"、1953年在伦敦举办的名为"桌边的斯堪的纳维亚设计"展览。1955年，在瑞典的赫尔辛堡举办了一场大型的商业展览——"H55"，展品包括建筑、工业设计、家庭用品和手工艺品，参观人数达到了110万人，将斯堪的纳维亚设计观念的传播推向一个新的高潮。（图223）

斯堪的纳维亚设计在米兰三年展上的成功受到了国际设计界的关注，这股来自北欧的设计之风很快便吹到了美国。真正让斯堪的纳维亚设计在美国得到广泛传播的事件是1954年1月在美国和加拿大开始的"斯堪的纳维亚设计"（Design in Scandinavia）巡回展。这次巡回展共用了三年时间，至少有23个博物馆参加，遍及整个北美洲。由于得到了当时美国总统艾森豪威尔的支持，展览获得了空前的成功。无论是在哪个展览馆，开展当天都会有成千上万的观众参加。在巡回展的倒数第二站洛杉矶联合博物馆，就有10万参观者涌入博物馆来观赏那些设计精良的家具、花瓶、餐具和刀叉。（图224）

223. 皇家饭店的大堂与家具 设计：雅各布森 1955—1960年

224. 人机小组设计的餐具

最先引起轰动的是与大众日常生活有关的设计作品。各类日报和装饰杂志都连续报道了这次展览，当时一家美国日报这样表达了人们对于这次展览的欢迎："博物馆中斯堪的纳维亚的设计为我们展示了生活的美丽。"这次展览产生了广泛的影响，无论是上流社会的人士还是普通的家庭主妇和学生，都被这些来自于北欧的设计深深地吸引了。很快，这些来自于北欧的优秀设计便走出了博物馆，出现在美国的各大百货商店中。斯堪的纳维亚设计受到了当时正在寻求美学定位的美国中上阶层的喜爱。此时的美国正在经历一次都市化的浪潮，人口迅速向城市集中，这些人希望有一种接近自然的、现代化的，同时还具有浪漫色彩的家庭生活方式。而所有的斯堪的纳维亚产品都融自然气息与欧洲文化于一身。这正符合人们的需求，因而斯堪的纳维亚设计逐渐在美国获得了广泛的市场，成为战后富裕社会的首选风格。

225. 室内温度计和唱机 设计：雅各布·詹森（Jacob Jensen）分别设计于1990年和1972年

通过这次在美国的巡回展，"斯堪的纳维亚设计"成了北欧各国设计的统称，所有的斯堪的纳维亚国家的设计被第一次看成了一个整体风格，由此形成了"斯堪的纳维亚风格"。而在"斯堪的纳维亚设计"这个词语诞生之后，"设计师"这个称呼替代了北欧国家原来的"工业艺术家"、"艺术家"或"造型艺术家"等称呼，成了一个普遍受欢迎的职

226. 诺基亚5510手机 2002年

业。斯堪的纳维亚的设计成为战后富裕社会中一种世界流行的现代设计风格。一直到20世纪70年代，北欧设计独领风骚的局面才被意大利设计所打破。（图225、图226）

思考题：

一、概述"斯堪的纳维亚风格"形成的过程及其特点。

二、以北欧的日用品设计为例，解释北欧设计"为日常生活创造更多的美"的含义。

三、以北欧现代设计的发展为例，谈谈如何发展民族设计。

四、创作一件具有北欧风格特点的家具设计作品。

课时建议：4课时

5. 意大利设计与艺术地生产

工业革命直到 19 世纪 70 年代才降临意大利本土。1896 年后，意大利的传统手工业方式开始转向新的生产方式，一些对意大利经济发展极为重要的公司出现了。这些公司有菲

227. 运用空气动力学原理设计的阿尔法·罗密欧车 1913年

亚特（Fiat）汽车公司（1899 年由一群前殖民官员创办）、奥利维提（Olivetti）打字机公司（1908 年由卡米罗·奥利维提创办）、阿尔法·罗密欧（Alfa Romeo）汽车公司（创办于 1910 年）等。到了 20 世纪初期，现代工业化不仅反映在意大利的制造方式上，而且也反映在产品的外观上。这些产品的外观强调了新世纪的审美趣味，现代风格开始在意大利设计中体现出来。（图 227）

20 世纪初，汽车工业首先在意大利北方城市——都灵发展起来。1911 年，都灵大约有五六千个汽车制造工人。但这并不意味着传统制造方式的结束，意大利在新的机动车辆的大批量生产过程中，仍然保留了较小的、基于手工业的车身制作技艺。菲亚特汽车公司是意大利汽车工业发展中的代表。1912 年，菲亚特汽车公司的总裁吉奥维尼·阿格讷里带着了解美国大批量生产技术的目的，旅行考察了美国的汽车制造工业，尤其考察了福特汽车公司的生产情况。1912 年到 1915 年间，菲亚特的"Zero"型车被构思出来，作为意大利的首辆经济实用型车推向中产阶级市场。菲亚特汽车公司虽然最早在意大利推出了像"Zero"这样的经济实用车，但批量生产的方式并没有在菲亚特汽车公司的流水线上通过这一车型完全实现，一直等到二战后才真正在意大利发展起来。（图 228）

20 年代到 30 年代之间，那些希望接受美国大批量生产技术、用标准化装配线合理化生产，以及使用组装的配件和清晰的劳动分工的企业家们，非常清楚地理

228. 菲亚特Zero车 设计：卡罗·卡维利 1911年

229. 菲亚特500（小老鼠）车 设计：但丁·加科萨 1936年

解了现代化的含义。美国不但在这些年里深刻地影响了意大利的工业组织形式和生产方式，而且也影响了很多产品的外观，机器、电子消费产品和另一些产品开始被设计成美国的流线型式样。菲亚特的"小老鼠"（Topolino）车反映了美国福特汽车公司总裁亨利·福特（Henry Ford）的社会哲学。这辆车是小型的、标准化的、功能性的廉价产品，大多数人的购买能力都可以承受其价格，正像福特"T"型车一样。设计师兼工程师但丁·加科萨（Dante Giacosa，1905—1996）的主要革新就是减小了汽车的尺寸。（图229）

到1948年，菲亚特在它的流水线上生产了15万辆"小老鼠"。"小老鼠"成为意大利真正的大众化汽车，这一车型的设计，也意味着意大利的汽车设计和生产开始向大众开放。对美国产品的模仿并没有持续多长时间，到30年代，意大利人就开始设计具有他们自己特色的汽车了。这些汽车因为在设计中使用了有节制的、优雅的线条而不同凡响。这一时期确立的设计特点，到今天仍然是意大利设计中最重要的特色。20世纪早期，意大利工业和现代艺术之间的相互联系也促进了两者的发展。始于意大利的未来主义艺术运动，试图借助现代

未来主义（Futurism），是欧洲先锋运动中最激进的运动之一。在1909年的宣言中，未来主义的发言人马里内蒂（Filippo Tommaso Marinetti）说"我们宣称世界的光荣已经被一种新的美所加强了，那就是速度之美。一辆车身装饰着巨大管子的赛车就像是一条急喘着的蛇……一辆急速奔驰的汽车看起来比胜利女神要美得多"。未来主义者严格地指责"保守派"是对过去及19世纪审美理念和僵化教条的承袭，取而代之的是传播自由和无拘无束的灵感。未来主义并不是一场设计运动，因为工业设计在几十年后才出现，但未来主义仍然对实用物品和它们的造型有兴趣。

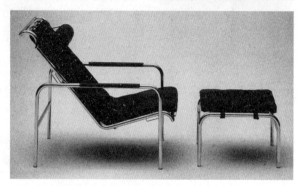

230. Genni躺椅 设计：波瑞勒·莫吉 1935年

吉奥·庞提（Gio Ponti, 1891—1979），20世纪最伟大的建筑师和设计师之一。1921年，他毕业于米兰理工学院建筑系。1928年，他创办了《Domus》建筑杂志，它一直是最重要的国际建筑出版物之一。直到1979年去世，他一直都是杂志的出版人。在《Domus》杂志上，他讨论了现代主义的新动向，并发表了国际建筑师和意大利产品设计师们的作品。吉奥·庞提一方面继承了意大利的手工艺传统，另一方面对新技术和制作过程的兴趣又使他成为工业设计的先驱者。无论是做建筑还是做设计，吉奥·庞提都试图在当代和传统之间达到平衡。他曾经说："过去已不复存在，所有的都属于当代。在我们的文化中，当代的概念既包含了过去，也有我们对未来的期望。"吉奥·庞提从来都不是一个激进的现代主义者，他总能使传统的价值现代化。

动力学的表达方式，强有力地展示先锋派的画面和设计。这种对机械时代认知方式的艺术运动，也同时影响了意大利的设计形式。（图230）

在两次世界大战之间，意大利设计的特点是对"摩登时代"深深的矛盾心理。一方面，人们面对新发展的工业和文化急于体验现代化的经历和风格；另一方面，又希望与意大利生活中的传统密切联系起来，努力保留与过去的联系，试图确立"意大利设计"的特征。这一时期，对意大利设计影响最大的杂志《Domus》首次出版。1928年，设计师吉奥·庞提（Gio Ponti, 1891-1979）创办了这份杂志，它成为向意大利介绍国外优秀设计以及向外国同行介绍意大利设计的重要窗口。虽然在二战期间它一度停刊，但战争结束后，又开始出版。一直到今天，《Domus》都是意大利最重要的设计论坛。

意大利的设计今天之所以在国际上取得如此大的成就，它主要有这样三个方面的原因：一是意大利具有高水平的手工艺技能的传统；二是保持了结构完整、规模不大的制作公司的生产模式；第三，也可能是最为关键的，就是意大利拥有一大批具有强烈的工业设计意识和独特创造性的杰出建筑师。

231. Superleggerd椅子 设计：吉奥·庞提 1956年

232. "女士"沙发 设计：马可·扎努索 1951年

233. Incalmo玻璃瓶 设计：保罗·维尼尼 1950年

这些建筑师为意大利人设计和建造了公共和私人的住宅，但最重要的是，他们还设计灯具、椅子、桌子和玻璃制品。（图231、图232、图233）

1945年，二战结束时，意大利的经济几乎完全被战争所摧毁。在美国的经济援助下，确立了一个复苏经济的重建计划，以此来弥补意大利在战争期间物质和文化上的损失。意大利的建筑师主动承担了重建国家的重任，他们努力创造了在国际市场竞争中的产品，推动意大利经济的发展。1946年，意大利备受尊敬的老一代建筑师领袖人物艾内斯托·N.罗杰斯（Ernesto Nathsn Rogers）首次发表了极为重要的论文《从勺子到城市》（From the Spoon to the City），文中讨论了设计的重要性，强调了设计的创意应该体现在所有的生活领域，小到勺子大到城市。罗杰斯成了意大利战后设计发展的精神领袖。

1946年，首次家具展览在米兰的会议大厅里举行，展览的主题是经济实惠、突出功能以及好品位。像其他的日用品一样，为了满足人们急需的生活所用，这一时期的家具必须是大众化的。1947年，第八届三年展在同一座建筑里举行，给手工艺人及建筑师提供了机会，展示他们面向未来的、优秀的现代设计。同年，设计师平林法里拉（Pininfarina）推出了具有传奇色彩的Cisitalia大型轿车，成为战后意大利汽车设计优雅风格的象征。人们只需要把意大利的汽车设计与美国同一时期的产品相比较，就可以理解代表了意大利设计风格的"意大利线条"的独特魅力。（图234）

1946年，早先致力于飞机、船舶和有轨电车的Piaggio公司推出了第一辆Vespa轻型摩托车。这是为大众市场推出的具有革新意义的大众化交通工具，Vespa摩托车成为战后意大利生活新风格的象征，在之后的十年时间里就卖掉

234. Cisitalia车 设计：平林法里拉 1947年

135

235. Vespa摩托车 设计：科拉迪诺·达斯卡尼诺（Corradino D'Ascanio）1946年

了100万辆（图235）。同一年，奥利维提公司也把他们的Lexicon80型打字机推向了市场，打字机由马切罗·尼佐利（Marcello Nizzoli，1887—1969）设计，是第一台完全因其造型而被美国现代艺术博物馆设计部门所收藏的打字机。这一打字机像Cisitalia轿车和Vespa摩托车那样具有柔和、优雅的流线，仍然体现了"意大利线条"的美感，预示了意大利50年代的产品风格。

1947年，第八届米兰三年展把问题集中在"家庭"和提倡用新理性主义解决战后的住房问题上。1951年，第九届米兰三年展以"有用的形式"作为展览主题，充分体现了意大利在战后重建过程中的设计特点。1951年的米兰三年展巩固了意大利设计界所取得的成就，并且向世界展示了意大利正在发展自己的工业设计。1954年，拉·瑞纳斯森特（米兰百货公司的拥有者）设立了"金圆规奖"（Compasso D'oro），奖励那些具有杰出的美学品质、技术和功能的工业产品。评奖标准为在"技术、功能和审美上展现出自己独特的风貌与个性"的产品。1956年，意大利设计师成立了他们自己的组织"意大利工业设计协会"（ADI，Associazione Per il Disegno Industriale）。"实用和美观"的口号表达了意大利在40年代后期和50年代早期的设计美学观念。

一直到20世纪80年代，意大利都没有专门培养设计师的学校，也没有专门的设计课程，大多数设计师出身建筑师，毕业于米兰理工学院或都灵建筑学院。受训成为建筑师和艺术家后，意大利的一些设计师拒绝迎合大众市场的欣赏品位或屈服于制造厂家所施加的压力。依靠个人爱好和技术专长，他们自己主动做出他们认为有必要的革新，自觉地在设计中体现出一种作为道德、美学和文化力量的社会功能，并且使之成为文化和工业之间的一种媒介。他们认为设计比把部件装配成一件产品这样简单的问题要复杂得多，它是综合了功能、产品和文化所创造的结果。意大利的设计师与艺术领域具有密切的精神联系，人们经常提到 50 年代早期的意大利设计与造型艺术的密切关系，可以从当代艺术家像亨利·摩尔、汉斯·阿尔普（Hans Arp）、马克斯·比尔以及亚历山大·卡德尔（Alexander Calder）的雕塑中找到设计的原型。意大利的设计师从这些雕塑作品

236.　Arabesco茶几 设计：卡罗·莫利诺 1949年

获得了设计的灵感，形成了设计的"雕塑风格"。（图 236）

　　在意大利的设计定义里，"艺术"这个概念一直保留了其基本的含义，这种设计形式继续采用了当代雕塑作为它的美学模式。在流线型的形式里，一个恰当的造型在意大利的工业艺术产品里被创造出来，通过这一模式，意大利的产品本身也变成了"艺术"的产品。这些"艺术"的产品可以从那些极富形式感的产品照片里显而易见地看出来，这些照片发表在《Doums》杂志和《Stile Industria》杂志上。如果脱离了任何有意义的上下文，仅仅只有空白的背景，这些工业产品，如打字机、椅子，甚至一些塑料桶，看起来就像画廊里面的雕塑。它们流利的、具有曲线美感的表面在它们和它们潜在的消费者之间提供了一个沟通点。这种设计的目的是把即使是最常用的家用物品，也提高到高级的"艺术"的造型上，而且，在这一过程中，把它从实用的艺术品变成了具有魅力的、让人渴望的物品。意大利的设计师通过创造打通了产品与艺术之间的鸿沟，大众化的消费产品观念很巧妙地与意大利的美学观念联系起来，成为国际化的"好品位"的物质象征。

　　意大利的设计虽然更多地带有专家们的美学标准，但并没有失去大众的审美趣味。著名的设计师们为富裕的中产阶级设计了公寓、家具和器皿，也为广大的公众设计了汽车、机器、家具和日用品（图237）。1956 年，但丁·加科萨设计的新型的菲亚特 500 型汽车投放市场，像 Vespa 摩托车那样，这一汽车在国际市场上取得

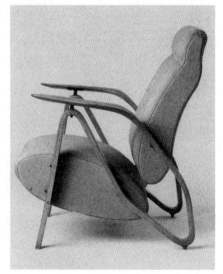

237.　沙发 设计：卡罗·莫利诺 1952年

137

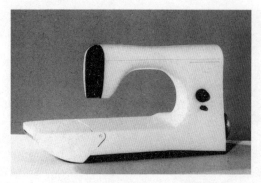

238. Mirella便携式缝纫机 设计：马切罗·尼佐利 1957年

239. Lettera 22型打字机 设计：马切罗·尼佐利 1950年

了成功，并成为活跃的、民主的50年代的象征。由设计师马切罗·尼佐利设计，奥利维提生产的Lettera 22型打字机，是第一台带有方便搬运的盖子、小巧轻便的手提式打字机。它随即成为美国现代艺术博物馆的设计收藏品，这是设计所获得的最高荣誉——"它通过对部件的灵巧排列赢得了魅力"，它同时还获得了金圆规奖。（图238、图239）

50年代中期，塑料开始登场，很多设计师马上对这一新材料产生了浓厚的兴趣，因为它提供了新的美学趣味，并为大众化的产品提供了更多的机会。在随后的几年里，意大利设计师使用这一材料创造了不同寻常的漂亮家具和家用产品。50年代，这一领域的革新是由Kartell公司所创造的。Kartell公司1949年才成立，他们生产的系列家用产品，如柠檬榨汁机、保温杯、垃圾桶，因其造型简洁、功能突出和色彩明快，很快就成为经典的家用器皿（图240）。到了60年代，随着公司对新产品的整体开发，设计师们已经能够摆脱塑料是廉价的替代品的特点，而使之与传统材料具有同等重要的价值。

60年代开始，是意大利经济发展奇迹时期和消费主义的顶峰时期，设计领域首次出现了批评的声音。这一声音警告，那些与工业和资本主义关系紧密的幕后设计师们一直被忽视了。事实上，塑料家具、家用电器和灯具的设计已经出现了全新的发展。60年代后期，只要看看两款可以叠放的椅子的设计，一款是维科·马吉斯特提（Vico Magistretti, 1920—2006）设计的Selene椅（1966年），一款是乔·哥伦布

240. 塑料柠檬榨汁器 设计：基诺·科隆比尼（Gino Colombini）1959年

（Joe Colombo, 1930—1971）设计的4860型椅子（1968年），就可以知道这一时期家具设计的特点。这两款椅子的制作技术和造型，使之成为未来家具结构中使用塑料的典范。（图241）

241. 有4860型可叠放椅子的室内 设计：乔·哥伦布 1968年

此外，著名设计师阿喀琉斯·卡斯提琉尼（Achille Castiglioni, 1918—2002）和比尔·杰克莫·卡斯提琉尼兄弟（Pier Giacomo Castiglioni, 1913—1968）以及马可·扎努索（Marco Zanuso, 1916—2001）和理查德·萨伯（Richard Sapper, 1932—）也通过他们对收音机和电视机制造商Brionvega的设计开创了新的领域。他们运用压模技术所设计的产品使这一公司变得举世闻名。扎努索和萨伯设计的TS 502型收音机（1964年）和他们设计的意大利首台晶体管便携式Doney 14型电视机（1962年），以及卡斯提琉尼设计的RR 126型立体声收录机（1965年）已经具备了技术设备的面貌。他们的产品吸引了世界各地城市狂热的爱好者。到60年代末期，意大利的设计师们开始赢得了国际声誉，他们的设计替代了战后在欧洲流行的斯堪的纳维亚的设计风格。（图242）

意大利的设计通过制造产品的新方法、新材料、对于新的需求的满足，以及对于所有新生活的新感觉，与现代世界的要求更为吻合。60年代的灯具设计也强调了技术和功能的特点。一直到今天，灯具设计都要求把功能和想象力结合起来，就像Spider灯（乔·哥伦布，1965年）、Taccia灯（卡斯提琉尼，1962年）、Arco灯（卡斯提琉尼，1962年）和其他的灯具的设计一样，它们确立了未来灯具设计的水

乔·哥伦布（Joe Colombo, 1930—1971），家具和灯具设计师，画家、雕塑家。早年就学于米兰理工学院，1961年，在米兰开办了自己的设计工作室。对于乔·哥伦布来说，设计师就是"未来环境的创造者"。仅仅关注家具或装饰对他来说是非常落后的观念，他指责大多数当代的家庭环境是"自我颂扬的庙宇"。虽然他的设计生涯仅有10年，但他对意大利设计界产生了极大的影响。当他1971年英年早逝时，他已经成了一个传奇。在60年代期间，乔·哥伦布发展了"整体"设计的概念，即在产品设计中，每一个构件都会对整体的形式产生作用。虽然乔·哥伦布对技术充满了激情，但他在工业设计中运用了不少艺术的方法。他认为自己既不是艺术家也不是一个技术专家，而是一位认识论者。他在为项目所作的三维设计的细部结构图中，为自己对绘画的热爱找到了一个突破口。

242. Algol 11电视机 设计：马可·扎努索、理查德·萨伯 1962年

139

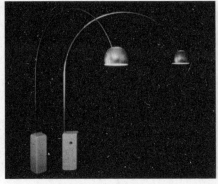
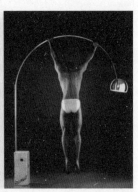

243. Spider灯
设计：乔·哥伦布 1965年

244. Arco落地灯 设计：阿喀琉斯·卡斯提琉尼和比尔·杰克莫·卡斯提琉尼 1962年

准（图243、图244）。他们打破了到那时候为止人们对于灯具造型的概念。从50年代中期到60年代中期，设计在意大利经济的发展变化过程中扮演了重要的角色。不仅是它在市场参与中所体现的重要性，而且，设计还为国内和国外的巨大市场创造了赏心悦目的视觉形象，这对意大利的经济腾飞起到了决定性的作用。意大利产品的独特性和杰出特点在欧洲市场上得到了极大的欣赏，并具备了强有力的竞争能力，这也包括了那些进步的科技产品。

随着20世纪60年代末期经济危机的到来，以及老一代与新一代之间矛盾的出现，意大利设计界也开始酝酿反叛的声音，战后成长起来的一代设计师将登上设计舞台。新一代设计师从大学毕业，因为经济衰退，这些年轻的建筑师们只有极少数才能在工业设计领域里找到工作，即使他们非常希望得到这些工作。他们很快批评他们的前辈变得太依赖工业，而忽视了设计的民主、社会和政治责任。在这种批评的呼声中，老一代著名的设计师也开始自我批评。当杂志《工业设计风格》（Stile Industria）于1963年因经济原因而停刊时，它的编辑在最后一期写道："今天，工业设计师处于工业利益和文化矛盾之间，它们之间一直存在着很大的鸿沟。"

到20世纪70年代意大利，"孙子辈的一代"在设计领域里取得创造性的成功。首先，因波普艺术运动而激发出灵感的年轻设计师们，开始随意地在设计作品里表达轻率和讽刺，从1969年到1970年间，他们设计了引起极大轰动、富有刺激性的家具。这

245. Joe沙发 设计：罗纳西（Lomazzi）、欧乌尔宾（O'Urbine）、德·帕斯（De Pas）1971年

些年制作的椅子，像Sacco椅（1968年）、Blow椅（1967年），以及Joe沙发（图245）；提供了非传统的——但不一定舒服的——座椅，年轻人对这些椅子产生了极大的热情。这些产品随心所欲地使用了塑料，本能地体现了"时代精神"和丰富的创造性，而这些东西在过去一直被设计师试图保留在"好品位"里面。

246. Valentine打字机 设计：埃托·索托萨斯 1969年

著名设计师埃托·索特萨斯（Ettore Sottsass jr.，1917—）是意大利现代设计发展中的重要人物，他在60年代成为奥利维提公司雇佣的工业设计师。1969年，他为这一公司设计了著名的Valentine红色打字机，这一打字机的生产意味着此公司与当时流行的"垮掉的一代"和波普文化有着密切的关系。《Abitare》杂志在1969年这样描绘这一打字机："他们开发的这一产品可以用在除了办公室以外的任何地方，它不会提醒任何人那些无聊的工作日。相反，它让人想到一个业余诗人在一个安静的星期天带着它去乡下写诗，或者是一件放在公寓桌上的色彩艳丽、具有装饰性的产品。"这一设计的非传统特点很难再被超越。它看起来已经达到这一探索的顶点。（图246）

过去，博览会的展览经常对设计产生一些影响，并预示未来的设计品位，但是在这些年间，主题变得非常单一。除了上升的失业率和不断增长的经济问题以外，在1964年，第十三届米兰三年展出现了一个非常不合时宜的主题："休闲时刻。"虽然这标志着第一次对环境的关注，但这一主题并没有使用认真的、分析的研究方法，从当时的经济情况来看，轻松愉快的消闲时光并未到来。

意大利年轻的反叛者们组成了一些新的团体，他们的设计、创意和观念激发了新的设计运动。1966年，两个激进的建筑师组织"超级工作室"（Super-studio）和"阿卡佐蒙"（Archizoom）工作室分别在米兰和佛罗伦萨宣告成立。超级工作室的活动从60年代后期持续到70年代，他们的作品包括了一系列现实的和乌托邦的建筑、设计和电影。阿卡佐蒙工作室60年代后期作品的功能作用主要体现在对现代主义的讽刺上，他们批评了设计的单调局面和消费观念的一致性。作为有关现代运动的后功能主义解说词，并且接近意大利新现代主义者设计的联盟和消费主义观念。他们批评了设计对功能主义的盲目迷信，以及

141

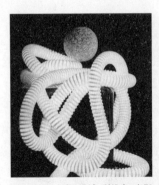

247. Boalum灯 设计:利维奥·卡斯提琉尼和吉安·法兰科·拉蒂尼(Gian Faranco Frattini)1969年

"超级工作室"（Superstudio, 1966—1978），建筑和设计师组织，1966年成立于佛罗伦萨，一直活跃到1978年。超级工作室的行为被认为属于所谓的"激进设计"或"反设计"运动。工作室最著名的设计作品现已经成为经典作品，就是名为"Quaderna"的一套桌子，桌子以合成材料组成的方格子的薄片桌面而著名。超级工作室是激进设计运动中最重要的团体之一，是它开始瓦解和终止了教条的功能主义和设计一味屈从工业的行为。

阿卡佐蒙〔Archizoom Associati, 1966—1974），建筑师和设计师组织，1966年成立。这一组织因其对城镇规划、建筑、室内和物品的"反设计"而著名，他们的设计受到了波普艺术的影响。阿卡佐蒙的成员们试图表达他们在政治上的不同主张，并产生一些影响。他们通过发表宣言和展出作品的方式，批评了设计对功能主义的盲目迷信和对工业生产趣味的一味迎合。因为他们的超前性，他们的作品大多是草图和文本，与其说这些设计表现了某种物品的造型，不如说更多地表达了他们的乌托邦观念。

一味迎合工业生产的趣味和产品作为地位的象征角色。（图247）

他们的大部分作品是草图和文本，这些东西更多地表达了他们的乌托邦观念。阿卡佐蒙通过各种方式表达他们的设计理念，他们拍摄了一部电影《随意的服装》(Dressing is Easy) 介绍自己动手设计的一套外衣。与传统的缝纫技术大相径庭，它表现出一套服装可以简洁至极。它是一块布和一系列褶皱与折叠的简单组合。这一电影的目的是对服装的基本设计形式进行删减，促使设计师重新思考他们对制造的态度，它可以使他们从机器的奴隶这一感觉中解放出来。

70 年代的两份杂志促进了激进设计的发展，并成为反设计和激进设计运动的代言者，它们是《Casabella》和《IN》。从 1970 年到 1976 年，由激进设计最重要的人物亚历山大·蒙迪尼（Alessandro Mendini) 担任了《Casabella》主编，后者则由 Pier Paolo Saporiti 和 Ugo La Pietra 共同管理。《Casabella》在 1973 年宣布了"全球工具"(Global Tools) 设计小组的成立。这个小组的目的是反对当时的建筑风格和正统的学校设计教育，他们"试图联合意大利所有的团体和个人，他们代表了激进建筑最先进的领域，在一个统一的研究项目下去激发前卫设计的活力"。"全球工具"的重要人物是理查德·达利西（Riccardo Dalisi)，他的成就之一是使用低成本的材料和极其简单的结构创造出视觉复杂的设计作品，是对现代主义信条"少即多"的讽刺性修正。

70 年代期间，意大利的设计师中的一部分人，尤其是一些年轻人通过设计表达了社会批评和革命性。年轻的叛逆者们致力于设计那些反映社会责任感的东西，而不是简单地为工业生产设计产品，一些人试图在美学园地里寻找全新的途径和有用的东西。先锋设计师们并不仅仅是突破他们自己，而是试图刺激和改变整个设计前景，他们把"美丽的意大利线条"从僵硬的漂亮模式里解放出来。70年代早期在设计领域出现的低潮，并没有为整个70年代投下阴影，意大利的设计仍然在发展。在反设计等激进设计运动过后，设计的领域和思路越来越宽，对于新形式的追求成为每个设计师所致力的目标。（图248、图249）

248. Sit Down沙发 设计：盖当诺·佩西 1970年

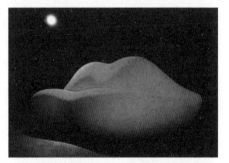

249. Bocca唇形沙发 设计：65工作室 1971年

虽然有石油危机和动荡时期造成的恐慌，很多杰出的设计师们仍然通过他们的作品与工业保持着密切的关系。在这十年里，又一次生产出了意大利设计中最终成为经典和里程碑式的产品。理查德·萨伯设计的"Tizio"台灯，从1972年到今天，使它的制造商Artemide一直保持了最高的销售纪录（图250）。1974年，乔治·丘加罗（Giorgio Giugiaro）设计的"Gilf"汽车在德国大众汽车公司的装配线上生产出来。1978年，卡斯提琉尼设计的"Cumano"小餐桌投放市场。托马索·西米尼（Tomaso Cimini）设计的"Daphine"灯具几乎像"Tizio"台灯那样流行，它看起来就像是一个卓越的设计师，深思熟虑地强调了古典的线条和传统的材料。马利奥·贝利尼

250. Tizio台灯 设计：理查德·萨伯 1972年

（Mario Bellini, 1935—）为Cassina公司设计了"Cab"椅，这一椅子把一块经过仔细抛光的皮革黏合在钢的框架上。还有其古典美丽的"Colonnato"大理石桌子，它的顶部搁在粗大的柱腿上。

20世纪70年代早期，作为强大的文化力量的意大利激进设计运动得到了

251. 685皮沙发 设计：马利奥·贝利尼 1967年 252. Plia折叠椅 设计：吉卡罗·皮瑞提 1967年

巩固，这一时期也标志着首次激进运动的结束。这一时代的特征由两次重要的展览为标志：首先，是 1972 年在美国现代艺术博物馆举办的题为"意大利：家用产品新风貌"（Italy：The New Domestic Landscape–Achievements and Problems of Italian Design）的展览。然后，是在德国柏林的 IDZ 举办的名为"假定的设计：来自意大利的例子"（Design als Postulat：am Beispeil Italien）的展览。这两次展览都把激进设计作为一种历史现象而不是一种正在进行的活动来看待。（图 251、图 252）

 "意大利：家用产品新风貌"展览把前十年的意大利设计运动看做是一场试验活动，促成这一展览的博物馆馆长艾米利奥·安巴斯（Emilio Ambasz），在目录的前言里介绍这些年里的意大利设计时，把设计分为了三类：因循守旧的、改革创新的和具有争论的。激进设计师们的作品很显然地被归入到后一类。展览不仅展出了许多独特的设计作品，还为超级工作室、盖当诺·佩西、阿卡佐蒙工作室及 Strum 设计工作室等提供了专门的展台。放在扎努索和萨伯"因循守旧"的作品旁边的，是索托萨斯、哥伦布等大胆、明确的设计提案，用草图

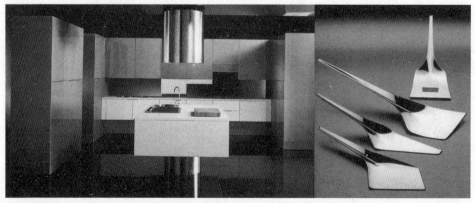

253. 厨房和Pala银餐具 设计：利诺·萨巴蒂尼 1973年

144

和照片加以说明。这些带有强烈的乌托邦色彩的东西，相比之下，看起来更为激进。在目录里引用了艺术批评家吉玛诺·科勒特（Germano Celant）的题词，他声称只要脱离具体的物体，建筑和设计就可能变得真正的激进。

从某种意义上说，1972 年在美国现代艺术博物馆举办的展览是意大利设计的一个里程碑，既是对意大利设计的全面展示，也是通过这样一种方式把意大利设计推向世界设计的舞台。从此，意大利设计替代了斯堪的纳维亚风格，开始引领国际设计的潮流。（图 253）

意大利设计为什么能够取得如此辉煌的成就？也许，意大利设计师的回答能够给我们提供简洁直率的答案。《十分简单，我们是最棒的》（Quite simply, We are the best），这是意大利的建筑师鲁吉·卡瑟·多米尼尼（Luigi Caccia Dominioni）得出的结论。"我们有更多的想象力，我们有更古老的文化，而且，我们在过去和未来之间能够更好地协调。这是为什么我们的设计比起别的国家来具有吸引力、更经得起时间考验的原因。"（图 254）

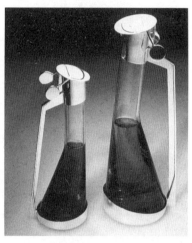

254. 90004/A油瓶和90004/O醋瓶 设计：阿喀琉斯·卡斯提琉尼 1984年

思考题：

一、简述意大利现代设计的发展过程和风格特点。

二、以意大利家具设计为例，阐述意大利设计的"雕塑风格"。

三、通过对意大利设计的了解，分析意大利设计成功的原因。

四、以意大利设计为例，讨论创意对设计的重要性。

课时建议：4 课时

255. 索尼TR-610收音机 设计：索尼设计中心 1958年

6．日本现代设计的崛起

比起从 19 世纪中期随着工业革命开始的欧洲现代设计来，日本现代设计的发展晚了将近一个世纪。在二次世界大战以前，日本几乎把所有的人力和物力都投入到领土的扩张中，为小小岛国所产生的生存危机感而不遗余力。1945 年，日本在二次世界大战中战败投降后，联合国对其实行了军事制裁，限制了日本的军事发展，日本才把人力和物力转到生产民用产品上来，随着工业生产发展的现代设计才全面展开。（图 255）

日本是一个极擅长吸收别国成果的国家，就像他们曾在中国唐代时期全盘吸收汉字而发展出自己的文字那样，在日本现代设计的开端，他们也全盘接受了欧美现代设计的成果，把欧洲设计的式样完全照搬过来。在日本现代设计发展的早期，他们主要是通过引进当时欧美各国的现代设计思想和形式，学习欧美国家先进的设计经验，以模仿为主。1947 年，日本举办了"美国生活文化展"，第二年，又举办了"美国设计大展"和"外国生活资料展"，让战后的日本国民了解当时世界上最富裕的生活方式，了解国外先进的物质生活状况。1948 年，日本最为著名的设计杂志《工艺新闻》集中介绍英国工业设计协会的情况，介绍了英国工业革命后的成果。1951 年，日本又举办了"设计与技术展"，同年，千叶大学成立"工业设计系"，当时称为"工业意匠系"，工业设计教育正式在日本开始。（图 256）

因为战后与美国的特殊关系，日本的工业设计发展得到了美国的援助。1951 年，雷蒙德·罗维赴日讲授工业设计，除了讲课外，还为日本的企业设计产品。1956 年，日本工业设计考察团前往美国考察，了解和学习美国的工业设计。同年，东京国立近现代美术馆在美国纽约现代博物馆协助下举办了"20世纪设计展览"，把 20 世纪现代设计的成果

256．佳能8T照相机 设计：泉真也 1957年

全面介绍给日本民众。20 世纪 50 年代,日本的设计主要是单纯追求功能的设计,也是以大众为中心的民主设计思想的全面发展时期。日本的贵族阶层和地主阶层随着战败一起消失了,中产阶级也由于战祸和通货膨胀丧失了大部分资产而沦为底层阶级。这和第一次世界大战中战败的德意志帝国崩溃时的情景十分相似, 因此, 包豪斯的现代设计思想就是在这样的土壤中萌芽的。1955 年, 东京国立美术馆举办"格罗皮乌斯和包豪斯展览",把包豪斯设计学校和现代设计思想引进日本。1956 年, 包豪斯设计学校的第一任校长格罗皮乌斯访问日本,把欧洲现代设计观念传播到日本。

在不断举办的设计展览和对国外设计了解的基础上, 日本的设计师也开始成立自己的设计组织,通过举办各种活动来发展和推动本国的设计发展。1951年, 日本宣传美术会成立,并举办了第一次平面设计展览,从此以后,"日宣美"成为平面设计领域极为重要的组织,为推动日本平面设计的发展及推出设计新人作出了极大贡献。1952 年, 以广告设计为主的设计师效仿美国经验,成立了"东京艺术总监俱乐部",简称 A D C, 成为现代日本平面设计最重要的设计团体。1952 年, 日本工业设计协会成立 (JIDA),同年举办了第一次国内工业设计展览, 成为推动日本工业设计发展的重要团体。1953 年,由设计师、设计教育家和评论家联合成立日本设计学会,他们通过举办设计展览和设计研讨会的形式, 针对问题提出解决方案, 有效地引导了日本设计的正确发展方向。1955 年,"平面设计'55'"展在东京日本桥高岛屋百货店举办,日本战后著名的第一代平面设计师如龟仓雄策等在此次展览上亮相。1960年, 东京产经大厦举办了"世界设计会议",成为日本了解世界设计,以及各个设计行业互相交流的一次盛会。(图 257、图 258)

257. SP尼康照相机 设计:日本光学工业设计部 1957年

258. 本田摩托车 设计:本田技术工业部 1958年

随后, 1964 年在东京举办的奥林匹克运动会和 1970 年的大阪世界博览会，都对日本的现代设计发展起到了重要的推动作用，也使战后一批日本设计师在这些活动中脱颖而出。因为博览会以展示为主，故召集了比参与奥运会设计还多的设计师从事大到建筑、小到物品的设计，使之成为一次展览设计的良机。1972 年，日本作为东道主，在京都举办了名为"人心与物象"的第八届"世界工业设计大会"（ICSID），有来自世界各地的 37 个国家、2000 多人参加了这次大会。日本还以此次大会为契机，把 1972 年定为"设计年"，在国内举办各种设计展览和讲演，为民众普及设计知识，加深国民对设计的认识和重视。

在日本政府的直接参与和民间组织的共同努力下，设计被作为国家繁荣发展的策略而备受重视。日本战后的工业发展早期主要以钢铁和电力等基础产业为中心，到 50 年代初，开始扩展到化学、纺织、汽车和电器等消费产品领域，设计也在这一时期显示出必要性和迫切性。日本的家电制造商最早成立设计部，然后在汽车和其他生产领域也相继成立设计部门。日本的通产省（日本国际贸易与工业部）积极扶植本国企业，为工业设计的发展创造条件，成立"优良设计选择系统"，为符合标准的"优良设计"（Good design）颁发"G 级"证书，鼓励和推动日本的工业设计发展。在工业设计协会的倡议下，日本各大百货公司还设立了优秀工业设计区，展示那些设计优良的家具和餐具，引导消费者了解和购买优秀的工业设计产品，提高民众的消费品位，提升国民的生活质量。日本政府也在 60 年代早期发布了《成为先进国》的白皮书，制定了发展电子工业、汽车工业、机械制造业、造船工业和化学纤维工业的强国之路，帮助国内企业发展技术、增加产品出口。（图 259、图 260）

259. 第一台全晶体管电视机 TV8-301 设计：索尼公司 1960 年

260. 本田摩托车 设计：本田技术工业部 1969 年

1951 年，日本成立了以振兴出口产品为目的的"日本贸易振兴会"（JETRO）负责推荐日本的优

良产品到国际市场、引进国外优秀的产品
设计、派遣到海外学习的留学生，以及邀
请国外著名的设计师来日本进行讲学和指
导等。1960年，为了不间断地展示优良产
品，JETRO在东京建立了"日本设计之
家"，大阪也由政府和工商会所共同建立
了"大阪设计之家"。1958年，日本通产
省成立了设计部门，专门处理设计的行政

261. 东芝电饭锅 设计：东芝公司 1958年

事宜。1969年，成立了"日本产业振兴会"
（JIDPO），这是一个附属于通产省的机构，
主要推动设计的出版和展览。

显而易见，日本战后的设计运动主要
受到了美国工业设计的影响，除了在日本
举办的诸如"美国生活展"之类的展览对
工业领域产生的影响外，在日本报纸连载

262. 560型缝纫机 设计：小杉二郎 1961年

的美国漫画故事也对国民产生了潜移默化的作用。因为在作为背景的室内摆放
着冰箱、洗衣机和吸尘器，展示了漂亮、时髦、安全、舒适、高效率的美国式
家庭生活。受家庭漫画《Blondie》里出现的冰箱、洗衣机的刺激，日本人通
过引进家电获得了从未有过的高效、安全、舒适的生活。但是，在短期的模仿后，
从60年代起，日本的设计就开始摆脱模仿的阴影，逐渐形成自己的风格。在
家用电器产品方面，虽然造型还有美国风格的影子，但尺寸和功能都是由日本
设计师根据日本的实际情况设计的。像电饭锅这样的家电产品则是日本人独自
设计的，这也可以说是"米文化"的杰作。这就是日本的工业设计，他们能够
很快就从学习和模仿中生发出自己的特点来。（图261、图262）

从20世纪60年代末到70年代，日本经济高速发展，日本的现代设计也
随之出现繁荣景象，并出现多元化局面。日本的民族文化和审美意识在现代国
际流行的造型语言中得以新生，也确立了日本现代设计在国际中的地位和形象。
同时，随着中产阶层人数的扩大，日本工业设计的豪华化趋势也愈加明显。较
为复杂的曲线取代了50年代简单的直线，丰富的色彩也取代了50年代单调的
白色，虽然与80年代的豪华相比还远为逊色，但是已经开始满足了平民百姓
的梦想。这一时期，活跃在第一线的设计师也更新换代了，战后开始学习设计

263. C-838电视机 1968年

264. 松下SR-2231F电饭锅 设计：松下电器产业 1972年

的年轻设计师们开始活跃起来。他们中有很多人是在美国学习的，可能是由于这一原因，他们并不拘泥于功能主义设计，而且能够比较容易接受按企业的要求把设计当成是销售策略的这种商业主义设计的观点。和物资不足的战争中和战后的生活有天壤之别，在这个时代消费已经不是罪恶，大家追求外表的美丽以及限于表面的豪华，带有木头纹理的合成树脂板的衣柜销路非常好，电气化产品和轿车的型号改变得也更加迅速。与此同时，日本通过举办国际设计会议、产品出口展览等活动把他们的设计推向世界。日本的电器、汽车和照相机很快以精良的质量、高品质的外形设计和相对低廉的价格迅速打入国际市场。（图263、图264）

到了60年代，日本著名的大制造公司，如松下、索尼和铃木等都通过自己的产品树立了在国际市场中的形象。这些公司都成立了产品设计部门，依靠群体的智慧和力量与国际著名公司竞争。日本现代设计的发展首先得益于他们善于吸取别国在发展现代设计中的经验和教训，他们充分地取其所长而避其所短，使他们在发展中不再走欧美国家曾经走过的弯路，仅用很短的时间就赶上甚至超过了欧美国家。日本在50年代发展汽车工业时，欧洲因为在二战中饱受战争的破坏，50年代正处在经济恢复期，因此汽车的造型基本上都是经济实用型，强调汽车的内在质量。而美国因为在二战中不仅本土没有受到战争破坏，还在二战期间迅速发展起来，成了当时世界上最富裕的国家，因此，他们的汽车讲究外形设计、车体宽大豪华且耗油量大。在比较了欧美的汽车工业之后，日本人非常明智地吸收了两家之长，走出了一条既重视汽车的内在质量，又强调外形设计的发展之路，日本汽车在70年代的世界能源危机中显示出极大的优势。今天，日本的汽车仍然以其质优

价廉、注重外形设计在世界汽车市场上
占有极大的销售份额。(图265、图266)

　　在重视设计的同时重视新技术运用
是日本设计在国际市场上的立足之本，
在优良的设计中加入最先进的技术是日
本产品在国际市场上的成功秘诀。因为
利用最新技术开发新产品，索尼公司在
电器行业中创造了许多世界第一，如第
一台晶体管收音机、第一台全晶体管电
视机、第一台磁带录音机、第一台激光
唱机等，尤其是他们针对市场需求研究
开发的随身听（Walkman）成为20世
纪最成功的工业产品设计之一。但索尼
公司并不满足单一产品的成功，他们不

265. S500本田汽车 1962年

266. E-FD3S汽车 1991年

断改进随身听的功能和造型，如增加遥控装置、自动搜索电台功能、循环播放、
液晶显示，以及专门根据儿童心理设计的造型等，增强随身听的功能和趣味性，
以迎合不同使用者对产品的要求。日本公司还利用技术不断拓宽产品的市场和使
用群体，使之成为产品占有国际市场的重要策略，索尼公司开发的"随身听"使
过去只能用于家庭的录音机、录放机成为一种个人随时随地都可以享受音乐的
小巧玲珑的机器，极大地增加了这类产品的消费人群和销售量，也同样为公司
带来了高额利润（图267、图268）。其他日本公司也一样，他们往往在新产品

267. 索尼TPS-L2随身听 设计：索尼公司 1979年

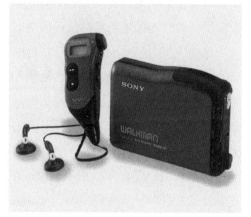

268. 索尼WM-WX88随身听 设计：索尼公司 1992年

269. 奥林巴斯相机 1979年

的基础上开发便携式、家庭式、儿童型、家庭型、微型化等等，发掘其无限可能性，最大地占有市场。日本产品还借助微电子技术把许多专业技术产品转为普通消费者可以简便使用的产品，如他们推出的傻瓜相机、带大屏幕取景框的便携式摄像机，以及便携式电视机"随身看"（Watchman）等等，通过弱化专业产品的技术性能来扩大同类产品的销售量。在新产品的发布会或展示会上，日本公司推出的新奇玩意儿常常是报纸杂志和电视等新闻媒体津津乐道的话题。（图269）

在日本，大到飞机、火车，小到裁纸刀、曲别针，他们都有极为用心的设计，凡是到过日本的人，都为日本人的设计意识而感叹。但日本有著名的设计和在国际市场上热销的产品，却少有著名的工业设计师，日本的设计都是集体智慧的结果。设计师们都集中在著名的大公司里，许多大公司的设计部门往往雇有几百个设计师，如丰田公司的设计部有800多个设计师，夏普公司的设计部也有200多个设计人员。这些设计师从事着包括市场调查、新产品开发和产品设计等复杂的工作。在日本，很少有个人开业的设计事务所，公司把许多人的智慧和才能结合起来，然后综合体现在产品设计中。

日本的现代设计一方面紧随国际设计发展的步伐，利用先进的工业制造技术为国内提供现代化的日用品和现代生活方式。他们造型现代、技术领先的设计品也促进了日本的出口贸易，为国际市场提供了优良的产品，他们正是通过设计圆了他们的富国愿望，在很短的时间里实现了经济腾飞。与此同时，他们也发展了具有本民族特点的设计风格，这使他们的设计在国际设计中独具特色。这一风格尤其体现在他们的平面设计、纺织品设计、服装设计和室内设计上。日本传统的图案、包装形式、材料运用和绘画表现方法是日本设计师灵感的源泉，也是他们发展本民族设计风格的基础。

在室内设计方面，他们发展了一种温馨舒适的"和式"风格，来发扬光大大和民族的居住习惯。日本的室内设计常使用几何图案的木方格推拉门，屋外悬挂日本式纸灯笼，家具使用较矮的茶几，周围地面上放着日式的蒲团，墙上挂着日式的挂轴，屋里陈设着日本茶道用的瓷器、摆着日式花道插花，这样的设计语言已经成为人们认知日式风格的符号。在现代化和工业文明的冲击下，日本人在饮食、服装、音乐、戏剧和居住方式上都保留了许多原汁原味的传统。现代和传统在他们的生活中好像从不发生矛盾，就是在日本的街头上，也时常可以看到身穿和服、头挽高髻的日本妇女与身着Ｔ恤、头发染得五颜六色的年轻人。现代与传统的并存是日本设计风格的特点，也是日本日常生活中的独特风景。传统与现代并行发展的现代设计道路体现了日本占领国际市场的眼光和保护民族传统的意识。（图270、图271）

270. C-3150藤椅 设计：剑持勇 1961年

日本的设计造型精致、风格细腻，体现出特殊的民族性格和审美风尚。这种风格体现在工业产品设计中，就是制造技术的精良和对于细节的重视，而且产品的设计针对性很强，同类产品，就有专门为儿童的设计和为成年人的设计，造型各异，色彩各异，趣味也不同。这种周到和细致已经成为日本的设计语言，在国际市场中颇具特色。日本设计已成为日本文化的一部分，也是他们追求精致生活的方式。

日本设计紧跟世界设计发展的潮流，每次设计潮流都会有日本设计师的参与，在国际建筑、

271. 调味瓶 设计：GK设计公司 1961年

服装和平面设计界都活跃着日本的设计师，他们已成为国际设计领域重要的一员。他们的设计也体现出最新的设计观念，在提倡设计要体现人文关怀的今天，一件小小的产品往往表现出极富人情味的设计匠心。在儿童用的勺子握柄上增加一个把手、在照相机上加一个适合手握的凹槽，日本的产品往往在一些细节上让你感受到设计师的体贴入微。GK设计公司是日本最著名的设计公司，他们的设计理念体现出东方文化的特点，他们把表达"真善美"作为设计的目标，认为设计是一种把人们的思想赋予形态的工作，设计就是将所有的人造物赋予美好的目的并加以实现，优秀的设计是真善美的体现。在回归自然的口号下，日本的纺织品设计师为了能够体现出人工织物的痕迹，甚至改变了电脑的操作程序，让电脑在运作过程中偶然出错而在纺织品上产生瑕疵，呈现出人工织造的美感，以此来迎合消费者对自然和人工物品的热爱。他们还试图把照相机设

272. EOS-1佳能相机 1991年   273. NHA-A15电饭锅 1993年 274. 夏普家用摄像机 1995年

计成人体的一部分，其造型就像是根据生物形态生长而成，而不是一个装配的机器，它们几乎成了人体的延长部分，可以和身体合二为一。

　　日本利用技术和设计很快成了世界上最富裕的国家之一，在产品设计中，除了对产品的质量有严格的要求外，他们几乎没有什么必须坚持的原则，他们的设计观念是开放的，是以市场为准的。为了更好地迎合国际市场，他们也请世界著名的设计师为他们设计产品。他们的产品设计目标非常明确，那就是在国际市场上的销售额。（图272、图273、图274）

思考题：

一、从日本现代设计的崛起过程分析其在国际设计界成功的原因。

二、以日本的电器产品为例，分析日本设计的风格特点。

三、选择一个最具有日本文化特色的平面设计师及其作品，分析日本设计师在设计中对
　　本民族文化语言的运用。

四、以日本设计为例，讨论如何发展民族设计。

课时建议：4课时

第 4 章

▶ *Chapter 4*

波普设计与激进设计运动

大事纪:
1952年: 意大利人吉里诺·纳塔和卡尔·泽格尔发明了塑料
1952年: "独立团" (Independent Group) 在伦敦成立
1955年: 玛丽·昆特的Bazaar (杂货店) 时装店在国王街开张
1958年: 布鲁塞尔世界博览会
1963年: 吉里诺·纳塔和卡尔·泽格尔获得诺贝尔化学奖
1964年: 披头士乐队第一次在美国电视上演出
1964年: 滚石乐队发行了他们的第一张唱片
1965年: 西奥多·阿多诺发表 "今日的功能主义" 演讲
1966年: "超级工作室" (Super studio) 在米兰成立
1966年: "阿卡佐蒙" (Archizoom Associati) 工作室在佛罗伦萨成立
1969年: 伍德斯托克 (Woodstock) 音乐节
1969年: 人类第一次登上月球
1970年: 科隆家具博览会
1972年: 纽约现代艺术博物馆举办 "意大利: 家用产品新风貌" 大型展览
1973年: "全球工具" (Global Tools) 在米兰成立

60年代的波普设计和随后出现的激进设计运动是现代设计发展史上重要的转折点, 它们成为现代设计向后现代设计发展的过渡事件, 也可以说是现代设计在理论上的终结和后现代设计时代的开始。从后现代设计的产生和根源来看, 波普设计和反设计运动的设计实践是对现代主义设计的否定, 虽然这种否定并不是在一种自觉的行为中进行, 或者说波普设计师们并没有明确地提出来要反对现代主义, 就像后现代设计师们旗帜鲜明地提出反现代设计的言论那样。波普设计和反设计运动只是在设计形式上对现代主义采取了嘲笑和反讽的态度, 更多的是在设计的造型上和色彩上与现代主义风格的设计形成对比, 与后现代明确的反现代主义态度有所区别。但是, 毫无疑问, 波普设计和反设计运动已经预示了新的设计时代的来临。

设计在观念和风格上的变化与整个时代的变迁有着极为密切的关系。就像工业革命后的机械生产方式直接导致了现代生产方式的产生和现代设计的

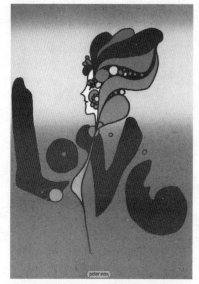

275. Love招贴画 设计：彼德·马克斯 1967—1968年

276. A is for Apple招贴画　设计：The Fool 1967—1968年

观念与形式的出现一样，波普设计和反设计运动是后工业时代，即信息时代开始的产物。但不一样的是，现代工业生产和现代设计几乎完全颠覆了传统的手工生产方式和传统手工艺的形式，波普设计和反设计只是在形式上对现代设计的反叛，它们并没有对现代设计完全否定。因此，波普设计和反设计运动是对现代设计的丰富和充实，只是打破了现代设计在形式上一统天下的单调局面，使设计变得更加丰富多彩。（图275、图276）

1. 波普文化与波普艺术

波普设计的产生与20世纪50年代末期和60年代的经济和文化背景有密切的关系，尤其是风行于这一时期的波普文化是波普设计产生的直接原因。具有强烈声色效果的波普（Pop）一词被认为是描述这一时期所有文化现象最生动的词语。

二战结束后，西方各国都把建设的重点转移到经济发展上来。经济的迅速恢复为设计的发展提供了客观条件，同时，设计也重新成为满足人民日常生活需求的重要手段。战后严重缺乏的物资需求为设计的发挥提出了现实的要求，讲究实用功能性的现代主义设计在此时再一次找到了极好的用武之地。20世纪20年代发展起来的国际主义风格在50年代风靡全球，其影响涉及到了设计的各个领域。不管是建筑设计、产品设计还是平面设计，在此设计思想的影响下，世界各国在设计风格上都趋于一致，"玻璃盒子"般的高层建筑遍及世界的每个角落。米斯·凡·德·罗提出的"少即多"的设计原则到50年代后期发展成为"极少主义"（Minimalism）风格。功能甚至被形式所取代，一味追求造型简单的设计思想使设计艺术在一段时间内走入了形式主义的死胡同。

　　到了经济繁荣的 60 年代，现代主义设计的理性和单一性已引起人们的普遍不满。尤其是战后成长起来的年轻一代，他们生活在较好的社会和经济环境中，并接受了良好的教育，他们易于接受新生事物，对有特点的物品表现出浓厚的兴趣，形成了与他们的父母辈完全不同的价值观念、审美取向和消费趣味。他们把过分讲究功能性的现代主义设计作品理解为古板、乏味的东西，他们不仅厌恶没有特点的功能主义设计产品，而且强烈地希望能够有代表时代特点和新的生活风格的新东西出现。功能主义设计在新的经济发展背景下开始失去了强有力的社会消费群体的支持，即使是在以前广受推崇的德国，功能主义也开始受到人们的质疑。1965 年，对功能主义的批评因为西奥多·阿多诺（Theodor Adorno）的演讲"今日的功能主义"达到高峰。阿多诺批评了功能主义者意识形态上过度的教条理论，认为功能主义除了具有实用性以外，没有任何别的意义。一些人指出那些不人道的形式主义的混凝土公寓简直就是一种犯罪，单调、呆板的功能主义设计原

277. 影集封面　设计：马丁·夏普（Martin Sharp）1967年

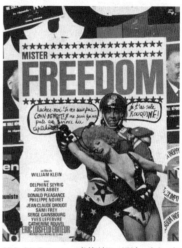

278. Mr.Freedom书籍封面　设计：威廉·克莱因（William Klein）1970年

则导致了设计创造性的苍白和贫乏，许多人认为由功能主义建筑组成的城市是不友善的。在日益繁荣的物质社会里，人们开始希望日用品也能够丰富和多样。因此，波普设计的产生是一个新时代呼唤新设计风格的结果，与经济的发展和生活的富裕而产生的观念改变密切相关。（图 277、图 278）

　　另一方面，20 世纪 50 年代后期，随着大众传媒的发展，大众文化成为日常文化消费中最主要的方式。欧美国家家用电器的普及、城市化和汽车文化的流行也对大众文化起到了推波助澜的作用。美国因为经济的繁荣迎来了高消费时代，成为大众文化最发达的地区。这一时期，美国出现了以"摇滚乐"为代表的新的文化热潮，各种流行文化充斥市场，好莱坞电影、流行音乐、牛仔衣、汽车、摩托车和晶体管收音机、广告、漫画和绘画构成了一个以大众消费文化为特征的喧闹的新时代特征。大众文化是工业革命的产物，它们是机械的、批

279. Dodo公司设计的波普物品 1965年

280. 《也许（一个女孩像）》
作者：利希滕斯坦 1965年

281. 《25个着色的梦露》
作者：安迪·沃霍尔 1962年

量生产的、广为流行的、低成本的，是借助于大众传播媒介普及的。为了吸引大众的注意力，它们同时还是新奇的、活泼的、性感的。（图279）

大众文化鲜活的生命力以及典型的消费产品、广告和媒体在50年代后期已经开始让一些重要的艺术家们着迷，他们被充满了活力的大众文化所吸引，并试图把这些活力引入到艺术作品中，以体现时代特色。到60年代，这些大众文化在色彩、图形和主题方面的特点已经反映在许多艺术家的作品中，艺术界开始出现受大众文化影响的所谓的"波普"艺术。波普（Pop）一词是英语popular一词的缩写，意思是流行的、大众的。可以说，这是艺术史上艺术第一次受到商业艺术的影响，而在这之前，往往是艺术影响商业艺术。（图280）

60年代在美国流行的波普艺术就是在席卷美国的大众文化中发展起来的，它与商业艺术有极为密切的关系，许多著名的波普艺术家都从事过商业艺术或设计。被称为波普艺术代言人的美国艺术家安迪·沃霍尔（Andy Warhol）就曾是一个商业插图画家和橱窗展示设计师。他运用自己的长项，借用商业艺术的创作方法和艺术语言，或者把杂志上的广告、海报直接放在画布或印刷在画布上，由此发展出具有明显商业艺术特征和大众文化特点的个人艺术风格。沃霍尔作品的主题主要是当时流行的歌星、影星或商品图像，是人们日常生活中极为熟悉的东西，因此成为著名的波普艺术家。波普艺术就是这样发展起来的。（图281、图282）

另一个波普艺术家詹姆斯·罗森奎斯

特（James Rosenquist）以前靠画巨型的广告牌谋
生，而且这种商业绘画的风格和特点也一再反映在他
后来的作品中。艺术批评家马里奥·阿马亚（Mario
Amaya）在他1965年所做的《波普艺术》的早期调
查中曾经发问：到底是商业包装设计给理查德·史密
斯（Richard Smith）带来了灵感，还是他的作品激
发了商业包装的创造力? 史密斯的回答证实了他的疑
问，他认为很难说到底是商业艺术影响了波普艺术还
是波普艺术激发了商业艺术，只能说它们之间是互相
影响的。在波普艺术家的作品里，几乎可以看到美国
在60年代流行的所有东西，从好莱坞著名的影星玛
丽莲·梦露，著名的摇滚歌星猫王，到麦当劳连锁店
里的汉堡包、可口可乐公司的饮料瓶和超市里出售的
汤罐头等。波普艺术不仅大量地借用大众文化的视觉
资源，还直接搬用了大众文化的内容和形式。

　　波普文化的出现与当时年轻人所崇尚的生活方式
是分不开的。50年代后期到60年代，战后成长起来
的年轻人成为消费文化的主角，他们强烈的反叛意识
和享乐主义思想形成了新的生活方式。嬉皮士运动的
口号"权力归花儿"、"要做爱不要作战"成为新的生
活方式的宣言。他们聚集在纽约北部的伍德斯托克举

办音乐节，在郊区
露营，彻夜狂欢（图
283）。他们在格林
尼治村组成艺术家
的村落，在那儿演
出先锋戏剧。他们
的口号被商业性地
用在设计里，以此
迎合年轻人的审美
情趣，为他们提供

282. 《Campbell的汤罐头》
作者：安迪·沃霍尔

"权力归花儿"（flower power），
这是20世纪60年代美国嬉皮士的口
号，表达了当时年轻人反传统和反
正统文化的享乐主义生活态度。

283. 纽约伍德斯托克（Woodstock）音乐
节 1969年

284. "权力归花儿"的典型纺织品
印花图案

符合他们新生活方式的日用品。纺织品的设计里出现了典型的"权力归花儿"的图案（图284），时装和家具设计里也表达出同样的观念。事实上，每一次生活方式的变化都需要与之相适应的日用品和服装来表达，可以说，波普设计的出现正是为了迎合这一时期人们的生活方式的变化，尤其是年轻人的生活新观念。在他们对传统的叛逆和享乐主义的喜剧性生活中，波普设计无疑是最好的道具。

虽然很难说波普文化、波普艺术和波普设计在时间上的准确定位，但毫无疑问，波普设计的出现在英国要比美国早。早在美国流行大众文化之际，带有浓厚的波普文化特征的波普设计即在英国出现。1952年，"独立团"（Independent Group）在伦敦成立，它的成员有艺术家理查德·汉弥尔顿（Richard Hamilton），雕塑家爱德多·保罗兹（Eduardo Paolozzi），设计批评家雷纳·班汉（Reyner Banham）和建筑师彼得·斯密森（Peter Smithson）、阿里森·斯密森（Alison Smithson）。这些英国的艺术家和设计师们，因为受到美国流行文化的影响，他们在一起开始探讨在美国出现的流行消费文化。到50年代中期，英国一批艺术家、评论家和建筑师集聚在伦敦当代艺术学院，开始形成了独立的设计师群体。美国人的文化消费方式成为他们试图模仿的对象，他们全神贯注地从美国带回来的地下出版物中寻找大众文化的形象资料及分析美国大众文化的图像，讨论美国广告、电影、汽车设计所代表的富裕阶层的象征意义。

285. 《是什么使今天的家庭如此不同，如此有魅力？》拼贴画 作者：理查德·汉弥尔顿 1956年

286. 伦敦Bonham收藏的六七十年代的塑料家具

1956年，理查德·汉弥尔顿极富煽动力的拼贴画广告《是什么使今天的家庭如此不同，如此有魅力？》把具有典型的美国消费文化特征的明星、物品集

中在一起，突出地体现了波普艺术的精神，在这件作品中，还首次出现了POP的字样。这件作品及美国流行的消费文化在很大程度上引发了英国的波普设计运动。同时，汉弥尔顿还把波普艺术定义为"流行的、短暂的、易消耗的、低成本的、批量生产的、年轻的、诙谐的、性感的、有魅力的和有商业效益的"，这一定义也成为对波普艺术最好的注解(图285)。这一定义当然也适合波普设计，许多波普设计因为使用了廉价的材料、造型上的风趣幽默和创作上的开玩笑态度，往往被理解为"今天用、明天扔"(ues-it-today, sling-it-tomorrow)的东西。(图286)

流行文化为波普艺术家提供了创作的源泉，这些艺术家关注视觉文化中具有活力的内容，包括大众产品、诙谐的喜剧、包装和广告艺术，以及城市街道上粗俗的涂鸦、粗糙而迷人的电影、波普音乐和电视等等，这些丰富多彩的视觉影像使波普艺术家们在大众市场和流行媒体中成长起来。在波普艺术活动中，纯艺术家和商业艺术家互相借鉴，设计师又从这些丰富多彩的艺术中引用他们的色彩和主题，当然，首先是态度，他们把波普艺术家对待艺术的态度也用在他们对待设计的态度上。于是，在设计领域，开始出现了与现代设计重功能、重实用、造型简洁完全不同的一些设计作品，这些设计幽默、风趣，形式怪异，甚至没有什么功能价值。这些设计活动与当时所有的反正统文化运动一样，成为60年代文化的一部分。

287. 滚石乐队的演出情景 1969年

波普文化和随之产生的价值观念的变化，在20世纪50年代后期和60年代改变了英国的社会和文化面貌，英国因此结束了二战后对其他国家的模仿而成为潮流的引领者。英国波普文化的繁荣使英国在60年代成为世界其他一些国家的年轻人的文化中心。到了60年代，英国的波普音乐也摆脱了美国的影响，在英国的城市文化中找到了自己的位

288. 滚石乐队的演出情景 1969年

161

置。60 年代著名的乐队组合就源于英国,如"披头士"来自英格兰的利物浦,"滚石"则出自伦敦。60 年代中期,伦敦已经被称为波普文化的中心。(图 287、图 288)

20 世纪 60 年代早期,消费文化的繁荣和美国大众文化的影响,使英国的年轻人急切地希望表达他们自己,并与他们的父母区别开来。在这场声势浩大的流行文化运动中,年轻人的审美倾向开始向他们的父母辈发起挑战。

思考题:

一、如何理解20世纪60年代在欧美出现的反正统文化现象?

二、分析波普文化产生的原因及特点。

课时建议:2 课时

2. 波普设计

英国的波普设计最早发端于时装业，服装设计师首先对波普文化作出了回应。早在1955年，服装设计师玛丽·昆特（Mary Quant）就在国王街开张了Bazaar（杂货店）时装店，随后约翰·斯特夫（John Stephen）也在著名的卡纳比时装街开设了自己的第一家时装店，然后是芭芭拉·胡拉尼克·碧贝（Barbara Hulanicki Biba）开设的"Biba"商店。这些地方为年轻人提供了突出青春活力、花样活泼、式样开放，与他们的父辈审美趣味迥然不同的时装，很快成为年轻消费者们频频光顾的场所。玛丽·昆特是英国波普文化流行时期最著名并最具有影响力的时装设计师，"迷你"（Mini）裙是她为这个时代的伟大发明。在一贯严谨、拘束的英国服装中，"迷你"裙大胆开放，体现出一种具有活力的时代精神。（图289）

玛丽·昆特的服装设计在英国这个以保守著称的国家里引发了一场着装革命，她的服装创造了伦敦街头年轻、自由、顽皮和现代的漂亮女郎形象。在她的丈夫兼搭档亚历山大·布朗克特－格林讷（Alexander Plunkett-Greene）的协助下，玛丽·昆特设计了大量的服装，她的Bazaar时装店成为60年代流行服装店的典型。随着多家零售时装店的开张，伦敦在这激进的十年里成了时装零售的中心。玛丽·昆特为那些更年轻、更独立、更喜欢标新立异的消费者提供设计，她设计的活泼的碎花短裙和黑白条纹的服装在这一时期极为流行，尤其是那些短之又短的超短裙。身着玛丽·昆特式服饰的少女们几乎完全占有了这一时期时尚杂志的版面。这些服装明显地表达了波普艺术的主题，把热情带入了英国的日常生活中，使一贯以沉闷为特点的古老的伦敦呈现出前所未有的活泼气氛，以至于在这一时期被称为"风流放浪的伦敦"。（图290）

289. 穿着玛丽·昆特服装的模特 20世纪60年代

290. 装饰着眼睛和鲍伯·迪伦肖像的短裙 1967年

163

291. 斑点纸椅 设计：彼得·默多克 1963年

292. 人体模特家具 设计：阿伦·琼斯 1969年

293. 罐头凳子 设计：Simon工作室 1973年

轻松愉快的波普服装吸引了年轻人，也启发了其他行业的波普设计活动。这场运动使许多刚从艺术学校毕业的青年设计师参与进来，他们具有革新精神的思想又进一步促进了这一运动的发展。很快，波普设计运动就波及了家具、平面、产品等设计领域，成为了60年代英国设计界的主色调。彼得·默多克（Peter Murdoch）的"纸"椅是这些设计中的杰作，也是60年代最著名的家具设计之一。这款椅子采用了不同寻常的纸质材料。它的设计把灵活性、短暂性、趣味性及受年轻人喜爱的特点结合起来，体现了60年代的价值观念。椅子表面的圆点强调了图形的重要性。椅子可以包装成平面后大量购买，便于搬运，然后在家里装配，其本身具有相当大的灵活性。（图291）

一些艺术家也加入到波普设计的行业，他们的作品因为直接受波普艺术的影响更具有艺术性，在风格上更为大胆。典型的例子是阿伦·琼斯（Allen Jones）设计的雕塑家具组合，包括椅子、茶几和挂衣架。这些家具采用了塑料的人体模特，几乎全裸的人体作为家具的支撑，给人以强烈的视觉冲击力（图292）。这些因波普艺术产生灵感的家具，除了它们的功能外，更多地被认为是艺术而不是设计。这种极端的例子还有"Simon"工作室设计的罐头凳子，它们的设计创意直接引用了安迪·沃霍

294. 影集封面 设计：彼得·布拉克和詹恩·霍沃斯（Jann Haworth）1967年

295. 招贴画 设计：韦斯·威尔森（Wes Wilson）1967年

尔1962年的作品《Campbell的汤罐头》，集中体现了波普设计巧妙、诙谐和低成本的特点。（图293）

在伦敦的新音乐和新舞蹈的影响下，招贴和平面设计也呈现出新的风格特点，波普精神成为最重要的设计语汇。波普风格的平面设计主要体现在唱片的封面设计、演出招贴画和与音乐有关的设计领域，一些艺术家如彼得·布拉克（Peter Blake）和理查德·汉弥尔顿也加入了唱片的封面设计行业，他们为"披头士"设计的唱片封面打破了纯艺术和设计的界限，成为艺术和设计之间的边缘作品，丰富了平面设计的表现形式和语言（图294、图295）。一些具有典型的波普设计风格作品还有弥尔顿·格雷瑟（Milton Glaser）为摇滚歌星鲍伯·狄伦（Bob Dylan）设计的著名的招贴画。在招贴画中，艺术家的头发由色彩丰富的波浪线组成，这种装饰风格被称为"迷幻式"，是毒品文化的结果。"迷幻式"一词来源于希腊语，意思是呼吸、灵魂和人类思想，"迷幻式"的图形意味着在迷幻剂作用下，吸毒者的潜意识和创造性灵感奔涌而出，由此所产生的视觉效果。"迷幻式"的图形最著名的例子是披头士乐队的约翰·列侬的坐骑罗尔斯·罗伊斯汽车上的装饰。

与60年代早期的硬边艺术风格相比较，60年代中期的招贴画更多地呈现出怀旧的情绪和风格的回归特点，很显然地受到了新艺术风格和佛教图像的影响。波普设计中常用一些典型的图形如旗帜和靶子，这些形象在杯子、手提袋、服装和家具中大量出现，这些图形被认为远比产品更为重要，因为这些图形是

296. 书籍封套 设计：弥尔顿·格雷瑟 20世纪60年代早期

297. 招贴画 设计：罗伯特·印第安纳 1968年

新文化的标志。简单的图形、轻快的风格和原色成为新的生活方式的代名词。因为大量采用廉价的材料，尤其是这一时期流行的塑料，波普设计不仅提供了色彩亮丽的设计品，也为市场提供了价格低廉的商品。（图 296）

毋庸置疑，英国热情、喧嚣的波普文化背后有美国大众文化的深刻影响，但在这一时期，他们很显然抢了美国人的风头。就连美国波普艺术的代表人物也认为英国已经比他们更为时髦，英国人的发型和服装让他们觉得自己已经落伍。连安迪·沃霍尔这样世界著名的波普艺术的领袖人物，也称来自英国的朋友们的服装和发型"棒极了"。在波普文化的潮流中，英国处在了潮流的中心位置，它具有的吸引力让世界其他国家的年轻人开始把目光聚焦到这儿。（图 297）

思考题：

一、简述波普文化与波普设计的关系。

二、以20世纪60年代一件典型的波普设计作品为例，分析波普设计的特点。

三、运用波普设计的元素，创作一件具有波普风格的家具设计作品。

课时建议：2课时

3．激进设计与反设计运动

源自英国的波普设计运动所产生的影响，很快就波及到其他国家的设计领域，在这场声势浩大的设计运动中，意大利设计师们的表现尤其引人注目。在美国、英国和奥地利波普观念和波普艺术及波普设计的影响下，意大利年轻的设计师很快就卷入到这场反理性、追求强烈的色彩效果和视觉效果的设计运动中来。意大利设计师本来就是一群擅长奇思妙想的人，他们马上就在设计中显示出了比他们的英国同行更丰富的想象力，他们异想天开的设计才华在这场运动中得到了淋漓尽致的发挥。事实上，随着60年代末期经济危机的到来，以及老一代与新一代之间矛盾的出现，意大利的设计界已经开始酝酿反叛的声音。英国的波普设计运动给意大利的同行们带来了新观念和新式样的例子，意大利在60年代开始了与意大利主流设计相对抗的"激进设计"（Radical Design）和"反设计"（Anti-design）运动，波普设计的观念进一步地体现在这些设计运动中。（图298）

298．Tube椅 设计：乔·哥伦布 1969年

激进设计（Radical Design）：20世纪60年代，一些意大利年轻的设计师把从装饰艺术、纯粹的手工艺品中引用的元素华而不实地混合在一起，公然反对当时已达到成功顶峰的意大利"美观设计"。年轻的反叛者们对社会进行全面的批评，尖锐地质疑工业与设计的结合，并攻击理性主义和功能主义的僵化教条（这种敌对的态度也被称为反设计）。这场运动对意大利设计的全面更新产生了重要影响。

与现代主义设计所提倡的"好设计"（Good de-sign）的标准相反，意大利年轻的设计师开始公然欣赏"坏品位"（Bad taste），追求设计的创造性和独特性。因波普艺术运动而激发出灵感的年轻设计师们，开始随意地在设计作

299．No.577舌头椅 设计：皮埃尔·波林（Pierre Paulin）1967年

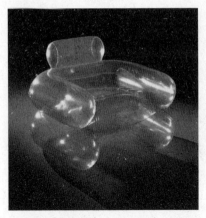

300. Blow沙发椅 设计：De Pas－D'Urbino－Lomazzi 1967年

品里表达轻率和滥用讽刺。在 60 年代到 70 年代之间，他们设计了许多风格独特、造型怪异、充满想象力的产品（图 299）。这些年制作的椅子，像 Sacco 沙发（1968 年）、Blow 沙发椅（1967 年）以及 Joe 沙发（1971 年）都提供了非传统的，但不一定舒服的新座椅形式。这些椅子所呈现出来的反叛精神和不同寻常的造型，使年轻人对这些椅子产生了极大的热情。

"Joe" 沙发就是其中一个经典的例子，沙发以棒球手套的形状作为其造型，视觉上就是放大后的一个巨大的棒球手套，与传统正式的沙发不同，它可以提供不同的坐姿和轻松随意的休息方式，富有趣味的有机造型深受年轻人的欢迎。名为 "Blow" 的充气椅子则以 60 年代流行的塑料为制作材料，可以充气，成品是一个蓝色透明的塑料沙发椅。这种沙发椅在充气前体积非常小，携带方便，可以轻易把它带到任何你希望的地方，从而扩大了沙发椅的使用场所（图 300）。沙发椅通过运用新材料增加了趣味性，但其透明的视觉效果，让人产生不结实的担心，与沙发要让人有舒适感、安全感的视觉效果相反。事实上，充气家具在 60 年代成了一种时尚，许多设计师尝试采用这种新材料和新技术来改变家具的传统面貌，使家具设计具有时代特点。同时，充气家具的灵活性、趣味性和变化性，以及材料颜色艳丽的特点都与此时流行的波普风格相契合。

"Blow" 椅由 Zanotta 公司生产，这是一家观念前卫的意大利制造厂家，许多波普设计就是在他们的支持下批量生产的。可以说，意大利的波普设计能够

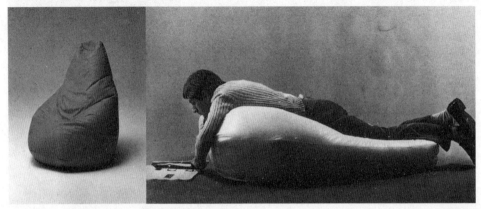

301. Sacco沙发 设计：加提、保利尼和特奥多罗 1968年

取得如此成就，并能够成为商场里的消费产品，与意大利制造厂家的认同是分不开的。意大利的制造厂家是意大利激进设计强有力的支持者，这是意大利设计和意大利产品能够与众不同，具有艺术性、独创性和设计师个性的重要原因。Zanotta 公司生产的另一件家具"Sacco"沙发也成了 60 年代末期激进色彩浓厚的产品。"Sacco"沙发的造型完全脱离了传统沙发的形式，它是一个里面装满了聚苯乙烯颗粒的大口袋，可以根据人体的不同坐姿随意成形，不仅在造型上是一个革命，也提供了全新的坐的方式。"Sacco"沙发的随意性和趣味性是波普设计精神的集中体现，也表明了设计师对待家具设计的新观念。"Sacco"沙发由加提(Piero Gatti)、保利尼(Cesare Paolini)和特奥多罗(Franco Teodoro)三人设计，这一造型对沙发的设计来说，完全是一种新的创造。(图 301)

年轻的意大利建筑师盖当诺·佩西在 60 年代末期设计了他最为著名的作品，他通过 UP 系列沙发丰满敦厚的造型首次表现出他的设计理念。盖当诺·佩西为 C&B 公司(Cassina & Busnelli)设计了 UP 系列沙发椅，其体积可以被压缩至原产品的十分之一大，经过真空包装后，可以轻而易举地带回家里。UP 系列沙发椅造型丰满，带有柔和的曲线和对于女性轮廓美欣赏的审美趣味。这种以圆形造型为主的椅子，色彩鲜艳，柔软舒适。其深坑似的座位设计，让人坐下后可以深陷其中，成为一种特别流行的、柔软的"避难所"，是 60 年代波普家具的典型代表。(图 302)

一个由年轻设计师组成的名为"65 工作室"的设计小组也因他们标新立异的新设计而名声大噪。他们嘲笑产品设计的"高雅品位"，他们根据好莱坞著名影星玛丽莲·梦露化妆后的嘴唇造型，翻制了超现实主义画家达利于 1936 年设计的唇形沙发，其极富感官刺激的造型和红颜色与波普艺术相呼应，比达利的沙发更性感、

302. UP系列沙发 设计：盖当诺·佩西 1969年

169

303. Cactus挂衣架 设计：65工作室 1971年

激进设计和反设计的代表：
超级工作室（Super studio），米兰，1966年
阿卡佐蒙（Archizoom Associati）工作室，佛罗伦萨，1966年
9999小组（Gruppo 9999），佛罗伦萨，1967年
斯因蒙小组（Gruppo Strum），都灵，1966年
全球工具（Global Tools），米兰，1973年
阿卡米亚工作室（Alchymia），米兰，1976年

更具有视觉冲击力。他们从古希腊建筑柱式中获得设计灵感的柱头沙发，是此时激进设计的代表作。基多·德罗科（Guido Drocco）和他的同伴弗兰科·麦罗（Franco Mello）设计的仙人掌挂衣架是这个工作室的经典作品（图303）。这是一个仙人掌造型的挂衣架，使用了涂颜色的聚氨酯泡沫塑料，逼真的仙人掌造型让人产生了上面长满刺的视觉效果，与传统的光滑流利的挂衣架给人的视觉效果完全相反，违反了产品美学里通常的观念，与产品美学中的任何观念背道而驰，是反设计的典型例子。意大利另外一个阿卡佐蒙工作室则把著名现代设计师米斯的作品进行分解，重新设计成了一个与现代设计观念迥异、用途不明的东西。（图304）

这些趣味横生的产品设计有一个共同之处，就是它们使用的寿命都很短暂，因为泡沫橡胶变质退化得很快。60年代的这些设计品，仅有一些经受了时间的考验。这些设计因其先锋性，更多地表达了设计师的天才创意和设计观念。有些设计并没有考虑它们的实用功能，虽然受到一些人尤其是青少年的喜欢，但并没有成为设计的主流，更无缘成为普通家庭的日用品，却于无意中为单调的现代主义设计增加了许多活力和生气。（图305）

这一时期在设计领域产生的变革，与其说出现的是一种革命，不如说是一种新的表现形

304. Mies椅 设计：阿卡佐蒙工作室 1969年

式、一种新的流行风格。1972 年在美国著
名的纽约现代艺术博物馆举办的"意大利：
家用产品新风貌"的大型展览，就是美国
对意大利产品表示热情的结果，也可以说
是意大利设计师的实验被其他国家所承认
的结果。在展览会上，除激进派的设计外，
也展示了功能主义者的设计，这是意大利设
计的全面展示。激进主义者的设计不仅已被
人们所接受，而且现在也变成了经典。"一
切都成过去"不久就成了设计领域的口号。
在这一口号的宣传下，越是刺激的设计就越
激发传媒和公众产生兴趣，同时也能取得更
大的成功，这种舆论趋势预示着新的设计运
动的到来。

305. 组合座椅 设计：乔·哥伦布 1967—1968年

306. Toga椅 设计：塞尔吉奥·马扎(Sergio Mazza) 1968年

在波普设计里，造型的不同寻常和色
彩的鲜亮艳丽是造成强烈视觉冲击力、形成
新的设计风格的重要原因，而能够达到这样
的视觉效果，这一时期流行的新材料——塑
料——是最大的功臣。大约在 1952 年，意
大利人吉里诺·纳塔（Giulio Natta）和卡
尔·齐格勒（Karl Ziegler）一起发明了塑
料，因为这一成就，他们获得了 1963 年的
诺贝尔化学奖。塑料的发明带来了家具制作
的革命，不仅提供了廉价的家具制作材料，
也使家具的机械化简单生产成为可能。对于
波普设计师们来说，这种廉价的材料可以使

307. Floris椅 设计：甘特·贝尔齐格(Günter Beltzig) 1967年

他们的实验成本降低，更重要的是，塑料家具所具有的前所未有的光滑表面和有
机造型，以及艳丽的色彩效果可以更好地表达他们的创意。随着塑料材料在家具
制作行业的普及，这种材料被认为是廉价、平庸和没有品位的，因为其闪亮的色彩，
它还是恶俗的。其轻快活泼的特点，与现代设计严肃的面孔形成对比，因此一直
受到波普设计师和后来的后现代设计尝试者们的青睐。（图 306、图 307）

171

308. "大草坪" 椅 设计：Strum小组 1966—1970年

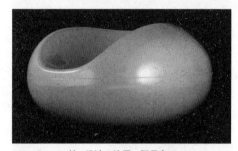

309. Pastilli椅 设计：埃罗·阿尼奥(Eero Aarnio) 1968年

310. Globe椅 设计：埃罗·阿尼奥 1965年

新材料和新的制作方式，形成新的造型特点是新的产品设计产生的另一个前提，我们可以看到许多波普设计品都是用塑料制作的。看起来趣味横生的新材料提供了诙谐的、讽刺性的和具有挑战性的造型，并且与60年代末期反对追求舒适、优雅、品位的中产阶级生活方式联系起来。与中产阶级喜欢的消费品相反，波普设计是粗俗的、用后即弃的，甚至是不舒服的。像Strum设计小组设计的"大草坪"（pratone），很难称它为椅子、凳子还是沙发，它的造型和使用方式与所有传统的家具概念都不符合。这一设计用泡沫塑料模仿了一块切下来的草坪，每一根草都被放大了。虽然它可以坐也可以躺，但它的造型会让人迷惑不解，视觉上它的功能是非常模糊的。事实上，这一设计也不打算为人们提供舒适的坐具，而是为了讽刺那些追求舒服的人们。（图308）

20世纪60年代末期，美国人成功地登上了月球，太空实验计划也曾经一度对设计产生了影响，设计领域出现了所谓的太空风格。在太空风格的设计中，具有金属质感的纺织品面料和光滑的物体表面效果都是通过塑料这一材料来实现的。除了在造型上模仿宇航员的头盔、用具外，太空风格的特点就是极力表现产品金属般的光泽和冷漠的视觉效果。产品中光滑的表面和流畅的圆弧线突出了技术的特点。这些设计与波普设计在

趣味上有相同之处，共同成为这一时期的时尚风景。（图309、图310）

　　波普运动是激情化的设计运动，在一味追求新奇和感官刺激的冲动中，很快走向极端，成为稍纵即逝的真正的流行风格。但是波普运动产生的影响潜移默化地融入了依然以现代主义设计为主的主流设计，并在多元化设计的今天占有一席之地。波普设计成为描绘60年代国际设计界多姿多彩面貌的最好词语。

　　虽然波普设计更多地表现在产品形式的多样化和趣味性方面，通过大胆、诙谐的造型和色彩与现代设计形成强烈的对比，但波普设计并没有形成真正的反现代设计思想，也没有自觉地整理出现代设计的弊病，进而提出不同的设计观念。可以说，波普设计只是反现代设计的一次大演练，它成了后现代设计思潮趣味盎然的前奏，酝酿着一次更大的设计运动的到来。（图311）

311. Djinn椅子和凳子　设计：奥利维尔·莫尔古（Olivier Mourgue）1965年

思考题：

一、联系时代背景，分析激进设计和反设计运动产生的原因。

二、如何理解激进设计和反设计运动中的设计作品？

三、运用反设计的思维方式，对一件普通的日用品进行逆向思维的设计。

课时建议：2课时

第 5 章
Chapter 5 ◀ ——————————————————

后现代设计

20世纪60年代中期以后，随着高科技特别是电脑业的迅猛发展，现代工业社会朝着信息社会急速前进，西方社会步入了一个与计算机技术密切相关的"后工业社会"。生产关系的变化引发的社会结构的改变，在文化领域中得到了强烈的回响。欧美文化界掀起了一股反现代主义的浪潮，理论家和批评家们开始频繁使用"后现代主义"这一术语来解释一系列复杂的文化思潮和现象。到了七八十年代，后现代主义成为西方文化中的重要思潮，也是对后现代主义论争最激烈的时期。90年代以来，围绕后现代主义的争论虽有所减弱，但是后现代主义思想在文化领域中的深刻影响已成为事实。人们已经比较普遍地接受了这一概念，并广泛地用来讨论文学、艺术、建筑、音乐乃至设计等领域出现的与现代主义相异的各种新思潮和新风格。

1. 后现代设计观念的产生

从语义学的角度理解，后现代主义实际上是针对现代主义之后出现的，在某种意义上超越了现代主义精神的文化现象作出的一种非限定性的概括。这一词语在西文中意为"现代主义之后"，但并不是一个时间上的概念，而是一个与现代主义在观念上不同的概念，用来指称现代主义时期就已经开始出现的一切非现代主义性质甚或反现代主义精神的思潮。它是一个十分宽泛的概念，很难用来确指具体某种文化或艺术现象，而更多的是对各种新的纷繁复杂的文化和大事纪：

1966年：罗伯特·文丘里出版《建筑的复杂性与矛盾性》

1972年：美国圣路易斯市炸毁山崎实设计的现代主义风格住宅区

1972年：罗伯特·文丘里出版《向拉斯维加斯学习》

1976年：阿卡米亚（Alchymia）设计工作室在米兰成立

1977年：德国卡塞尔举办第六届文献展，展示了乌托邦的设计作品

1979年：阿卡米亚工作室举行首次展览

1979年：索尼公司的随身听（Walkman）诞生

1980年：奥地利林茨举办先锋设计论坛

1980年：孟菲斯（Memphis）成立

1980年：苹果公司推出"Macintosh"电脑

1981年：阿卡米亚举办"未完成的家具"展

1981年：孟菲斯的第一次展览开幕

1981年：米兰家具博览会

1982年：汉堡博物馆举办"艺术和商业"展览

1983年：汉堡MÖbel Pertra画廊举办"消费者的休息椅"展

1983年：英国成立"NOTO"设计师组织

1985年："NOTO"在空气画廊举办"伽马城市"展

1986年：德国杜塞尔多夫举办"感觉中的生活"展

1987年：德国"第八届文献展"为设计师敞开大门

1988年：孟菲斯设计小组解散

思想现象进行的阐释尝试。但是，尽管后现代主义没有任何统一、规范的理论标准或阐释模式——事实上这正是后现代主义的一个特征，人们还是可以从后现代主义思想家、理论家的论争以及后现代主义思想在不同文化领域的呈现中，大致梳理出后现代主义的思想倾向、基本特征及其在美学上的总体取向。（图312、图313）

作为后工业社会的文化产物，后现代主义首先反对社会中一切的规范性、同一性和秩序性，以反叛的姿态对现代主义的创造进行破坏和革新，同时反对建立任何新的模式，进而主张实现根本的多元化，倡导互异或相悖的各种文化理论、艺术形态乃至生活方式的并存共生。它反对中心，反对权威，反对性别歧视，反对等级制度，反对在高级文化与低俗文化之间作出明确的界限和区分，而是强调精英文化与大众文化的融汇合流；拒斥传统文化和美学的深度价值取向，强调消除历史感和深度化的平面化倾向。后现代主义企图摆脱在日益技术化和商品化的社会发展中人的异化命运，追求对人性的更大自由和彻底解放，追求更大程度的自我表现和自我满足，实现"不受限制的自我"。后现代主义文化思潮以其反叛和革命精神及其多元

312."轮"椅 设计：维奈·潘顿（Verner Panton）1974年

313. Chauffeuse 1500椅 设计：艾蒂安·亨利·马丁（Etienne-Henri Martin）1970—1971年

314. 室内 设计：维奈·潘顿 1970年

化的主张，深刻影响了西方各个文化和艺术领域。在60年代以来的艺术领域中，装置艺术、行为艺术以及录像艺术的出现都无不受到后现代主义思潮的影响。

在设计方面，后现代主义的影响也是显而易见的。随工业革命而诞生的现代设计，在经过了100多年的发展历史后，已从开始满足人们日常生活比较单纯的功能性产品设计，进入到一个更为广泛的领域。二战后急速增长的经济和迅速发展的科学技术，不仅拓展了设计的观念，改变了人们对现代主义设计的看法，同时也为设计师更多地发挥个人才能提供了可能条件。随着计算机技术在商业上的应用，微型处理器在日用品中的应用和技术的日臻完善，把设计师从庞大、复杂的机械部件的限制中解放出来，设计师在外形的创造上获得了更多的自由。路易斯·沙利文提出"形式服从功能"所导致的现代主义设计原则，在此时期已经失去了意义。因为在微型处理器解决了产品的功能要求后，设计师可以在形式上有更多的发挥余地。随着"后工业"、"产品语义学"、"符号学"、"隐喻"等概念在设计领域中的引入，设计已成为内涵丰富的一种文化现象。这一现象中存在着深刻的后现代主义思想的影响。从60年代设计师们开始的激进设计和反设计探索，到80年代形成高峰的后现代设计浪潮，后现代设计已成为后现代主义文化和艺术思潮中一个重要的组成部分。（图314）

设计中的后现代概念首先出现于建筑设计领域。美国建筑家、理论家罗伯特·文丘里（Robert Venturi）最早明确提出了反现代主义的设计思想。他于1966年出版的《建筑的复杂性与矛盾性》（Complexity and Contradiction in Architecture）一书，堪称一本反对国际主义风格和现代主义思想的宣言。在书中，他首先肯定了现代主义建筑是对人类文明进程的伟大贡献，然后，他提出现代主义建筑已经完成了它在特定时期的历史使命，国际主义丑陋、平庸、千篇一律的风格已经限制了设计师才能的发挥并导致了欣赏趣味的单调乏味。他相信，现代主义已经过时了，现代主义大师们所创造的辉煌变革已成为新的桎梏，"建筑师们再也不能被正统现代主义建筑那清教徒般拘谨的语言所唬住了"。文丘里虽然没有清楚地提出后现代设计的观念和法则，但他对风格混乱、含义模糊、具有隐喻和象征意义的建筑表现出来的浓厚兴趣，引导了后现代设计的发展方向。他说："我喜欢杂交而不是'纯种'；我喜欢曲折扭曲而不是'一目了然'；我喜欢模棱两可而不是'清晰'……我喜欢传统的而不是'匠心独具'的，容纳人的而不是排斥人的；我喜欢变化无常、含混不清而不是直截了当、明明白白。"

1972年，文丘里出版的另一本著作《向拉斯维加斯学习》（Learning from Las Vegas）更为明确地表达了对含混风格的偏好。文丘里认为，拉斯维加斯街道两旁混乱的"七国建筑"是"一种全新的城市形式"，在他看来，"那些看上去杂乱无章的低级建筑表现出一种诱人的活力与效力"。可以说，文丘里提出的传统和混合的审美趣味是后现代设计风格形成的雏形。（图315、图316）

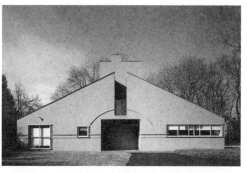

315. 栗子山庄别墅　设计：罗伯特·文丘里 1962—1964年

316. 栗子山庄别墅　设计：罗伯特·文丘里 1962—1964年

文丘里之后，英国建筑师和理论家查尔斯·詹克斯（Charles Jencks）为确立建筑设计的后现代主义理论作出了重要贡献。他把1972年7月15日美国圣路易市炸毁由著名的日本现代主义建筑设计师山崎实设计的典型的现代主义住宅区，作为现代主义建筑设计的死亡时刻。他也是最早在建筑和设计领域提出后现代概念的人物，他出版了一系列的后现代建筑理论著作，如《后现代主义》（Post Modernism）、《今日建筑》（Architecture Today）、《后现代建筑语言》（The Language of Post-modern Architecture）等。詹克斯详尽地列举和分析了在世界各地出现的建筑新潮，并把它们归于后现代范畴，

317. BASCO展示中心　设计：罗伯特·文丘里、史蒂文·艾泽诺（Steven Izenour）和约翰·科塞（John Cose）1979年

177

使后现代一词开始在设计领域广为流传。他主张一种自由浮动展开的多元性大众建筑，把互相沟通相连的布局、形象作为构思的基点。对于建筑设计来说，他认为后现代也许是一个令人慰藉的词，它表明现代主义已成过去，而且正逐渐被新的东西所取代。他还明确提出后现代的设计在时间上开始得更早，60 年代的波普设计运动、激进设计运动和反设计运动是后现代设计运动的先声。(图 317)

设计师们从 60 年代开始的有别于现代主义的设计探索，打破了一味讲究功能性的沉闷的现代主义设计风格，丰富了设计艺术表现的语汇，为设计师打开了新的思路，开创了设计的新局面，成为设计发展史中一个重要的内容。而文丘里和詹克斯等人的理论为后现代设计理论的建立奠定了基础，设计领域从此步入了后现代时代。

思考题：

一、分析后现代设计产生的原因，后现代思想与后工业时代的联系。

二、从罗伯特·文丘里在《建筑的复杂性与矛盾性》中表达的观点看来，他认为的后现代建筑具有哪些特征？

课时建议：2 课时

2．后现代建筑

20世纪60年代，发端于建筑设计领域的反现代主义设计思想，在70年代的建筑实践中突出地体现了出来，但这些归于后现代建筑名下的建筑，在风格和表现手法，以及反现代主义设计的方式上都不尽相同。在后现代的名目下，各种与现代建筑风格不同的建筑大量出现在世界各地，既有运用古典建筑语言，表现出对传统的复兴的建筑风格；也有造型独特、体现建筑师个人风格的作品；还有利用高科技实现特殊结构，表现出高技术风格的高技派建筑。在后建筑的名下，设计师摆脱了现代建筑在思想和形式上的束缚，充分发挥个人的想象力和创造力，在建筑的形式和观念上不断革新，因此，说到后现代建筑，往往包括了从六七十年代开始出现的多种与现代建筑风格不同的建筑。很多理论家对后现代设计一词也有不同的理解，如果要用某种风格来定义后现代建筑是不明智的。谈到后现代建筑的风格，简单的办法是把现代主义之后出现的各种风格都归到后现代的名义之下，包括后现代、新古典、高科技、解构主义、新现代主义等，这些建筑在风格上各异、形式也不尽相同。后现代因此是一个笼统的、复杂的，甚至是包罗万象的一个概念。

后现代重要的建筑师：
罗伯特·文丘里（Robert Venturi）
查尔斯·摩尔（Charles Moore）
菲利普·约翰逊（Philip Johnson）
阿多·罗斯（Aldo Rossi）
迈克尔·格雷夫斯（Michael Graves）
理查德·罗杰斯（Richard Rogers）
诺曼·福斯特（Norman Foster）
弗兰克·盖里（Frank Gehry）
SITE建筑设计公司等

1975年，美国的SITE建筑设计公司为Best公司的连锁店设计了休斯顿的展示中心，此建筑的墙面精心设计成未完成的施工现场的效果，表现出一种高品位的幽默欣赏趣味（图318）。他们为这一公司设计的另两座建筑也表现出同样的审美倾向。建在加利福尼亚的中心商店，好像是故意把建好后的房子挖去一个

318．Best公司的连锁店　设计：美国SITE建筑设计公司　1975年

319. Best公司的连锁店 设计：美国SITE建筑设计公司 1977年

墙角，作为中心的入口处，通过精确的施工所造成的残缺美，形成了处心积虑的设计趣味，既表现了设计师对现代建筑的蓄意背叛，也体现了设计师超常的想象力。另一个展示中心则把建筑物的前立面设计成倾斜状，好像是在建筑建好后被巨人的力量所抬起来了一样，与平衡、稳定的现代建筑形成了相反的视觉效果。1977 年，文丘里和他的夫人丹尼斯·斯科特·布朗（Denise Scott Brown）为同一家公司设计了公路边的商店：在夸张的、低矮的直线条的门檐上面，是一堵装饰着巨大的鲜艳花饰的墙面，其强烈的视觉效果是对 60 年代波普风格的直接引用。（图 319）

建筑师查尔斯·摩尔（Charles Moore）是后现代建筑设计的代表人物，他为美国的意大利社区设计的意大利广场表现出设计师对古罗马和地中海传统建筑风格的偏爱。意大利广场建于1975 年至 1980 年间，这一设计也是摩尔与精通当地文化的建筑师密切合作的结果。广场在设计中既考虑到了当地居民的审美趣味和生活方式，又考虑了与周围环境的协调。广场在设计中吸收了附近一幢摩天大楼的黑白线条，将之变化为一圈由大而小的同心圆。摩尔对古代建筑的喜爱为美国的意大利社区提供了一种建筑上的民族标志，各种古建筑柱式的引用以及广场中的意大利地图是这一标志的典型

320. 意大利广场 设计：查尔斯·摩尔 1974—1978年

体现。圆心喷泉中涌出的水，从象征着阿尔卑斯山脉的高处瀑布般地流淌下来，两旁则是五种典型的古典柱式。但这些柱式并没有像传统建筑中的柱式那样起着承重的作用，它们更多的是为了装饰。针对古典和现代建筑严肃的

321. 俄勒冈州的公益服务大厦 设计：迈克尔·格雷夫斯 1980—1982年

形式，摩尔把墙上喷水的雕像做成了自己的头像。这个把古典风格和神奇想象集于一体的设计，成为后现代建筑设计的经典作品。其中象征性地运用古典建筑的语言成为后现代建筑设计的重要特点。（图 320）

到了 20 世纪 70 年代末和 80 年代初，后现代建筑已开始慢慢被消费者所接受，并赢得了一些著名委托人的信任。1980 年，美国被认为最具有创新精神的建筑设计师迈克尔·格雷夫斯（Michael Graves）两次击败现代主义建筑师，接受了俄勒冈州的公益服务大厦(Public Services Building)的设计项目，格雷夫斯在这场建筑竞标中的胜出意味着后现代的胜利。1980 年至 1982 年完成的这座大厦，像是孩子用积木搭成的建筑，立方体的造型体现出古典的单纯，格子状的小窗与建筑物的庞大规模形成了强烈的对比，并使建筑富有一种夸张的膨胀感。建筑的正立面中间采用了竖线条和横线条的大窗把建筑物分开，使之在视觉上比较平衡。一对巨大的褐红色壁柱与两边小窗的白色墙面形成对照，在视觉效果上为感觉虚幻的建筑物起到了强有力的支撑作用（图 321）。公益服务大厦是在古典模式下的变形和自由创作的杰作，成为一幢囊括人类过去的尊严与现在的活力的真正意义上的公共建筑。后现代主义理论家查尔斯·詹克斯对此建筑颇多溢美之词，他称公益服务大厦"之于后现代主义，如同包豪斯之于现代主义，是后现代主义的第一件不朽之作。尽管有不少缺点，然而公益服务大厦仍然第一个使人们意识到，建筑完全可以在大规模的基础上，运用住户所能理解的语言将艺术性、装饰性与象征性融为一体"。把艺术性、装饰性和象征性统一起来，这正是后现代建筑师所期望实现的建筑理想。（图 322）

美国电报电话公司（AT&T）的纽约总部大厦建于 1978 年至 1983 年，是后现代建筑运动中规模最大、最负盛名的代表作。这一建筑由 20 世纪享有盛名的建筑大师菲利普·约翰逊（Philip Johnson）和伯奇（Burgee）设计。这是一座使用了混合建筑语言的折中主义作品。摩天大楼的整体造型类似一高脚柜，楼体由高高的楼脚支撑起来，并采用了古典的建筑语言——拱，借用了 15 世纪意大利文艺复兴教堂的形式。这样，约翰逊把古典风格搬进了现代高层建筑，把巴洛克时代的堂皇与现代商业化的波普风格融为一体，是使用前人作品的不朽性语言和象征意义的巧妙之作。这一系列后现代主义建筑的矗立使后现代主义理论得到了极好的阐释。（图 323）

70 年代引起轰动的巴黎蓬皮杜艺术中心，被认为是早期后现代建筑的代表作。这是由意大利著名的建筑师伦佐·皮亚诺（Renzo Piano）和英国建筑师理查德·罗杰斯（Richard Rogers）设计的。这一建筑一反现代建筑外形简洁的特点，把建筑内部的许多设施都放在了建筑物的外部，如通风管道、电梯和楼梯等，以至于完工后的建筑仍然像外面围着施工的脚手架一样，它显而易见与现代建筑观念是背道而驰的。但艺术中心采用了金属管的构架，形成了内部完全没有支撑的自由空间，为展览和表演提供了宽敞空旷的室内面积。蓬

322. Humana大楼 设计：迈克尔·格雷夫斯 1982—1986年

323. 美国电报电话公司纽约总部大厦 设计：菲利普·约翰逊和伯奇 1978—1983年

皮杜艺术中心的建筑风格是通过技术得以实现的，它所突出的技术特征，被认为是早期的高技派风格的作品，建筑师罗杰斯也被认为是高技派早期的代表人物。（图 324、图 325）

高技派在设计中把工业技术的特征提炼出来，通过使用具有技术性的材料和达到的特殊结构来表现技术的美感，是技术发展的产物。高技派最重要的代表人物是英国出生的建筑师诺曼·福斯特（Norman Foster），他为法国雷诺汽车公司设计的英国销售中心和香港的汇丰银行大厦是这一风格的经典作品。英国的雷诺汽车销售中心采用了桅杆式的金属悬挂支撑结构，外面可以清晰地看到建筑构架（图 326）。香港的汇丰银行是福斯特建筑理念的集中体现，因为建筑外面采用了结构清晰的钢铁衍架，视觉上好像整个建筑物都悬挂在衍架上。2003 年在伦敦建成的瑞士再保险公司的总部大楼可以说是福斯特的又一杰作，不仅在形式上突破了他以前的建筑，也达到了高科技风格的又一个高度。（图 327）

在后现代设计的名义下走得最远的恐怕是美国建筑师弗兰克·盖里（Frank Gehry）了，他被认为是解构主义风格的大师。他的风格是冷峻的、怪诞的，充满了幻想和超现实的色彩。他的建筑类似于科幻电影里外太空住宅或未来的城市，常由一些不规则的几何体组成，

324. 巴黎蓬皮杜艺术中心 设计：伦佐·皮亚诺和理查德·罗杰斯 1971—1977年

325. 巴黎蓬皮杜艺术中心细部 设计：伦佐·皮亚诺和理查德·罗杰斯 1971—1977年

326. 法国雷诺汽车英国销售中心 设计：诺曼·福斯特 1981—1983年

327. 瑞士再保险公司总部大楼 设计：诺曼·福斯特 2003年

328. Richard B.Fisher中心 设计：弗兰克·盖里 2003年

329. 迪士尼音乐厅 设计：弗兰克·盖里 2003年

330. 迪士尼音乐厅大厅 设计：弗兰克·盖里 2003年

因为采用了金属材料而呈现出技术的特征（图328）。1998年设计的西班牙古根海姆博物馆是他建筑思想的集大成，这座矗立在河边的庞然大物，就像是把一些不规则的几何体随意地垒在了一起，建筑的外立面是可以在阳光下闪闪发光的薄钛金属片，使它看起来一点儿也没有人类居所的痕迹，它在城市的边缘就像一座天外来物。其有机、扭曲、变形的造型非常特别，很难与任何建筑理论联系起来。这种把建筑的元素打散后重新组合起来的形式，更多地体现出建筑师的个人创造力。他随后设计的 Richard B.Fisher 中心和迪士尼音乐厅把他自己的风格表现得更为成熟。（图329、图330）

当然，把某位建筑师归类于某种风格并不是一种好的方式，因为某个建筑师的作品也许同时体现出几种风格的混合。比如，像活跃在世界建筑领域的华裔建筑设计师贝聿铭，他既有突出高技术的建筑作品，如香港的中银大厦；也有一些借鉴了古典建筑语言，但在结构上利用了现代科技成果的作品，如北京的香山饭店。他为巴黎卢浮宫所设计的金字塔形的玻璃入口处，就很难把它归于什么风格，更多地体现出建筑师在古典建筑形式上的再创造。而且，很多后现代建筑体现出风格的含混特点和复杂性。从后现代时期的建筑风格看来，设计师并没有找到一条类似于现代主义那样明确的设计道路，他们所做的工作只是在现代的基础上进行调整和修正，只是针对现代主义存在的一些问题探讨一些解决的可能性方式，只是在脱离了现代主义教条的束缚后，个人

所作的对建筑一词的不同诠释。没有人宣称已经找到了新方法，也没有人宣称完全否定了现代主义。（图331）

后现代建筑现在虽然已经不是什么新鲜事物了，但它一直是在争论中发展的。一座所谓的后现代建筑的出现往往会引来毁誉参半的公众舆论，而且，随着在建筑领域和城市规划中出现的更为重要的一些话题，如绿色建筑、生态环境、人文环境及可持续发展等，无论是在建筑领域还是在其他的设计领域，人们已经有更重要的工作需要做。对于是否后现代之类的讨论已经变得越来越不重要了。今天，无论是建筑师还是消费者，更为关注的是我们的建筑和环境如何才能成为更适合居住的、环保的、可持续发展的空间。（图332）

331. Rosenthal当代艺术中心　设计：扎哈·哈迪德（Zaha Hadid）2003年

332. 娱乐中心　设计：伯纳德·屈米（Bernard Tschu-mi）1982—1990年

思考题：

一、简述后现代建筑的主要代表人物和代表作品。

二、从不同的后现代建筑师的作品中分析后现代建筑的特点。

三、以典型的现代和后现代建筑作品为例，比较现代建筑和后现代建筑的不同。

课时建议：4 课时

3. 阿卡米亚和孟菲斯

建筑领域的后现代设计实践，带动了其他设计领域的后现代设计运动。在产品设计领域，在经历了一些激进的设计团体的探索和实践后，70年代后期开始酝酿的后现代设计高峰也到来了。

1976年，一个名为阿卡米亚（Alchymia）的设计工作室在意大利米兰成立了。阿卡米亚一词来源于中世纪诡秘的炼金术，这种技术"科学地"把普通的物质变成了黄金。阿卡米亚工作室也试图把普通的日用品加上艳丽的色彩和重新装饰后创造出"黄金"般的新设计出来，工作室的活动对后现代设计实践在产品设计中的兴起具有重要的意义。阿卡米亚的创办者是建筑师亚历山大·格历日罗（Alessandro Guerriero），在经过相当激烈但很模糊的讨论后，1978年，阿卡米亚变成了最重要的后激进前卫设计组织的论坛。

在阿卡米亚工作室举办的一次"激进的手提箱"的展览会上，格历日罗认识了当时非常活跃的设计师亚历山大·蒙迪尼（Alessandro Mendini, 1931—），格历日罗请蒙迪尼为工作室提供理论指导。通过蒙迪尼，格历日罗又认识了当时活跃的其他设计师。到了1978年，与此工作室有密切联系的设计师有埃托·索

333. Proust扶手椅 设计：亚历山大·蒙迪尼 1978年

334. Kandissi沙发 设计：亚历山大·蒙迪尼 1978年

托萨斯、安德尔·布莱兹（Andrea Branzi）、亚历山大·蒙迪尼等人。格历日罗帮蒙迪尼为一次展览会制作了一些家具，索托萨斯和布莱兹都有作品在此次展览会上展出。这些家具包括了著名的"Proust"扶手椅和"Kandissi"沙发，这是蒙迪尼关注庸俗、平庸的设计风格的最重要的成果，这也是他首次试图对设计史上的著名作品进行"重新设计"。（图333、图334）

与以前的激进设计组织和反设计团体不同的是，阿卡米亚工作室是深思熟虑后的结果，其目的是对抗现代主义的理性设计方法，它崇尚流行文化而不是高品位文化。1979年和1980年，阿卡米亚工作室举行了两次展览，并富有讽刺意味地称展览为"包豪斯Ⅰ"(Bauhuas Ⅰ)和"包豪斯Ⅱ"(Bauhuas Ⅱ)，它那些显示出"低俗品位"的图案和造型使人联想到20世纪五六十年代的设计风格。展览的明显目的是把设计和每天的生活及文化混合起来。两次展览虽然受到了大多数同行的摇头和轻视，但设计师们对今后的发展方向更加明确了。阿卡米亚首次把方向定为"新设计"，确切的意思是重新设计，即对现有产品，尤其是一些经典产品的再次设计。这些经典的产品从格拉斯哥学派的家具到包豪斯的椅子，在经过一些小的旗子、明亮的补花、球和另一些装饰物"重新创造"后，变成了相反的、带有讽刺性的混合物。（图335、图336）

阿卡米亚通过草图、展览和表演把他们的工作介绍给公众。1981年，他们举办了一个名为"未完成的家具"展览，约有30个设计师、建筑师和艺术家参加了展览。他们的作品把完全不同的东西结合起来，使不和谐的造型、色彩和材料的组合成为可能。在他们的作品中，一件家具被理解为一幅三度空间的拼贴画。从70年代末到

335. 经过重新设计的包豪斯钢管椅 设计：亚历山大·蒙迪尼 1978年

336. 经过重新设计的Thonet椅子 设计：亚历山大·蒙迪尼 1979年

80 年代初，阿卡米亚工作室是国际设计舞台上最重要的设计团体，他们的工作得到了同行的尊重。他们参与了当时设计界最重要的活动，包括 1980 年在奥地利林茨举办的先锋设计论坛。

意大利的前卫设计或多或少地在蒙迪尼、索托萨斯，有时也在布莱兹的影响下进行，这些老相识们的友谊和他们在事业上的合作一直可以追溯到 70 年代初，蒙迪尼那时开始发表一些有关激进设计问题的、富有争议的文章。他还主持编辑了《Modo》杂志，这一内容广泛的杂志一直是 70 年代到 80 年代新设计运动的喉舌。进入 80 年代后，蒙迪尼成了阿卡米亚工作室的主要代言人。在经过了几次尝试后，这个具有远大抱负的人不无遗憾地承认：设计最终无力改变社会。他写道："先锋派命中注定要扮演一个孤独的、高傲的、受约束的、短暂的角色，一系列衰弱无力、自我牺牲的项目在变得更宽范围被接受之前，就被消耗了、毁灭了。"[21] 因此，阿卡米亚工作室描绘自己为"后先锋派"，用蒙迪尼的话说，阿卡米亚工作室是"有问题的"（Problematic）而不是"肯定的"（Affirmative），它只是提出问题但并没有找到问题的答案。在 1981 年的米兰家具博览会上，阿卡米亚工作室集体亮相，展出了由蒙迪尼和工作室其他成员及纯艺术家设计的"无限的家具"（infinite furniture）。

337. 餐具 设计：亚历山大·蒙迪尼 1983年

338. 沙发和椅子 设计：亚历山大·蒙迪尼 1988年

阿卡米亚既没有涉及到设计观念本身的问题，也没有成功地建立起一个销售组织。从本质上来说，设计师们并不想做任何有原创意义的事情或作品，以及和艺术关系并不大的物品，那些展览的作品不可避免地被当作美学方面的实验和观点来看待。但事实上，他们期望做的那些东西并不是收藏家的藏品，而是家具，可以摆在商店里出售，可以搬回家并用于每天的生活。（图 337、图 338）

不断上升的开放意识与蒙迪尼的观

[21] Barbara Radice Memphis Thames and Hudesom Ltd，1985年，第24页

念不符合，他对设计继续保留了批评的、消极的态度，这是激进主义辩论的典型态度。他把对"平庸"的分析作为设计的方法，并把这一方法用于对那些或多或少有些著名的作品所进行的重新设计、组合及造型的实验中。这种实验试图表现出"设计在未来，至少在未来十年里，人们除了重新设计现有产品外无事可做"的观念。在理论上和实践上，否认了研究新出路的可能性。蒙迪尼并没有私人的工作室来继续他的实验，他依靠专业性的阿卡米亚工作室是可以理解的，而且这一工作室也随着蒙迪尼的观念发展成为一种状态：一个工作车间并成为他个人创意和方案的一部分。

因此，一些人（主要是索托萨斯和德·鲁克）不满于蒙迪尼的知识分子观念和阿卡米亚产品手工特征的消极沉闷，希望把阿卡米亚恢复到最开始的状态，继续发展阿卡米亚早期的思想，孟菲斯（Memphis）是在那些决定寻找不同发展方向的人退出后而成立的。从很多方面看，阿卡米亚是孟菲斯的先行者。（图 339）

埃托·索托萨斯 1980 年离开了阿卡米亚工作室，然后于 1980 年底成立了孟菲斯设计小组。那时，米兰的一群建筑师和设计师感到迫切需要对设计采用一种新的方法，以此去探讨另外的空间、设想另外的环境和另外的生活方式。这种方法并没有马上出现，虽然一些设计师已经在相关的项目和创意上探索了两到三年。让这些创意慢慢成形，并且成为现实，几乎变成了设计师们生存或死亡的问题，成了与他们的创造性才能联系在一起的困扰。这种需要还渗透了对令人厌烦的"好品位"和昂贵的高档

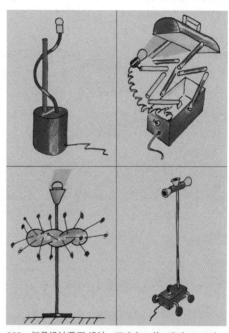

339. 灯具设计草图 设计：迈克尔·德·鲁克 1979年

340. Hollywood桌子 设计：彼特·肖尔 1983年

189

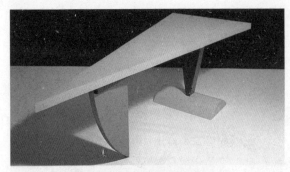

341. Brazil桌子 设计：彼特·肖尔 1981年

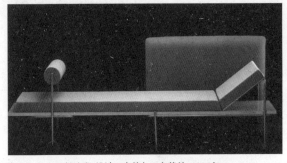

342. Century长沙发 设计：安德尔·布莱兹 1982年

设计的反对，当时，这种国际流行的好品位的准则继续在日用品的设计中蔓延（图340）。人们开始想知道，是否真正需要继续沉溺在米黄色的皮制沙发里，周围是用聚酯塑料涂抹的平面直角固定的墙，或者行走在永远铺着单色地毯的地板上，这儿悬挂着一张油画，那儿摆放着一尊雕塑；灯具由黑色的钢或片状金属制作，杯子放在朴素的咖啡桌上，可能用金属或玻璃制作。这种明显地带有中产阶级符号式的设计已经发展成了一种生活的模式，一种缺乏活力的、呆板的生活方式，米兰的一些建筑师和设计师们普遍认为，这种单调、乏味、程式化的生活方式该结束了，是应该有些新东西出现的时候了。（图341、图342）

孟菲斯（Memphis）这一名词应该产生在12月11日晚索托萨斯的房间里。还有鲍伯·狄伦的唱片"Stuck Inside of Mobile with Memphis Blues Again"。因为没有人去换唱片，所以鲍伯·狄伦就一直在那儿唱"Memphis Blues Again"，直到索托萨斯说道"好了，那就叫'Memphis'吧"。所有的人都认为这是再好不过的名字了：它意味着忧郁的布鲁斯、田纳西州、摇滚乐、美国的郊区，然后是遥远的埃及、法老的首都、神的圣城。根据迈克尔·德·鲁克（Michele De Luchhi）笔记本的记录，这些晚上在场的设计师有埃托·索托萨斯、巴巴拉·瑞迪丝（Barbara Radice）、马可·扎尼尼（Marco Zanini）、阿多·西比克（Aldo Cibic）、马都·顿（Matteo Thun）、迈克尔·德·鲁克和马丁·波顿（Martine Bedin），他们几乎都是建筑师（波顿大约也获得了她的建筑师学位），除了索托萨斯外，他们年龄都在30岁以下。

"新设计"家具的第一张草图在1981年2月9日星期一画出来了。大约画了100多张草图后，大家就开始喝酒。在后来的七个月里，在展览举办之前，

大家都非常兴奋，不知何故，大家都觉得
时间长得足够把每件东西都按时完成。每
件事情包括：画下技术性的草图，制作这
一家具；找到一个灯具制造商，制作灯具；
找到一个陶瓷制造商，制作陶器；确信
Abet Print 工厂能够生产新的塑料薄片；
找到一个纺织品制造商，生产纺织品等等。
拍摄家具、自己设计书籍的封面和版面，
因为没有钱请其他工作室设计。设计两个
招贴，印邀请函、目录，出版书籍，设计
展厅，为报纸和杂志写新闻稿等等，所有
这些都没有投资，都得自己解决。

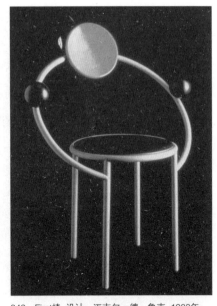

343. First椅 设计：迈克尔·德·鲁克 1983年

在 1981 年 9 月 18 日的开幕式上，孟
菲斯小组展出了 31 件家具，3 个闹钟，10 盏灯具，11 件陶瓷器，参观者达到
2500 人。在这次划时代的展览会上，思想激进的观众对展览表现出了近似歇斯
底里般的热情。这些展品带有鲜明亮丽的色彩，覆盖着塑料薄片或装饰着五光
十色的灯泡，虽然有些稀奇古怪，但看起来轻松活泼、乐观愉快。这些让人振奋、
近乎疯狂的作品得到了很多人的喜爱。在单调乏味、高雅堂皇的昂贵家具之后，
这儿出现了一些新颖的东西。引人注目以及艳丽活泼的"时代的精神"明显地
反映在这些家具和物品中，这些物品得到了孩子们的喜爱也唤醒了成年人的童
心，使他们都有一种从某种限制后解放出来的身心放松的愉快感。在这一展览中，
功能主义和国际现代主义似乎都成为过去，或者暂时地从设计中远去，那些在
过去被认为是有价值的东西在这些展品中似乎都消失了。通过展览，这一偶然
得名的组织及其在设计领域的探索，成了 20 世纪 80 年代最引人注目的后现代
设计活动，使这一酝酿已久的设计运动达到了高潮。（图 343）

很多设计批评家们把孟菲斯理解为一个玩笑、一个恶作剧、一次对传统设
计的挑衅性行为，一些批评家们至今仍然对孟菲斯抱有类似的看法。也有许多
人对孟菲斯的作品表现出疑惑和不解，因为人们几乎不能坐在这些椅子上，展
示的书架上也几乎没有提供可以放置书籍的空间，或者说，他们根本就不打算
为人们提供舒适的家具或功能突出的日用品。但孟菲斯敢于冲破功能主义原则
的设计实验，把一些清新的空气带入到家具及其他设计之中，这种开始为人们

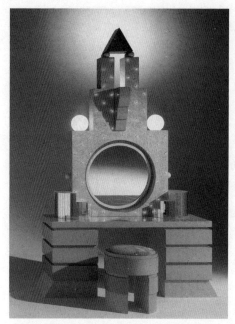

344. Plaza梳妆桌 设计：迈克尔·格雷夫斯 1981年

345. Carlton书架 设计：埃托·索托萨斯 1981年

所疑虑的东西很快就被整个世界所仿效。可以说，孟菲斯的设计为长期以来受现代设计所限制的设计师们打开了思路，使整个设计界开始呈现出除了功能性的现代设计以外的新气象。孟菲斯已经过去了很多年，但对设计界来说，他们的影响依然存在，而且，他们也确实达到了他们的目的，就是改变设计的面貌。（图344）

孟菲斯之所以引起了那么多的争论和话题，是因为该组织从未系统地阐述过任何设计思想或设计方法，他们只是用他们的设计作品来展示他们与现代主义设计迥异的设计观念。他们的设计主要是打破功能主义设计观念的束缚，强调物品的装饰性，大胆甚至有些粗暴地使用鲜艳的颜色，展现出与国际主义、功能主义完全不同的设计新观念。

埃托·索托萨斯是孟菲斯设计小组的发起人之一，他不久就脱离了这一组织。他虽然离开了这一组织，却留下了许多让人思考的东西，以便这一组织及其追随者们可以思索新的发展道路。索托萨斯说过："我喜欢复制品，因为它们毁灭了我并又以某种方式使我得到新生，我离开孟菲斯，因为我已经被程式化了，我已经被复制品淹没了。"[22] 他的代表作是看起来有些奇形怪状的书架，使用了塑料贴面，颜色鲜艳，极像一个抽象的雕塑作品，其拼贴组合的造型几乎没有提供可以放置书籍的空间。毫无疑义，它不具备书架所要求的功能（图345）。另一个类似的设计是一个名为"Casablanca"的屏风，这是一个造型夸张、功能模糊的设计作品，它就像一个独立的雕塑，同样也不具备屏风隔断空间的功能作用（图346）。索托萨斯还为孟菲斯设计了许多家具，他

22 Barbara Radice Memphis Thames and Hudesom Ltd，1985年，第142页

设计的沙发把大理石和纺织品两种性质完全不同的材料放在一起，对材料的组合进行了大胆的尝试。他设计了许多用途不明、含义模糊的物品。他远离现代主义设计原则的设计品，让人完全没有心理准备，至今仍然是设计理论界争论的话题。

索托萨斯本人是 20 世纪著名的设计大师。他生于 1917 年，1939 年毕业于意大利都灵的建筑专科学校，他曾在米兰组织了首次国际抽象艺术展览。他于 1947 年为米兰设计的椅子结合了理性主义的直线和有机的造型，确立了自己设计风格的基础。50 年代后，索托萨斯开始致力于产品设计，1957 年成为意大利著名公司 Olivetti 的终身设计顾问。索托萨斯是一位富有思想的设计师，他在设计中把建筑、美学、技术和对社会的兴趣融于一体，并不断探索设计的潜在因素。他说："设计对我而言……是一种探讨社会的方式。它是一种探讨社会、政治、爱情、食物，甚至设计本身的一种方式。

346. Casablanca屏风 设计：埃托·索托萨斯 1981年

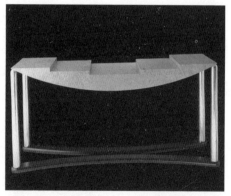

347. Schwarzenberg桌子 设计：汉斯·霍雷因 1981年

归根结底，它是一种象征社会完美的乌托邦方式。"[23] 他的设计灵感来源于他对物质状态的思考、研究和旅行。1961 年，他去印度旅行后，设计了被称为"模糊陶器"的陶瓷产品，展示出物品远离其日用功能之外的更多的含义，具有"精神图解"的功能。他的设计打破了公认的"好设计"的标准，对设计的视觉语言和熟悉的事物进行了新的阐释。他在设计领域所作的探索，使他一直走在激进设计运动的前列，堪称后现代设计的先驱。他为设计品注入了许多比功能多得多的含义。

孟菲斯其他成员的设计也展示出与现代主义设计完全不一样的新的思维方式，如汉斯·霍雷因（Hans Hollein）设计的桌子，桌面的木头锯成五个高低不同的平面，其削弱的功能性使其很难与传统的桌子概念相吻合（图347）。彼特·肖尔（Peter Shire）的家具设计更富有创造性，他设计的桌子桌面是一块

[23] 梁梅著，《意大利设计》，四川人民出版社，2000年，第114页

尖锐的三角形木板，下面由几何形的木块支撑，色彩则采用极为艳丽的黄色和绿色。他画的桌子草图把完整的四方形桌面切掉一块，成为一个用途不明的有机物。扶手椅的靠背则是一个类似锤子的圆木棍，其不安全感和不舒适感是显而易见的。

"如果有些东西由孟菲斯设计出来，它不仅意味着去提供照明、一个可以休息的地方或者用来支撑某种东西，设计师还试图使某些东西形象化，并且把它用这样的方法正式地设计出来，这种方法使设计变成了符号学的系统，而这一系统包含了文化的内容"，孟菲斯小组的设计师安德尔·布莱兹用此来解释这一运动本身的特点。

尽管很多预言后来被证明并不准确，孟菲斯运动所掀起的新的设计热潮并没有很快冷却下来，随后而来的收藏热使他们更为著名。孟菲斯成员们所开的带着精神性内涵的玩笑，以及他们所设计的那些带有强烈感情色彩的物品，仍然影响着设计领域。

他们的设计极大地丰富了当代设计的语汇，许多在它们刚出现时让人不可思议的表现手法和造型，现在已经被一些设计师使用在他们的消费产品设计之中，而且受到了消费者的欢迎。如孟菲斯成员迈克尔·德·鲁克所画的"Hi-Fi"音响设计的草图，采用了类似儿童玩具的造型，粗大的按钮暴露在外，易于辨别和使用，并涂上鲜艳的颜色，使高科技的产品具备了儿童玩具的特征。这一设计构思被日本索尼电器公司直接引用，生产出了名为"我的第一台索尼"的儿童用收录机，深受青少年消费者的喜爱。（图348）

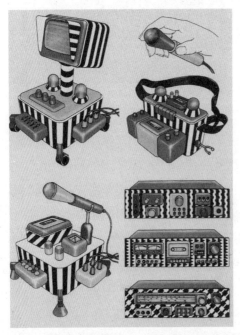

348. Hi-Fi音响设计的草图 设计：迈克尔·德·鲁克 1980年

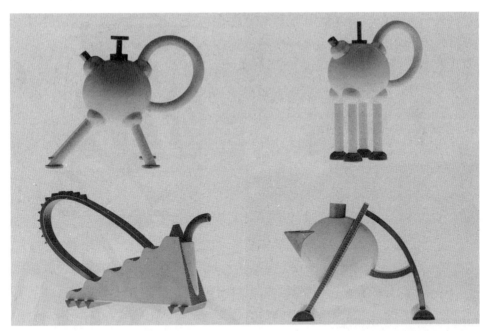

349. 壶 设计：马都·顿 1982年

设计师马都·顿是孟菲斯的发起人之一，他也是一个形成了自己个人风格的年轻设计师。他的设计作品包含了喜剧性的滑稽因素，其中还展示了工艺技术的严谨。他的知名度在很大程度上建立在他的陶瓷设计作品上，这些作品包括了一系列名为"裸鸟"（Rara Avis）的壶（图349）。这是一些在视觉上令人愉快的大壶，它们的形式把动物造型和建筑造型结合起来。在体现壶的功能的同时，他还强调了造型的趣味性和结构特点。这是一些具有功能作用的设计品，也是一些有趣的东西。他设计的家具和灯具从金属的模具里压制出来，展示出技术和工业的精密特点，这些特点表明了一种新的风格。这种风格被众所周知地称为"微型建筑风格"，因为它的形式是由建筑造型和理论而形成的。这一风格影响了许多设计师的作品，典型例子是马都·顿和设计师安德尔·勒瑞（Andrea Lera）于1985年设计的名为"Chicago Tribune"（芝加哥论坛报）灯具，这一灯具的造型类似一个微缩了的建筑模型，其结构和造型体现了建筑的特点，当灯光从金属圆柱上面镂空的圆孔里洒出来时，它看起来就像繁华都市里灯光明亮的一幢摩天大楼的远景。（图350）

孟菲斯设计所提供的讨论话题至今仍然没有结果，他们那些缺乏功能、颜色鲜艳的设计品很多都成了博物馆的藏品，并没有成为千家万户生活中的一部分。作为生活用品来说，满足功能的要求应该是设计成为消费产品起码的前提，

195

马都·顿（Matteo Thun, 1952—），建筑、家具和产品设计师。早年在米兰学习建筑，一直到1984年，他都是索托萨斯设计公司的成员，是孟菲斯小组的发起人之一。1984年以后，他在米兰开办了自己的工作室，从事建筑和平面设计。他在很多大学任教和举办讲座，他的设计作品，尤其是他的陶瓷系列作品，被收藏在许多重要的艺术和设计博物馆。80年代，马都·顿作为孟菲斯组织的成员，他发展的反功能主义观念的目的是在使用者和产品之间建立一种联系。除了他设计的家用产品、灯具和浴室用品外，马都·顿还设计了许多极具功能性的办公家具和预制房屋，他为可口可乐公司设计的建筑外观，使之成了公司的整体形象。

但许多孟菲斯作品显然缺乏这些基本的要求。可是孟菲斯却把一些清新的空气带入设计界中，使人们在批评孟菲斯"坏品位"的同时也得到某些启发或受到某种震动，开始重新思考近百年来形成的功能主义的现代设计观念。（图351）

351. Bel Air沙发 设计：彼特·肖尔 1982年

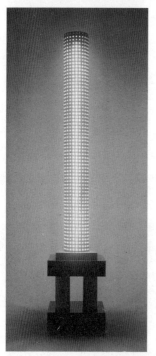

350."芝加哥论坛报"落地灯 设计：马都·顿和安德尔·勒瑞 1985年

思考题：

一、如何理解阿卡米亚设计小组的设计活动？

二、孟菲斯的设计实践对设计的发展具有哪些方面的启示？

三、如果把孟菲斯理解为一种风格，尝试设计一件具有其特点的设计作品。

课时建议：4课时

4. 新设计运动

孟菲斯设计运动是 20 世纪 80 年代国际设计界最引人注目的事件，随后，他们在各国所举行的巡回展览又把他们的设计新观念散播到世界各地。在孟菲斯设计实践的影响之下，德国、法国、英国、西班牙等国家都出现了新的设计运动，这些设计运动是孟菲斯设计的延续和发展，也成了后现代设计的重要内容。这些设计运动使用"新设计"（New design）一词来概括，也就是在孟菲斯设计运动影响下所出现的、与现代设计风格不同的新的设计风格。

德国一直是功能主义坚定的拥护者，到 80 年代，对功能主义的信仰开始动摇，与功能主义的决裂也变得清晰。许多设计师不想再成为包豪斯的模仿者，他们开始认识到没有永恒的价值标准。对于年轻人来说，一切都突然变得不再神圣。从建筑、艺术和设计学院毕业的年轻人在许多城市开始了他们在家具和产品设计方面的实验。因为反感机械化批量生产，他们常常自己动手制作模型和样品。一些看起来不和谐的材料，如铁、钢、石头、混凝土、木头、橡皮和玻璃等被组合在一起，这些东西所表现出来的对传统的质问让人震惊。（图 352、图 353）

1982 年，汉堡博物馆举办了一次不寻常的"艺术和商业"展览，设计在此展览上的亮相表现出此领域发生的变化和新的发展趋势。展览用了一个具有讽刺意味的标题"丢失的家具——更美丽的生活用品"，这是对德国最著名的室内设计杂志《美丽的生活用品》显而易见的挑衅，在当时，此杂志被看做是好品位的仲裁者。展览展出了来自五个国家 39 位设计师和设计小组的实验作品。以理性设计为特点的德国设计在 80 年代因受到来自意大利后现代设计思想的影响，设计师们幻想使之成为 80 年代德国家具设计的新思路（图 354、图 355）。1983 年秋天，

352. Antelope桌子 设计：马修·希尔顿（Matthew Hilton）（英国）1987年

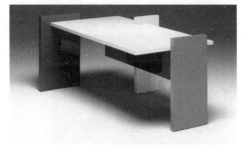

353. 桌子 设计：达尼洛·席维斯金（Danilo Silvestrin）（德国）1984年

197

354. 灯具 设计：英戈·毛瑞尔及其团队
（Ingo Maurer & Team）（德国）1986年

355. 落地灯 设计：英戈·毛瑞尔（德国）
1988年

356. FM/AM收音机 设计：丹尼尔·韦尔
（Daniel Well）（德国）1984年

357. 餐具 设计：玛吉特·邓兹（Margit
Denz）（德国）1988年

汉堡的 Möbel Pertra 画廊举行了一个标题为"消费者的休息椅"的展览，展出的家具是手工制作的单件原件或是小批量生产的手工制品。与标题相反，其倾斜的造型，强烈的着色，使家具设计的重点主要放在了形式上，结构和功能退到了次要地位，工业化的生产方法被示威性地抛在一边。其目的是为了保持尽可能多的表现自由和创造性。（图356、图357）

德国新设计运动的高潮是1986年在杜塞尔多夫举办的"感觉—拼贴画——感官的生活"展览，一些设计师开始从更具有历史感的装饰艺术里获得灵感，一度出现了新巴洛克风格倾向。这种倾向的设计采用了螺旋形的不对称的造型，经常使用豪华的、不实用的材料，具有讽刺性地吸引了一小部分中产阶级顾客。德国新设计运动在80年代后期为公众所熟悉，因为德国最重要的国际艺术大展"文献展"（Documenta）向设计师们敞开了大门，成为德国新设计运动的重大事件。"文献展"是德国最重要的国际艺术大展，设计作品被作为艺术展览的一部分也意味着：即使艺术评论家们现在也承认，过去这些只是用于日常生活的纯粹的功能性用品，也开始用来表达作者的观念和情感。

受到后现代主义建筑思想的影响，英国于1983年成立了一个名为"NOTO"的设计师组织，"NOTO"是"当今的表现性建筑"的简称。此组织强调"事物存在的荒诞性"，试图用一种所谓的表现性的方法，创造一座表现性的建筑，以一种符号和步骤组合起来的程序进行工作。这种建筑主要由效果图来展示，然后通过电脑和录像艺术加工，为人们展现出一个真实自然的幻想式家园。"NOTO"组织 1985 年在空气画廊举行了名为"伽马城市"的展览，把考古学和未来学结合在现实之中，展示出对世俗生活的回归。表现性建筑把社会环境作为建筑的空间和语言来认识，寻找地方的乡土风情，探讨文化和考古学对建筑的意义。在这些建筑师看来，表现性建筑从不损毁现存的世界，而是利用它，将它重叠复合，它是一种在已知和未知世界之间徘徊的建筑，它把处于流动状态中的整个城市和活动的人体的各个部分作为设计的依据，在寻常普通之中显示其自身。（图 358）

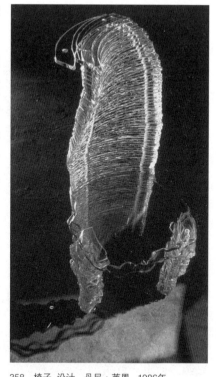

358. 椅子 设计：丹尼·莱恩 1986年

在英国，以色列籍的雕塑家、建筑师和设计师让·阿德（Ron Arad）1981年在伦敦成立了"One Off"有限公司，工作室的名称意味着他们要有计划地生产独一无二的产品。像他的其他同行一样，让·阿德也采用不同的材料，有时候是现成品进行实验（图 359）。他在 1981 年把"流浪者 200 型"汽车的车座取下来，焊上弯曲的金属管支架，把它们变成了家庭或办公室里的坐具。看起来既浪漫又怀旧，就像是第一次工业革命时的考古发现。伦敦的另一些家具设计师们也喜欢利用废旧金属和木料创作那种看似在空袭中幸存下来的家具。英国 80 年代设计运动的另一个代表人物是贾斯伯·莫里森（Jasper Morrison，1959—），这个 1959年出生的年轻人在伦敦的设计学校毕业后，曾经到德国做访问学者，与德国的新设计运动联系非常密切，他参加了 1987 年为设计师敞开大门的德国第八届"文献展"。他的设计呈现出极简风格，家具表面采用了没有处理的三合板。为了对抗奢侈的新巴洛克风格，他创造了"无设计"（no design）一词。（图 360）

作为意大利的邻国，法国在 80 年代一直受到孟菲斯的影响。在脱离了功能主义的束缚后，法国的新设计表现出在色彩和材料方面不同寻常的组合特点，这些设计首先用于时尚之都巴黎的酒吧、咖啡馆、商店和餐厅中（图 361）。设

359. Well-Tempered椅 设计：让·阿德 1986—1987年　　　360. "思想者"椅 设计：贾斯伯·莫里森 1987年

计师们也成立了一些组织，如"Nemo"和"Totem"这样的设计团体。法国的新设计运动经常是一些设计界明星在起着引导作用。作为时装之都，他们利用在时装设计方面的优势，把其他国家在产品设计中出现的风格用在时装设计上。设计师简－保尔·盖尔特（Jean-Paul Gaultier）采用了具有色彩意味的材料来表达他的创意，如橡皮、漆和皮革等。通过这些材料，即使设计野营露宿的服装，他也会打破美学和道德方面的清规戒律。他为著名歌星麦当娜设计的那些奇装异服，因为电视和其他传媒对音乐会的报道而众所周知。

在家具和产品设计领域，法国最著名的设计师是菲利普·斯塔克（Philippe Starck, 1949—），在法国甚至在欧洲，他拥有像摇滚歌星一样的知名度。斯塔克因为受法国总统密特朗的委托，为总统在爱丽舍宫的私人公寓设计家具而名声大噪。早在1968年，他就成立了第一家公司，受当时流行的波普风格的影响，生产了许多充气的物品。斯塔克是一个具有独立思想的创造者，与其他风格前卫、崇尚实验的设计师不同，他的设计是面对市场的。与许多设计师的想法仅仅是停留在图纸和文本上不同，斯塔克为大众提供了许多别具一格、造型独特、价格也比较便宜的消费品。他从不忌讳在别

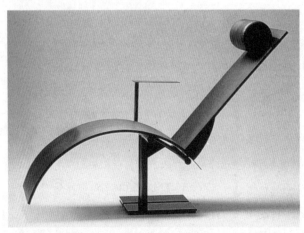

361. Pi椅 设计：马丁·谢克利（Martin Székely）（法国）1984年

的风格中借用一些元素来创作自己的产品，如具有活力的流线、有机的造型等新艺术运动风格。因此，他的风格虽然很现代，看起来仍具有30年代法国现代艺术流派的怀旧形象。他偏爱不同材料的组合，如玻璃和石头、塑料和豪华的纺织品等，他的设计大到豪华的室内设计，小到矿泉水瓶和牙刷。（图362、图363）

斯塔克才华横溢，出手极快，他的作品充满了创造性。他自己说"我凭直觉工作，但首先是快。我可以在15分钟内设计出一件好作品"。他设计的柠檬榨汁机简直就是一件独立的雕塑艺术作品，但同时又是一个使用简便、节能的实用产品，其巧妙的构思几乎受到了所有消费阶层的喜爱，人们几乎把它像崇拜的艺术品一样买回家来。

362. Ed椅 设计：菲利普·斯塔克（法国） 1986年

美国的新设计运动仍然有建筑师的参与。罗伯特·文丘里，这位后现代建筑的发起者被Knoll国际家具公司聘请来设计家具，他为公司设计了一系列后现代风格的曲木椅。就像文丘里提倡的建筑的复杂性和矛盾性一样，这些椅子吸收了18世纪的家具设计风格，同时又混合了现代设计经典作品的特点，其色彩则综合了孟菲斯和安迪·沃霍尔的风格。对于其他设计师而言，它们充满了对某种场景和道具的暗示，是当时流行的后现代主义观念的具体化（图364）。文丘里的家具设计被认为是知识界的小小笑柄，他的设计太博学、太做作、太紧张、太学院气了。作为一个家具设计师，温德尔·卡瑟尔(Wendell Castle)的设计则具有建筑风格，在形式和细节上都具有纪念性，他还在家具上进行复杂的比喻性的雕刻，作为家具的装饰。建筑师迈克尔·格雷夫斯和弗兰克·盖里

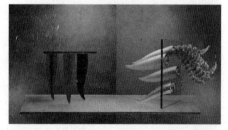

363. 花瓶 设计：菲利普·斯塔克（法国） 1988年

364. 桌子和椅子 设计：罗伯特·文丘里

也设计了许多造型非常有趣的日用品。(图 365)

日本的设计师也加入了新设计运动,他们中的一些活跃在欧洲这样观念前卫的地区,成为国际设计中的一员,与其他国家的设计师共同创造新颖独特的产品。仓右四郎被认为是金属家具和室内设计的大师,他的设计经常采用能够产生强烈视觉效果的金属构架。他 1986 年设计的名为"月亮真高呀"的椅子,就是一个椅子形的立体金属构架。他按照日本传统的园林和陶瓷设计方式,把椅子设计成为自己所期望的东西。对于西方的评论家来说,最为有意思的是,仓右四郎的作品不仅是通过设计,而且也是通过工匠的技术来实现的。但在家具设计领域,工匠的重要性已经被长久地忽视了。(图 366)

365. "鱼"灯 设计:弗兰克·盖里 1984—1985年

366. "月亮真高呀"椅 设计:仓右四郎 1986年

孟菲斯风格式的设计几乎充斥了整个 80 年代,其反经典设计、反高雅品位的特点和实验性特征,产生了许多异乎寻常的东西。这些东西与传统的审美观念已经相去甚远。按照传统的审美观,它们看起来甚至是不美的、粗糙的,以至于有人把 80 年代称为"粗野的 80 年代"。但与过去设计师的工作默默无闻相反,设计师和设计在 80 年代都成了人们的热门话题。因为这些设计运动往往成为新闻媒体报道的热点,设计在 80 年代引起了人们前所未有的关注,成为人们津津乐道的话题。设计也不再只是设计师们的工作,它还成为文化的一部分,成了普通人、艺术家,甚至哲学家们讨论的话题。激进的设计运动使许多设计师变成了明星,他们不再是过去那些隐藏在产品背后的幕后人物,开始被人们当作大众传媒里的明星来看待。(图 367、图 368)

在托马斯·哈福(Thomas Hauffe)的《设计》(Design)一书中,这些新设计的特点被归纳为"有意识地放弃功能主义、实验性的作品、自己生产和发行、小系列或单件作品、风格的混合、不同寻常的材料运用、国际化的感觉、来自亚文化的影响、嘲笑和机智的、富有挑战性的、超越了艺术和设计之间的界限，而且是设计师小组合作的结果"。[24] 后现代设计实际上是对现代主义设计的反叛和超越，它的诸多特点就是遵循这样一个总体方针而发展和获得的。

后现代设计首先表现为对古典主义视觉语言的复兴，这一特点尤其体现在后现代建筑设计上，如对三角楣墙、拱券、古典柱式及古典装饰语言的运用。现代主义建筑是一种完全脱离了传统语言的崭新建筑形式，无论是在结构、材料及装饰上，现代主义都追求一种全新的创造，它带有反装饰性和反传统性。现代主义设计师们希望用现代的工业文明代替一切传统古老的东西和传统古典的审美观念。后现代设计师则在对工业文明的怀疑后，对一味追求创新的现代主义的前途逐渐失去了信心，对现代主义原则失去了信赖，转而又开始从古典主义语言中寻找表现方式，重新连接起被现代主义断掉的与历史和传统的维系之链。但是，这种古典的复兴，是建立在现代工业文明和现代思想基础之上的，它带有明显的时代特点和现代文明的标记（图369）。如菲利普·约翰逊和伯奇合作设计的 AT&T 大

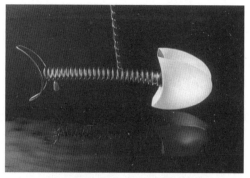

367. "沙丁鱼"吊灯 设计：塔克·维美斯特&丽莎·克龙（Tucker Viemeister & Lisa Krohn）1988年

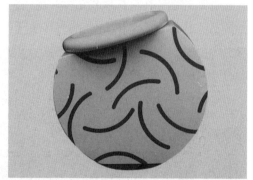

368. 花瓶 设计：玛蒂娜·贝丁（Martine Bedin）1985年

369. 伦敦国家美术馆的外立面 设计：罗伯特·文丘里和丹尼斯·司各特·布朗（Denise Scott Brown）1985—1991年

---

[24]（德）托马斯·哈福著，梁梅译，《设计》，黑龙江美术出版社，2001年，第108页

楼，其基本的框架结构依然是钢筋混凝土，形式也是现代主义建筑的摩天大楼，外形是简洁的平面直角，但其基座的大厅则采用了古典建筑语言中的拱，拱上还装上了 15 世纪教堂建筑常用的圆花窗，两旁环绕着楣式游廊，楼顶是一个从古希腊神庙引用而来的巨大的三角楣墙，中间的 AT&T 标志几英里之外都能看到。整座建筑对古典建筑语言的运用只是局部的、装饰性的。在后现代建筑中，古典的建筑元素基本上都只是一种装饰。（图 370）

对古典设计语汇的重新使用，并不是把古典建筑的语言往现代建筑上生搬硬套，或是简单地把两者叠加在一起，而是建筑师深思熟虑后的结果。所以，后现代设计师的设计往往是现代结构和现代材料与古典装饰的交相辉映。他们创造出来的是一种折中、含混的设计语言，正如文丘里的书名所言，具有矛盾性和复杂性是后现代建筑和后现代设计的特点。设计师对古典设计语言的采纳也是多方面的，一些设计师对古典语言的运用是调侃的、游戏的、玩笑的，因此被称为"戏谑的古典主义"。另一些设计师则是比喻性的、象征性的，他们对待古典主义风格是严肃的、尊重的，他们采用了古典建筑的比例、尺度，把古典主义作为一种审美和文化来尊重。（图 371）

370. 家具 设计：迈克尔·格雷夫斯 1989年

371. 舌头椅 设计：奈杰尔·科茨（Nigel Coates）1989年

设计品功能的模糊性是后现代设计的又一个极为鲜明的特点。在现代主义的设计原则中，首先强调的就是产品的功能性。路易斯·沙利文提出的"形式服从功能"的设计观念把产品功能放在设计的第一位，以至于形成了功能主义的现代设计观念和理性主义的设计风格。设计作为实用艺术，应该首先强调产品的有用性，从这个角度去理解产品的功能特点作为设计的原则并不过分。但是在现代主义的设计实践中，对功能性的过分偏重有时往往超越于一切之上，从而忽视了设计对于文化、环境、不同审美趣味的考虑，有时甚至为了体现功能而不顾使用

372. 圣路易市住宅（建于1952—1955年）被炸的情景 设计：山崎实 1972年

者的情感。这种极端功能主义的设计观念和实践使设计最终走向了一个困境，美国圣路易市的现代住宅区被炸毁就是一个极好的例子（图372）。该住宅区的设计者山崎实是深受现代主义建筑大师米斯设计思想影响的著名日本现代主义设计师，他于1954年接受美国圣路易市的委托，为低收入者设计了一批住宅。这是一些高层塔楼，里面是独立的方盒子单元房，典型地体现了国际主义建筑风格。建筑物采用了简单的工业材料，在功能上突出实用性，在外观和形式上朴实无华，当时曾因此而获得了设计奖。但住宅建成后，其单纯如监狱般的设计风格以及阻碍人与人之间交往的单元房布局，使该住宅区无论在外部整体结构还是在内部居住空间上都缺乏起码的亲近感和人情味，以至于穷人也不愿意搬进去

住。到了70年代，该住宅区的入住率还不到三分之一，政府只好把它们炸掉以腾出空间来修建新的建筑。查尔斯·詹克斯在提出他的后现代主义理论时，曾把圣路易市炸掉这批住宅区作为现代主义已经过时的有力证据。（图373）

与现代主义设计不同的是，后现代设计师希望他们的设计除了具有功能之外，还能给人们提供更多的诸如情感、趣味、美感、个性等特点，重视人们对精神和心理空间的需要，强调表达更多的含义。他们从符号学、产品语义学及造型的隐喻和寓意中寻找设计的灵感，

373. 1997年10月《建筑师》杂志的封面，把弗兰克·O.盖里的古根海姆博物馆与米斯的Getty中心进行对比

374. 茶壶 设计：彼特·肖尔 1980—1983年

以表达他们的设计新观念。如索托萨斯设计的书架，它的造型脱离了人们印象中对书架约定俗成的概念和书架应有的功能特点，没有把它设计成只有依赖书才可以存在并有意义的一种单纯的实用物品，也没有提供通常应有的书本放置空间，而是把它设计成一个可以独立存在的有机物，使它变成了能够与环境并存的具有审美意义的准艺术品。而孟菲斯其他成员设计的椅子和凳子，有的几乎不能坐，或是坐着也不舒服；茶壶的容积也很小，其造型和外观更类似于玩具。这种蓄意减弱产品功能性的设计，与强调功能主义的现代设计形成了强烈的对比。产品设计在实用功能上的模糊性，使过去功能单一的实用品具备了多种功能，人们不再只是把它们看做简单的使用工具，透过其表面将看到更多的东西，它们所呈现出来的寓意和象征意义又使它们具有了某些纯艺术的特征，使产品设计增加了许多趣味性和审美功能。（图374）

设计的装饰性不仅反映了后现代设计师对一味追求功能和形式的现代设计的反感和抵触，同时也是科学技术发展和进步的结果。20世纪六七十年代，西方发达国家进入了以电子工业为特征的后工业时代。到了80年代，体积大大缩小的微型处理器大量用于商业，多功能、高精度的电子产品开始替代工业时代粗笨的机械产品，微型化的电子处理器为产品的外观形式设计提供了更为宽泛的可能性，设计师也能够在产品的外形上施展出更多的创造余地。这样，路易斯·沙利文提出的现代主义设计的经典口号"形式服从功能"开始受到最大的挑战。当产品设计不必因为要考虑内部结构而限制外部形状时，人们自然更愿意看到造型更加美观漂亮的产品，而且，为产品所作的装饰性处理也可以更多地显示出设计

375. 茶具 设计：迈克尔·格雷夫斯

师的创造性及设计师的个性，因此，在现代设计中几乎完全被摒弃的装饰现在又具有了新的意义，设计师也开始重新认识装饰的作用（图375、图376）。埃托·索托萨斯就说过："装饰就像我们常忽视的支撑结构那样是设计的基本构成……我们倾向于把设计看做是由机遇促成的一系列偶发事件；我们把它看成一种可能性结果，而不是不可避免的事件。我们相信将这一系列事件聚集在一起并赋予其意义的，就是每一个事件都具有形式的、装饰的同一性。孟菲斯的桌子是装饰，结构和装饰是同样的东西。"[25] 显然，索托萨斯认为设计的装饰性与产品的结构并不是一种矛盾关系，而是可以获得相互联系及具有某种趋同性。

20世纪初，建筑师阿道夫·卢斯把装饰与罪恶联系起来，他著名的论点"装饰就是罪恶"在现代设计思想中具有浓厚的民主色彩。但在经济繁荣、人民的物质生活水平提高后，卢斯的观点也开始受到人们的质疑。英国最杰出的设计批评家彼得·富勒（Peter Fuller）就针对阿道夫·卢斯的观点在《后现代美学》一文中指出："建筑师中最无知的阿道夫·卢斯在一篇臭名昭著的论文中宣称装饰是一种罪过……我

376. 茶具和咖啡具 设计：罗伯特·文丘里 1985—1986年

[25] Barbara Radice Memphis Thames and Hudesom Ltd，1985，第68页

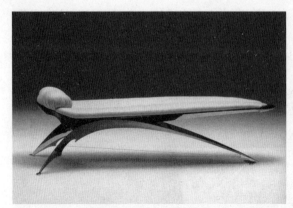

377. 沙发 设计：圣地亚哥·卡拉特瓦拉（Santiago Calatrava）1986年

378. 沙发 设计：博雷克·西派克（Borek Sipek）1987年

却相信现代主义运动取消了装饰的作用是我们时代的一个文化悲剧。正如琼·埃文斯（Joan Evans）所说的，装饰是人类生活的反射镜，'暗中折射出人类的思想与情感的网络'。装饰的消亡揭示了时代的审美、伦理和精神生活存在的虚空。"彼得·富勒的话虽然有些情绪激动，忽视了卢斯观点的进步意义、民主色彩和时代的特点。但事实上，装饰往往是一个民族文化和审美观念的浓缩，在传统手工艺和民间工艺中，一个民族的审美特点和风格往往就是通过装饰的形式或装饰的图案所体现出来的。如果把所有日用品的装饰都去掉，只留下其表达功能的基本结构，那么，人类文明的痕迹和一个民族审美的特征就在日用品中消失了。这也正是国际主义风格后来受到人们质疑的主要原因，因为它消解了各个民族的特性。到了后工业时期，人们对于现代设计中对传统的摒弃已开始反思，人们意识到，人类文明的延续同样也应该体现在建筑和日用品的装饰中。（图377、图378）

现代设计积极接受工业化的合成材料作为设计中的新型材料，在建筑中使用玻璃、混凝土钢架结构，在家具中使用钢管、胶合板等。后现代设计在材料的使用上则更为开放和无拘无束，这是后现代设计的另一个特点。他们甚至有些戏谑与玩笑地把不同性质、不同质地的材料并置在同一个设计品中，如纺织品和大理石、木头和岩石等。许多设计师把各种不同材料的不同组合方式作为实现新设计形式的实验手段。孟菲斯成员马可·扎尼尼在谈到材料时指出："手工艺人经常使用像珍珠母这样珍贵的材料来画线条。它们是珍珠母线，但基本上是线条。如果我们使用珍珠母，我们使用它的方形，因为它是告诉我们它的故事而不是线条的珍珠母。"[26] 在孟菲斯设计师的眼中，材料之中包含了远比其实用性更为丰富的内涵，因而他们注重挖掘材料本身隐藏的多种可能性。如索托萨斯名为"Agra"的沙发，就使用了大理石和纺织品两种性质完全不同的材料，大理石坚硬、冷漠，纺织品柔软、温暖，它们的组合所形成的对比达到了一种特殊的视觉效果。

孟菲斯设计师对不同材料的使用极大地影响了后来的设计。1987年，西德一位设计师的扶手椅是由五个水泥袋堆积而成的，这种别出心裁的设计表现出材料使用的随意性，虽然这样的扶手椅更多的是被设计师用来表达自己的设计观念，并不具备多少使用的功能，当然也不可能成为批量生产的家庭用品。1986年，英国设计师让·阿德设计了一套高保真音响，其唱机座、功放和两个音箱都是用钢筋混凝土浇注而成，不规则的边缘裸露出水泥和小卵石，音箱下面则暴露出铁丝网。这一设计把高精密的器材用极粗陋的材料制作出来，在材料的自由运用上达到了极致。（图379）

相对于现代设计质朴、单纯、简单得甚至有些单调的色彩效果来，后现代设计具有夺目的色彩效果，其艳丽的色彩被维护现代主义设计的批评家们讥为恶俗。现代主义设计在色彩的使用上极简单，设计师在设计时多采用材料本身的颜色，如建筑中大量灰色调的运用，产品设计则多用黑白两色，这种对冷色调的偏好，使人们普遍认为现代主义的设计品单调冷漠，缺乏人情味，缺乏对生活的热情，没有表现出生命的活力。60年代的波普设计之所以流行，其艳丽的色彩迎合了年轻一代对生活的热情也是重要的原因之一。如果说后现代设计在风格上表现出混合和折中的特点，后现代设计师在颜色的使用上却从不调和，他们常常把浓烈的原色涂抹到设计品上，造成强烈的视觉冲击力。当孟菲斯的首次展览在米兰举行时，其产品设计中对色彩

379. Hi-fi音响 设计：让·阿德 1986年

[26] Barbara Radice Memphis Thames and Hudesom Ltd, 1985年，第142页

的大胆使用就令观众们为之震惊。在传统的设计信念中，产品只是在使用时才体现其自身，不使用时即安静、不惹人注意地弃之一边。后现代的设计品由于其颜色而成为环境中的一部分，其艳丽的色彩随处可吸引人的目光。

与现代主义设计追随和信赖工业文明，提倡大批量、标准化的生产方式不同，后现代设计的作品很多是单件的、手工制作或作坊加工的。他们把被现代主义抛弃的手工制作又拣起来，吸取了"工艺复兴"的经验，并把它们与工业化的生产联系起来，共同生产和制作出带有人工痕迹的设计品，在工业化的冷漠上面加上人工的温暖感。这种对手工艺的怀旧情绪，体现了后现代主义关注的中心议题——历史感的失去。后现代主义认为我们整个当代社会体系一点点地失去了保留过去的可能，我们正生活在一个不断发展的时代，在这个时代里传统正在消失。而传统作为我们文化的重要组成部分，是我们情感的依托和慰藉，传统图形和可以唤起美好记忆的视觉图像，有时候甚至成了我们对于"过去的好时光"的依恋。在生活中，我们渴望这种图像可以不断出现。可以说，设计师对于传统图形的应用正符合信息时代人们的心理和审美要求（图380、图

380. 钟 设计：迈克尔·格雷夫斯 1992年

381）。后现代设计师对手工业的复兴已被许多大公司所采纳，著名的奥迪（Audi）汽车公司近来就大力宣扬自动化设备和手工艺师在生产上合作的优越性。手工制作或类似手工的物品因其体现出人工制品的温暖感而受到了消费者的青睐，一些厂家甚至利用高科技故意生产出带有瑕疵的产品，以此来迎合顾客的消费心理。如日本的纺织品生产，设计师在控制生产的电脑程序中，编入会偶尔产生瑕疵的程序来达到类似人工制品的视觉效果和质感。

后现代主义的思想强调了精英文化与大众文化的融汇合流，

381. 餐具 设计：柏乐蕾·哈夫纳（Borothy Hafner）
1988年

382. 日本纺织品 1986年

反对在高级文化和低俗文化之间作出明确的区分，这一思想反映在后现代设计中则是混淆了设计品的高雅品位和流行风格，在艳丽的色彩和装饰的覆盖下，过去品质高雅或低俗的设计品已完全汇于一片斑斓的色彩中。（图 382）

思考题：

一、从设计史的角度，分析新设计运动的意义。

二、如何理解在新设计运动中出现的一些标新立异的设计？

三、以一件典型的后现代设计作品为例，与现代设计比较，分析后现代设计的特点。

四、与现代设计观念比较，综述设计观念在后现代时期的变化。

课时建议：4 课时

第 6 章
C h a p t e r 6 ◄ ————————————————————————

多元化背景下的设计

大事纪：
1988年：柏林设计车间成立
1989年：柏林墙被推翻
1989年：伦敦设计博物馆建成
1991年：苏联解体，海湾战争
1991年：诺曼·福斯特设计巴塞罗那奥林匹克电视塔
1992年：西班牙巴塞罗那奥运会
1992年：西班牙塞维尔世界博览会
1993年：巴黎举办"设计，时代的镜子"展
1993年：连接英国和法国的海底隧道开通
2002年：卢浮宫举办"欧洲生活方式设计"展

在经过了后现代思潮的洗礼后，设计的发展已渐趋于丰富和平缓，开始进入到一个多元化时代。

在多元化的背景之下，设计不再有统一的标准和固定的原则，成为了一个开放的、各种风格并存的、各种学科交汇融合的学科。在培养设计师的学校里，信息学、社会学、心理学、计算机和有关环境的学科已经被加入到学习的课程中。学生除了要学习成为一个设计师的基本技能外，还要掌握与设计相关的知识。学校也把培养一个既具备职业技能和审美品位，同时又有社会责任感和职业道德的全面人才作为教育的目标。设计的过程也已经被理解为一项系统的工程，而不再是设计师单独完成的工作。它需要工程师、市场分析师、环境工程师、环保专家，甚至社会学家和美学家的共同参与。

今天，不管是设计师还是设计的消费者，都已经不再把设计简单地理解为一个仅有功能的用品。设计师在提供给市场和消费者一件有用的产品的同时，也试图在其中表达自己的创造性和个性，他们还希望能够

把传统、文化、情感、环保等观念一并融入到一个小小的物品里，使之成为人们美好生活及人类文化的一部分。消费者也已远远不再满足只是在一件产品上获得某种使用功能，他们还期望一件产品可以用来表达自己的品位和个性，成为他们对于环境保护意识中符合道德和美德的用具。在这样的背景下，有关设计的定义也变得越来越宽泛，产品"功能"的内涵已经增加了技术、人机工程学的内容，同时还牵涉到美学、语义学和符号学。在建筑领域，美学和象征意义也被再三强调。（图383）

383. 牛奶瓶和糖瓶 设计：阿尔努·维瑟（Arnout Visser）1998年

当设计界从后孟菲斯时期逐渐成熟后，开始进入到一个具有创造性的时期，有关什么主义的话题已经不再是设计界讨论的重点，对于人类自身和环境的关注成了更重要的话题。有

384. 竹子自行车 设计：弗拉维奥·代朗德（Flavio Deslandes）

关设计风格的争论也随着一个世纪的过去而结束了，人们对设计的认识已经更多地建立在共识的价值观上。无论是设计师还是消费者，大家都把生活在一个更健康、更安全、更舒适的环境里作为共同努力的目标。随着环境的不断恶化，普通的消费者也开始关注设计的环保内容，人们已经自觉地消费那些对环境不会造成破坏的人造物。对环境污染谴责的声音已不再限于环保部门，它们更多地来自普通的民众。设计师开始从幕后走向前台，他们的工作已经引起了更多人的注意，并融入了更多人的思想。设计的观念早已不再只是为某件产品确定一个造型，它成了实现我们美好生活的一种有效方式。（图384）

以计算机、网络为特征的信息化社会改变了我们的生活方式，也改变了设计师的工作方式，设计的形式和内涵都在发生变化。电脑微型处理器的运用，解放了机械化时代对产品形式的束缚，设计师可以更多地在形式上发挥自己的创造性和想象力。消费者对多样化产品的要求又鼓励了设计形式的变化，形色

各异的设计成了商家占有市场的策略，也成了年轻设计师标新立异的观念体现。

发生在设计品内在的变化则是人们对工业化发展进程中一些问题的认真反思和严肃认识，工业化造成的环境污染使设计师意识到了保护自然的责任，对人本身的关怀使设计更多地体现出人性化的另一面。在提倡多元化的今天，设计在体现高新技术、提供良好功能的同时，还充当着延续民族传统、表达人文特征和个性特色的多重角色。（图 385）

1. 环境保护与绿色设计

绿色设计基于人类在工业化进程中对生态破坏的反思基础上。盲目扩大的工业化使人类赖以生存的水不再洁净、空气不再清新、天空不再蓝，自然环境在不断恶化。快速的现代化城市进程摧毁了历史悠久的文物古迹，破坏了长久建立起来的人文记忆，在改善物质生活的同时也付出了破坏文化延续的惨重代价。绿色设计也被称为生态设计，主要的宗旨是保护我们的自然环境和人文环境，维护生态平衡。

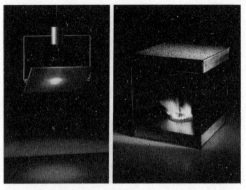

385. 灯具 设计：莫蒂·萨利（Timo Salli）1998年

对自然环境的破坏与产品生产使用的原材料、能源以及产品消耗后的垃圾处理有着极为密切的关系。绿色设计意味着产品设计可以节约原材料，产品使用的材料可以回收，产品在生产过程中不会耗费太多能源，产品在使用过程中不会产生污染环境的废气、不会造成对水资源和自然生物的破坏，以及产品的安全性能的增强等。（图 386）

386. 不会漏油的油漆桶 设计：荷兰男孩（Dutch Boy）2002年

以保护环境为目标的工业化生产被称为产业绿色化行动，在欧美和日本等发达国家已经实施了很多年，成为信息时代好设计的重要标准。在绿色设计的口号下，政府部门严格控制产品对于环境的污染指数，制定了产品检验的严格指标。设计师也自觉地把绿色设计的原则贯彻在设计思想中，尽量减少原材料的使用和浪费，把保护环境作为一个设计师的职业准则。在绿色设计的浪潮中，设计成为一项关系到人类未来的严肃工作，而不是短暂的享乐主义行为。

对于环境保护的观念改变了设计的评价标准，功能和美观已经不足以评价一件产品是否优良。今天，一件产品的设计是否美观，也不再仅仅取决于它的造型，还考虑到它是否环保，以及对人类的责任。彼得·多默在《1945 年以来的设计》一书中写道，一张精心制作的漂亮木头桌子，如果木料是由只有维持生活最低工资的劳动

387. 可以大量节约包装材料的洗发水简易包装

者，砍伐了无法再生的森林而获得的话，那么它就是让人不愉快的，就是不美的。也就是说，产品的美学标准已经加入了对环境的保护和道德因素。美国工业设计师协会每年都评选卓越产品设计奖，其评选的标准为"design innovation、benefit to the user、benefit to the client/business、ecological responsibility、and appropriate aesthetics and appeal"，意味着一件优良的产品应该"创意新颖、功能良好、能够为商家带来利润、符合生态保护、具备美学品质"。在五项标准中，把对环境的保护作为获奖的重要条件之一。（图 387）

美国杰出的设计师和设计理论家维克多·帕帕奈克（Victor Papanek）一直关注设计中的人和环境，他在 70 年代曾出版了《为现实世界的设计》（Design for Real World）一书，提醒设计师在设计中要多考虑使用者。90 年代，他又出版了《绿色紧迫——设计和建筑中的生态学和伦理学》（The Green Imperative——Ecology and Ethics in Design and Architecture）一书。在书中，他高度关注设计中的生产和环境污染问题，把设计中对生态问题的重视上升为道德的范畴。他提出，我们应该设计一个安全的未来，重视设计中的精神需求，改变传统对设计的美和功能的评价标准。

388. 纸板床 设计：Stange设计工作室 1987年

389. 德国生产的可以吃掉的巧克力内包装

德国是最重视环境保护的国家之一，他们把对生态的保护作为产品设计最好的美德，使之上升到产品美学的高度。为此，德国提倡在设计中尽量延长产品的使用寿命，消除一次性产品，提倡产品材料的重复使用。为此，设计师在设计过程中就必须考虑原材料和能源的使用、废料脚料和废气的处理、材料的回收等问题。在这一原则下，他们设计了材料完全可以回收的纸板床。纸板床由可以灵活装配的部件组成，具有易于搬运、安全、健康、环保的特点。在设计中，他们还试图用健康、安全的材料来替代那些会对环境产生污染的材料，在巧克力的内盒包装中，他们用薄煎饼替代了过去使用的塑料，在吃完巧克力后，内包装也可以吃掉。在大件的电器包装中用爆玉米花代替泡沫塑料防震，也是既能对产品起到保护作用，又非常环保的好主意。（图388、图389）

绿色设计因为符合了时代的潮流，迎合了消费者的环境保护意识，也为商家带来了利润。Interface公司是世界上最大的商用地毯制造公司，其总裁安德森在1994年提出了公司的环保目标：废物为零，石油消耗量为零。他的"零行动"计划促成了新的地毯制造方法，减少了地毯的尼龙含量，他们公司的产品成了符合环保的产品。他们对环境保护的意识也吸引了更多的客户，使这一公司收入创下了新的纪录。随后，安德森又改售卖地毯为出租地毯，定期让员工用新地毯将旧的地毯替换回来再回收利用。安德森的经营策略赢得了顾客的尊重，许多人都乐于接受这样旨在保护环境的服务。在环境保护的呼声中，许多大公司都把旨在环保的生产方式作为他们的经营策略。1990年，世界最大的包装公司之一，Sonoco公司的总裁就提出了"我们既制造了它，我们就要回收它"的许诺，开始从用户手中回收使用过的产品包装。这一政策受到了客户的热烈欢迎，该公司现在三分之二的原材料来自回收的材料，并创造了收入和销售的新纪录。在电子垃圾充斥地球，成为环境污染的重要杀手后，世界著名的康柏电脑公司在环保方面的努力也已经得到了回报。康柏公司的总裁艾克哈德·法伊弗命令对公司的个人电脑进行重新设计，以节省制造所需的材料和能源，结果康柏在欧洲和澳大利亚赢得了大量的订单，最重要的原因就是他们的产品达到了所在国家严格的环保标准。

继可以减少用水量的环保型洗衣机推出后，世界上最大的家电公司之一伊莱克斯又通过新技术推出了不用洗衣粉就能洗干净衣服的离子洗衣机，开创性地通过对水的活化处理实现洗净衣物的目的，从而结束了人类近百年来使用化学制剂清洁衣服的历史，在环保和节能方面走在了世界前列。这种洗衣机内部装有特殊的活水装置，可以把普通的自来水分解为离子水，并通过离子水的高渗透性及离子独有的对污渍、灰尘的分解作用和吸附能力达到对衣物的清洁。（图390）

390. 可以减少用水的洗衣机　设计：扎努西（Zanussi）

有人统计，我们生活中的垃圾，有百分之八十是由设计师设计的，可以说设计师也是垃圾的制造者，如果这些垃圾不能在自然中消化，那么长此以往，我们就会生活在垃圾之中。无法在土壤中溶解的塑料包装和浪费了大量原材料的一次性用品，已经成了有环保意识的人们深恶痛绝的环境破坏之源。许多国家现在已经把环境保护纳入到政策法规中，都制定了严格的政策来限制那些不符合环保标准的产品生产，同时也制定了严格的进口法规，限制不符合环境保护的产品进口。在一些国家，因为环保策略，产品的生产已经不仅仅是工厂的事情，它还需要生态学家和生态工程师的参与。而对于在环境保护中起着中间作用的设计师来说，绿色设计应该成为自觉的职业操守。（图391）

在绿色设计运动中，对环保材料的生产也成为很多材料生产公司的目标，积极开发环保产品是绿色设计的有力保证。在建筑和室内

391. 采用再生和可循环材料制作的伊莱克斯吸尘器

392. 能够吸收阳光并散发热能的太阳能百叶窗 设计：美国Ecco设计公司 1993年

393. 奥迪汽车公司开发的混合动力车 2014年

设计领域，有利于环境保护的产品被不断开发出来，包括光电板、集热器、吸热百叶和有效的遮阳织物，以及利用太阳能的太阳能集热器、双层保温和隔热玻璃、太阳能发电设备等。如太阳光二极管玻璃窗就是一种人工智能玻璃窗，使用这种玻璃窗可以保持室内冬暖夏凉，非常有效地节约能源。这种窗户有两种设置，如设置在冬天档，玻璃窗就会尽可能地吸收室外光线，并保持室内温度，通过产品本身的特性，只吸收光能，却不使之散发；如果设置在夏天档，则大量反射阳光，阻止热量进入室内，保持室内凉爽。（图392）

汽车被认为是破坏环境、污染环境最大的工业产品。今天，一些国家在汽车的生产成本里已经考虑了对环境造成破坏的因素。汽车公司也在大力开发使用新能源的汽车，以减少汽车对环境的污染。日本的丰田汽车公司率先推出了以汽油和电能为混合动力的轿车，可以交互使用汽油和电能源，速度达到了66英里／小时。混合动力汽车在城市行驶时，遇到堵车、速度减慢时可以使用电力驱动，减少了汽车尾气对城市的污染。丰田公司2014年生产的Sai混合动力车，是一款三厢紧凑型轿车，搭载了THS-II混联式混合动力系统，由2.4升自然吸气发动机和电动机组成，总功力达到了190马力，综合油耗每百公里才4.4升。今天，许多大型汽车公司都在生产混合动力车，像宝马、奥迪、福特等世界知名的汽车公司都加入了生产混合动力车的行列，奥迪汽车公司还开发了混合动力的跑车。（图393）

为了更有效地节约地球资源，许多汽车工程师和设计师都在致力于研究完全使用电能和太阳能的汽车。美国的特斯拉公司成了这一行业的翘楚，已经走在了新能源汽车的前列。特斯拉公司成立于2003年，总部设在美国加州的硅谷，而不是传统的汽车工业城市底特律，被认为是运用IT理念来制造汽车的新型汽车公司。2008 年，特斯拉公司的首批全电动汽车下线，成为有史以来首辆每次充电能够行驶 320 公里的电动汽车，第二年，特斯拉的汽车就达到了每次充电可以行驶 501 公里的纪录。经过几年的技术改进，他们生产的全电动汽车已经进入商业运营，在全世界销售。因为环境保护意识的增强，开特斯拉电动汽车成了一种时尚，致使特斯拉汽车在某些地区热销。特斯拉汽车拥有独一无二的底盘、车身、发动机和能量储备系统，其操作系统也使用了全新的触屏方式，除了方向盘、踩油门、刹车这类基本操作外，其他功能都采用了 IT 技术来完成。特斯拉代表了汽车发展的未来，或许会替代消耗汽油的传统汽车，成为未来新的交通工具。（图 394）

为了鼓励对电动汽车的开发，2014 年，特斯拉公司的 CEO 埃隆·马斯克（Elon Musk）宣布开放公司所有的专利技术，以及特斯拉超级充电站系统的设计技术，任何人都可以出于善意地免费使用。公司在 2013 年已实现盈利，目前市值已达 200 多亿美元。

394. 特斯拉公司生产的电动汽车 2013年

因为对节约能源的认识，一些低技术或全手动的工具也开始日渐受欢迎，不仅设计师致力研究开发，消费者也乐于使用这些可以让手和脚能够多些运动的可爱工具。2000 年获美国工业设计卓越奖的"Orangex Ojex"手动式厨房榨汁机就是一个典型的例子。榨汁机流线型的造型带有几丝怀旧的浪漫，看起来轻松活泼。它操作简单，采用杠杆原理把榨汁的工作程序通过一个手柄的压力来完成，不需要任何电动能源和复杂的程序设置。产品节约了成本、节省了劳力，使用寿命还非常长。榨汁机的设计还能将果核从果肉中剥离出来，榨出的果汁比电动榨汁机口味更香甜，被认为是体现了设计的巨大潜力的产品。（图 395）

英国发明家和设计师特雷弗·贝利斯（Trevor Baylis）曾经发明了一个像闹钟上

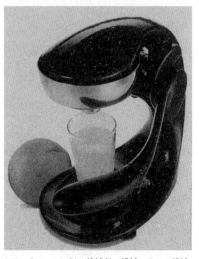

395. Orangex Ojex榨汁机 设计：Smart设计小组

396. 不用电池而通过上发条提供能源的收音机和手电筒 设计：特雷弗·贝利斯 1995—1999年

发条一样工作的发动机，可以给苹果笔记本电脑充电16分钟。1991年，他在观看BBC有关非洲艾滋病的电视节目时，突然灵机一动，认识到这种工作原理也许可以运用到收音机上，给那些无法购买电池的第三世界国家的人带来帮助。在工业设计师的协助下，贝利斯生产出了他所描述的第一台名为"Freeplay"的上发条收音机，并且获得了1996年的BBC产品设计类大奖。贝利斯还运用这种技术，开发了上发条的手电筒和电脑。这种可以自己提供能量的"Freeplay"收音机和手电筒，为那些缺乏电力资源的落后地区的人们提供了照明和信息来源。(图396)

环境保护的意识也使石油公司开始致力于发掘新的能源。世界第三大石油公司——英国石油公司已经在太阳能的开发上投资了1.6亿美元，他们为1998年的澳大利亚举办的夏季奥运会建造了一个完全使用太阳能的奥运村。2000年在澳大利亚悉尼举办的奥运会打出了"绿色奥运"的口号，坐落在霍姆布什湾的奥林匹克公园的设计和施工都有绿色和平组织的参与，场馆建造大量采用了可以回收的材料，并充分考虑了节约用水和节约能源。2000年，北京的申奥口号也打出了"绿色奥运，人文奥运"的口号，对于自然和人文环境的保护将是今后最热门的话题。

在环境设计和建筑设计领域，绿色设计更多地被理解为可持续发展的观念，其中包括了对人文生态的重视。生态设计要以人为中心，最大限度地提高能源和材料的使用效率，减少建设和使用过程中对环境的污染，在总体布局上将建筑与道路尽量安排在生态压力最小的位置上，减少或不构成对生态的破坏。建筑材料和能源的选择要考虑其再利用的可能性和耗能的大小。在设计中要保持能量平衡，利用朝向获得太阳辐射能量，以此节约地球资源。建筑要充分利用自然通风和自然采光，使建筑在使用的周期中最大限度地减少能源的需求。将建筑的外墙当作环境的过滤器设计，采用垂直绿化，设置屋顶花园、空中庭院，以调节室内外小气候。（图397）

397. 建在半地下的房子　设计：哈维·巴尔巴
（Javier Barba）

日本福冈1995年建成的超生态楼，是利用自然通风和绿色调节室内环境、节约能源的典型例子。超生态楼是一座集购物、办公的综合性大楼，它的特别之处是外墙采用了阶梯式的绿化带，种上花草和树后，形成了都市里的一座"小山"。"小山"上绿树成阴、清泉潺潺，人们可以在上面休憩健身、谈天嬉戏，成了都市里的田园，构成了一道新的城市景观。同时，绿化墙还会起到隔热和保温的作用，为室内带来了自然和稳定的温度，形成了舒适的室内小气候，大大节约了能源。（图398）

2014年11月，法国著名建筑师让·努维尔设计的澳大利亚悉尼"中央公园一号"，获得了芝加哥高层建筑与城市人居协会的"世界最佳高层建筑奖"。这座建筑基于一个梯形的底座，由116米和65米高的两座玻璃塔楼组成。因为其杰出的大规模垂直绿化，这座建筑被称为"垂直的森林"。它的垂直花园总面积超过了1100平方米，总共用了450种植物，3.52万棵，其中250种是澳

398. 日本福冈的超生态楼　设计：埃米利奥·安巴兹（Emilio Ambasz）1995年

221

399. 让·努维尔设计的澳大利亚悉尼"中央公园
一号"2014年

大利亚本地品种。繁茂的绿色植物沿着玻璃的外立面向上攀爬，藤蔓和绿叶在楼层之间蔓延。植物随季节变化，天然地调节建筑小气候：冬季吸纳最多的阳光照射保暖，夏天起到遮阳和降温作用。在炎热的夏天，建筑可以节约31%的能耗。除了垂直绿化外，建筑的绿色设计还体现在大楼自建的废水回收再生产厂和一个低碳的发电厂，经过处理的废水被管道输送到公寓的洗衣间和浴室，并用来浇灌外墙的植物（图399）。大楼还装置了一个悬臂式的日光反射板，把日光向下反射到被高楼遮蔽了的阴影区域。在评委的眼里，这样为城市环境和景观的可持续发展作出贡献的建筑，是未来高层建筑发展的方向，而且是一种全新的、更加适合这个时代环境挑战和审美观念的建筑。

生态设计既包括了建筑与环境的共生，应用减轻环境负荷的建筑节能新技术，保持建筑生涯的可循环再生性，创造健康舒适的室内环境，同时，环境和建筑设计还要融入历史与地域的人文环境中，生态设计还包括了对人文生态的保护。环境和建筑设计要与城市肌理融合，继承原有的风景、地景、水景，继承城市的历史地段，并与乡土有机地结合在一起。对古建筑进行妥善的保护，对传统街区景观做到保留和发展。在对一些具有历史风貌的城市进行设计时，要考虑对历史景观的保护，对传统民居的积极保存与再生，并运用现代技术使其保持与环境的协调适应，让新的环境和建筑设计融入城市轮廓线和街道尺度中，创造积极的城市新景观。（图400）

许多城市都面临着旧城改造的艰巨任务，除了保护原来的古建筑、古文物，延续一个城市的文明，让新的设计与原有的历史风貌协调外，新设计还要考虑人们生活方式的延续，考虑鲜活的人文因素的保护。因此，环境和建筑设计还要保持居民原有的生活方式，让居民参与建筑设计与街区的更新，在设计过程中与居民进行对话，了解居民对新设计的想法和看法，保持城市恒久的魅力与活力。新的环境设计要保持居民原有的出行、交往和生活惯例，考虑他们生活和交往的便利。城市的设计更新要保留居民对原有地域的认知特性，不要让他们在新的环境设计中产生陌生感，而要使他们对新的环境有认同感和归属感，有家的感觉。这些都构成了环境设计和建筑设计的生态原则，使我们的居住空间可以持续地发展。（图 401）

1999 年在北京举办的第 20 届世界建筑师大会上发表了旨在建设新世纪的"北京宪章"，宪章探讨了 20 世纪我们对环境的破坏和人类如何建立自己的未来家园。可持续发展的环境设计仍然是建筑师们最关注的问题，宪章指出："对城镇住区来说，新旧古今，地上地下，建设工程包罗万象，此起彼伏，宜将新区规划设计，旧城整治、更新与重建等纳入一个动态的、生生不息的循环体系之中，在时空因素作用下，不断提高环境质量。"2000 年在德国汉诺威举办的世界博览会以"人·自然·技术——一个新世界在诞生"为主题，展示人类将怎样借助技术的力量与自然和谐相处。在地球资源日益贫乏、环境日趋恶化的形势下，绿色设计成为设计师所必须考虑的问题。（图 402）

400. 建在地下的天文观测站

401. 与山崖融为一体的建筑 设计：哈维·巴尔巴（Javier Barba）

402. 马尼拉的IBM总部大楼 设计：杨经文

　　"山水城市"是我国生态设计潮流中对未来城市设计的构想。"山水城市"的概念由著名科学家钱学森提出，在建筑和城市设计领域很快得到了呼应。在这一构想中，中国传统的天人合一思想和园林美学观念被融入城市设计中，尊重自然生态、尊重历史文化、重视环境艺术是"山水城市"构思的核心。创造既有城市优越性又有乡村特点的未来人居环境是"山水城市"构想者的理想和愿望，是城市设计可持续发展的思路，让我们未来的城市成为有山有水、可看、可游、可居的美好家园。

思考题：

一、分析彼得·多默所说的"一张精心制作的漂亮木头桌子，如果木料是由只有维持生活最低工资的劳动者，砍伐了无法再生的森林而获得的话，那么它就是让人不愉快的，就是不美的"话中的"漂亮"和"美"所包含的内容。

二、绿色设计包括了哪些内容？

三、在生态设计观念里，如何理解对人文生态的保护？

四、利用身边的废弃物，设计一件日用品。

课时建议：4 课时

2．以人为本与人性化设计

　　如果说有关环保的绿色设计是设计师对我们生活其中的环境和自然的关注，那么，人性化的设计则是关注产品的使用者——人本身。"以人为本"的"人性化设计"观念使设计师把更多的目光从产品转移到产品的使用者身上来，设计出更符合人性化、使用更便利的产品是设计师在新时代的重要目标。虽然"以人为本"不是今天才提出的设计话题，但在技术不断发展的信息时代里，人的异化和物化已经成为哲学家们最为担心的问题，对人性的关注已经越来越引起设计师们的重视。

　　"人性化设计"就是把产品的使用者放在比产品本身更重要的位置，设计师在构思阶段就要把人作为设计的重要参数。在这样的设计原则下，一件新产品的开发，要花大量的时间来调查产品面对的消费人群，调查他们的生活习惯、消费方式、文化层次、心理需求，以及喜欢的色彩、偏爱的造型、可以接受的价格等等。在这样的基础上再考虑产品设计的定位，然后投放市场，才能使产品能够有针对性，能够满足消费者对产品的需求。"人性化设计"的思想使设计师要考虑远比产品的造型多得多的问题，也使设计的工作不再是简单的画图工作，还需要各种人才的合作和参与，包括社会学、心理学、人机工学、美学等。能够在产品设计中做到真正的"人性化"，不仅会让消费者感受到产品在使用中的便利和舒适，还会让消费者感受到设计师对消费者在精神上的体贴关怀，让他们在"就像是为我度身定做"的感慨中体会到设计师的体贴入微。（图403）

　　在日常生活中，有时候我们会因为物品不好用或难以操作而陷入沮丧的情绪。唐纳德·A.诺曼（Donad A.Norman）在其《设计心理学》一书中告诉我们，这不是你的错，是设计出

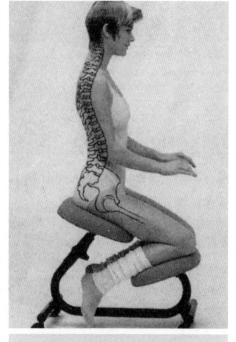

403. Balans Variable椅　设计：彼得·奥普斯威克（Perter Opsvik）1979年

225

404. Vertebra椅子 设计：奥米利奥·安巴兹（Emilio Ambasz）1977年

了问题。他在书中把日用品适用性方面的问题归咎于设计师的傲慢和自负。在这本 1989 年出版的书里，他指出，如果设计师能够遵循简单的设计原则，生产者不是给产品附加一项又一项的功能，而是提供明显的指示来说明该物品的工作方式、操控程序、提供反馈以便使用者知道自己的操作是否成功，那么，许多产品的常见问题都可以避免了。许多产品在设计时没有考虑到以人为本，就会不断出现一些为了弥补早期产品问题而设计的新产品，如为不舒适的椅子提供的靠背等。只有方便高效的产品才会给用户带来快乐。（图 404）

诺曼从认知心理学的角度分析了人们通常在使用产品中的习惯和方式，建议设计师应该如何从设计的角度，让人们容易理解和操作那些配备了旋钮、刻度盘、控制键、开关、指示灯和仪表的物品。他为设计师给出的建议是，在设计时注重可视性、给用户提供正确的操作线索及让用户得到操作动作的反馈。在设计上更多地从预设用途方面，从使用者习惯性的认知角度，提供操作上的明显线索，让产品变得更加易用。如旋钮式的开关在人们惯常的认知中应该是通过转动来操作，但一些旋钮的设计却是通过往外拔来控制开关，因此导致使用者不知所措。

关注不同消费者的心理需求和生理需求是"人性化设计"的重要内容，也是许多产品能够赢得消费者青睐的重要原因。日本的产品设计能够在国际市场上占有重要地位，就是他们一直把消费者的需求放在首要位置。这一目标体现在他们对产品的细部处理和对细节的重视上，他们往往在原有的产品中增加一个适合手握的流线型部件，或者把产品设计得更让人称心如意来赢得更多的市场销售份额。日本产品的细腻精致、周到体贴在国际市场上是颇有名气的，这也是这个国家能够通过出售设计很快致富的重要原因。在充分考虑使用者的前提下，日本几家著名的照相机生产厂家把手持式相机设计成好像是根据生物形态长成的，而不是通过工厂装配而成的机器（图405）。它们有机的造型几乎可以与人体合二为一，成了身体的一部分。这样的设计不再使产品或工具成为人的累赘和负担，他们就像是身体本身的一个组成部分，为我们的生活带来了更多的便利。

在现代办公室里，许多被称为职业病的疾病都是因为办公家具设计不合理，或是长时间处于一种姿势所日积月累形成的。针对这种情况，一些公司致力于开发可以灵活调节、能够提供多种办公方式的办公家具。美国的 STEELCASE 和 IDEO 公司为长期伏案工作的人们推出了可以根据每个人的脊椎形状来调节靠背的"Leap"椅，靠背的上下部位可以按照使用者的身体结构和需要进行局部

405. C.BIO佳能相机 设计：路易吉·克拉尼（Luigi Colani）1982—1983年

的调整，让每个人都会觉得这种椅子是为自己度身定做的，可以在办公工作的间隙得到很好的放松和休息（图406）。赫尔曼·米勒公司最新推出的"Levity Tower"可调节桌子可以帮助长时间在办公桌前处理公务的工作人员消除背部疲劳。这种桌子只要指尖轻轻一碰按钮，即可随意升降高度，升高时可以站立工作，降低后可以坐着办公，创造了灵活办公的新方式，使长期使用电脑的工作人员避免了因为一种姿势造成的身体疾病。

"人性化设计"的设计思想既要考虑到产品要适合正常人，为正常人提供更便利、更舒适、更体贴的产品，使用者的性别和不同的消费心理也是设计师不可忽视的内容，尤其是在性别意识越来越强的今天，女权思想和女性主义观

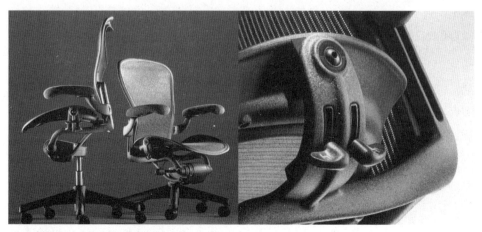

406. 米勒公司生产的适合人体结构的办公椅 1992年

407. 儿童医院大堂设计

408. 儿童桌 设计：马修·希尔顿（Matthew Hilto）2000年

念也是一些产品设计中所要注意的倾向。设计师在制作方案时，要考虑产品所针对的消费人群的性别特点进行设计，男性用产品在造型上要体现出粗犷、大方的风格，显示出男性的潇洒和能干；女性用产品则在造型和色彩上符合女性的审美习惯，纤巧、柔和、温馨、精致的产品往往更能赢得女性消费者的青睐。许多手机生产厂家在推出新款手机时，都要推出符合男性消费者和女性消费者的不同款式，以迎合不同性别的消费者的需求。

更为重要的是，"人性化设计"还要考虑到产品使用的特殊人群，那些过去常常被忽视的消费群体，如残疾人、老年人和儿童，在设计中考虑这些人群对产品的特殊要求和他们特殊的消费心理，让他们感受到社会的关怀和温暖（图407、图408）。残疾人因为身体的疾病，他们往往对产品的造型和使用方法有比较特殊的要求，如容易把握、方便使用的工具，容易拿稳的餐具等等。另一方面，因为身体的原因，残疾人在生活中非常容易产生自卑心理，他们不希望因为使用异于常人的产品而被人们当成生活中的另类。因此，设计师在设计时，除了要考虑适合残疾人的特殊要求外，产品的造型等还要充分考虑残疾人的使用心理，使他们在使用这些产品时，不至于被人们另眼相看。因此，设计师在设计残疾人用品时要尽量弱化残疾人用品的特征，在造型上考虑与一般的产品形似，减少他们的自卑心理，让他们在心理上感觉自己是社会中的一员而不是需要特殊对待的人群。设计师要尽量消除产品特殊用途的痕迹，减少残疾人专用产品的特点，提供给残疾人能够像正常人一样生活的日用品。

强生公司"独立3000"轮椅的概念设计获得了2000年美国工业设计协会

工业设计卓越奖的金奖，就是因为他们在设计时充分考虑了残疾人的使用心理，满足了他们渴望像正常人一样生活的愿望。这种四轮工具采用了先进的陀螺仪平衡系统，可以非常方便地让使用者上下移动，轮椅升高后的高度与一个站立的成年人的视线高度一样，可以让他们和正常人平等对话，

409. 超声波高频率助听器 设计：Designology与Hearing Innovations 公司 2000年

消除了他们以前使用传统轮椅时和正常人说话需要仰视的心理压力。在商场购物时，他们也可以不需要售货员的帮助，自己就能够拿到商店里上层货架上的货物和书架上的书。轮椅还可以利用本身的装置爬马路牙子，而不需要专人照顾。像这样的设计，增强了残疾人的独立生活能力和他们的自信心，使他们不再认为自己是社会的负担，也增加了他们生活的勇气。不仅如此，这种轮椅还模糊了使用者的身份，因为健康人也可以使用它非常便利地取高处的东西。

Designology 与 Hearing Innovations 公司 2000 年推出的超声波高频率助听装置，在造型上改变了医疗器械冷冰冰的形式，把助听器从传统的医疗器械的造型中解放出来。这是一个戴在头上的仪器，可以根据身体的特征进行调节，十分舒适。外形类似时尚的耳套，色彩亮丽，造型很酷。它看起来更像是时尚青年热衷的流行物品，与传统的残疾人用品形成了截然不同的视觉效果，为有耳疾的人，尤其是患有耳疾的年轻人所欢迎。（图 409）

美国的 OXO 公司是一家著名的厨房用品公司，他们生产的优质厨房器具和相关产品由 Smart 设计公司设计。经过改进后的产品，体现了为残疾人而增加设计元素的品牌价值。公司的厨房器具以粗大的黑色防滑手柄为标志，手柄的顶部还有一个弯曲的凹口，以便于那些有关节炎和手指有抓握障碍的人们把握，成为患有手关节病的人可以方便使用的工具。其柔软、容易把握的手柄考虑了人手的结构，其重量、手感、材料和产品质量都满足了特定的需求，正常人使用起来也更为方便、舒适，进入市场后，受到了所有人的喜爱（图 410）。德国设计师长期以来致力于为残疾人设计符合他们心理需求的产品，一个由年

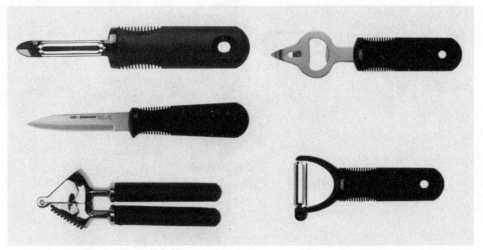

410. OXO削皮刀 设计：Smart设计公司 1989年

轻人组成的设计小组专门为手有残疾的人设计了餐具，他们为残疾人考虑的特殊造型，看起来就像是餐具的装饰一样，完全去掉了残疾人专用的特征，也为正常人所乐于使用。

在为残疾人的设计领域，成绩斐然的是瑞典的人机工学小组（Ergonomi Design Gruppen），1979年由玛丽亚·本克特松（Maria Benktzon）和斯文·埃里克·朱林（Sven-Eric Juhlin）创办。他们通过仔细地研究残疾人在日常生活中的问题，运用人机工学原理，为那些患有风湿性关节炎和手有残疾的人设计了数量众多的餐具，包括刀叉、切面包的工具等。他们设计的产品不仅能够实际地解决残疾人在日常生活中遇到的问题，而且还具有高水平的设计美学标准。他们的设计不仅仅是为残疾人提供一些可以归类为"特殊需要"的东西，而且是在风格和美学上以一种高水平的方式来解决问题（图411）。因此，他们的设计在市场上颇受欢迎，甚至健康人也乐意购买。

411. 把手上带有鲜明标识和防滑设计的螺丝刀 设计：人机工学小组 1998年

医院和医疗器械常常是一个被认为更需要人性化设计的领域，因为大多数健康的人都会对医院里的建筑、室内设计和医护人员的服装产生莫名的恐惧心理。医院的环境设计在逐步改变，院子里种上了四季都开放的花草，修建了可以供病人散步的小径和休息的椅子，增加了可以供住院病人交流的开放空间，室内的天花板和墙上涂上了柔和的颜色，医护人员的服装也改为了让人感觉更温馨的暖色调。医疗产品的设计正成为设计师倾注更多"人性化"观念的产品，他们和医疗器械公司在设计风格上已经达成了共识，那就是为病人提供更体贴、更舒适、更没有医疗器械特征的产品。在 2001年的美国工业设计卓越奖的设计探索类获奖作品中，罗德岛设计学校的卡丽丝·阿设计的静脉注射背包赢得了一枚铜奖。她从医院长廊里举着一个冰冷的静脉注射瓶的尴尬病人中获得了灵感，设计了一个双肩背包样的注射背包，它可以让需要静脉注射的病人背在肩上自如地活动。（图 412）

412. 静脉注射背包 设计：卡丽丝·阿 2001年

产品设计很容易成为一种时尚职业，设计师也往往受到潮流趋向的吸引，而潮流常常是由年轻人引导的，因此，为老年人的设计在过去几乎成了设

413. Tacta门把手 设计：Bartoli设计小组 1992年

计师的盲点。今天，老龄化正成为社会发展的趋势，因此，为老年人的设计正成为设计师们的新课题。为老年人的设计体现了社会对老人的关怀，也使老年人感觉到自己没有被社会抛弃和遗忘，让他们感受到社会的温暖。为老年人的设计主要考虑的是产品在造型、色彩和使用方式上要适合老人的生活习惯和他们的身体状况，为他们的饮食起居提供方便舒适的产品。设计师在设计产品时要考察老年人的爱好、习惯和他们的心理要求，产品的造型要适合搬运、方便把握、容易使用。老年人虽然在社会生活中退居二线，但他们同样还有生活的热情，许多设计师把老年人用品设计得形式呆板、颜色晦暗，把设计简单化、想当然，老年人其实也同样喜欢那些质地优良、造型高雅、感觉时髦的产品。（图 413）

414. 耐克Triax运动用腕表 2003年

为老年人的设计在细节上也要注意老人的特点，如提示功能的文字要大、要清晰，使用的术语避免生僻、新潮。尤其是一些采用了高新技术的产品，老年人往往会望而生畏。在商场的电脑柜台前，常可以看到徘徊不定的老年消费者，他们渴望了解新技术、掌握先进技术，但经常在这些设计得高深莫测的产品面前深受打击。很多时候是因为设计师没有考虑到老年消费者的需求，为他们提供更简便易学和容易掌握的操作方式。耐克公司新近推出了"Triax"跑表，其柔软的弧形塑料表带具有与人手结构符合的造型，表带上的孔洞用于透气和排汗，弧形的水晶表面可以使本来就大的数字变得更大，其闹钟功能可以通过触摸来完成。跑表放大的数字和容易使用的按钮本来是为老年人所设计，但其造型突出了运动和健康的时尚特征，使它也为运动员和年轻人所喜爱。(图414)

继《设计心理学》一书之后，2003年，唐纳德·A.诺曼又推出了《情感化设计》一书，探讨了我们为什么会喜欢或讨厌某些日用品，提出了设计的情感问题。针对路易斯·沙利文提出的"形式服从功能"(Form Follows Function)的现代主义理性设计口号，著名的青蛙设计公司(Frog Design)提出了"形式服从情感"(Form Follows Emotion)的设计理念。"形式服从功能"和"形式服从情感"表现了不同时代设计的不同侧重点，今天的消费者购买的不仅是产品，他们也通过让人赏心悦目的形式购买了包含其中的价值、经验和自我意识。苹果电脑公司的设计师乔纳森·伊夫也宣称，他们在设计中关注了"情绪"、"感情体验"和"愉悦"，苹果公司也正是通过他们的一系列造型极具感性色彩的电脑赢得了消费者的青睐。

"人性化设计"不仅在设计上要体贴入微，考虑使用者的心理和习惯，还要体现出对使用者的精神关怀。从产品要满足功能需要到产品设计的人性化可以说是设计的一大进步。人们渴望在一天繁忙的工作后在一个设计温馨的家里享

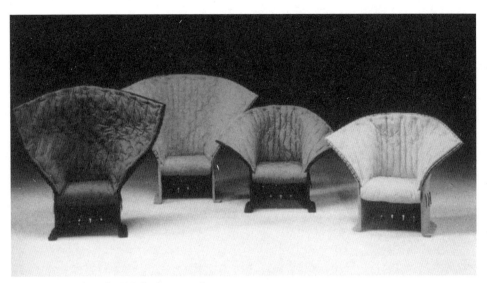

415. I Feltri扶手椅 设计：盖当诺·佩西 1987年

受到放松感和安全感，在一把舒服体贴的椅子上得到身体的休息和心灵的慰藉。意大利设计师盖当诺·佩西设计的 I Feltri 扶手椅，椅子采用了染色的、硬度较高的毛毡材料，高高的靠背和扶手连在一起，可以像花瓣一样张开，人坐下后，扶手就可以把人围起来，形成一个封闭的、保护性的空间（图415）。坐在I Feltri 扶手椅上的人就像坐在一个温暖、安全的怀抱里一样。

意大利设计师在设计观念里一直走在世界的前列，他们把为饱尝工作压力的现代人提供一个可以恢复疲惫身心的避难所作为家具设计的目标。他们认为，在不断增长着压力的现代社会里，人与人之间的信任危机也在不断加深，产品的造型和结构也在发生变化，家具已不仅仅只是提供一个休息和可以放置物品的空间，它们意味着可以为人们恢复失落的情绪和提供一个舒适的避难所，一些设计师还把"为一个没有时间做梦的世界提供梦想"作为设计理想。年轻的意大利设计师马西姆·约萨·吉尼（Massimo Iosa Ghini）把他设计的带扶手的沙发称为

416. "妈妈"沙发 设计：马西姆·约萨·吉尼 1992年

盖当诺·佩西（Gaetano Pesce, 1939- ），艺术家、建筑师、家具和产品设计师。早年在威尼斯学习建筑和设计，1964年毕业。1961年，他在乌尔姆高等造型学院曾作短期逗留。60年代从纯艺术转向设计的盖当诺·佩西，一直在努力促成产品和使用者之间的互动关系。为了能够表达每个人的独特性，他设计的每种产品都有一些内在的不同。对一个工业设计师来说，强调不同而非标准化也许不是一个优秀设计师的特点，但佩西从来都不在乎适合这种模式。比起基本的功能要求来，他把更多的兴趣放在自己设计作品的意义上。

"妈妈"，意思是这一沙发可以给人保护感、温暖感，它就像妈妈的怀抱一样，是我们在外面受到委屈后可以得到安慰的地方（图416）。满足使用者的精神需求在产品设计中已经被设计师考虑为一个重要的因素。

思考题：

一、如何理解"人性化设计"观念中通过设计表达"对人的精神关怀"？

二、在一个人口越来越老龄化的社会，设计师应该在设计中如何体现对老年人的关怀？

三、为儿童（或老年人、残疾人）设计一件适合他们使用的日用品。

课时建议：2 课时

3．时尚创造与个性化设计

在工业化时代，设计师的作品往往为了满足批量化和标准化的生产方式而失去了设计师的个性，在"形式服从功能"的设计原则之下，设计师首先考虑的是如何使外形适合产品的内部结构，许多早期工业时代的产品，它们的设计近乎包装，即在产品的内部结构上加一层类似包装的外壳。除此之外，设计师能够做的工作并不多。因为受内部结构的限制，设计师无法在形式上有更多发挥的自由。对于像打字机、收音机和冰箱、电视这样的产品，因为受到机器内部尺寸的极大限制，它们的外观设计就像容器一样，需要把庞大、笨拙的机械部件装在里面。作为消费者，除了接受这些批量化、标准化生产的产品外，他们没有别的选择，因为几乎所有的市场都充斥着没有个性、没有特点、千篇一律的产品。设计师的个性和消费者的个性在这些标准化的产品中都被掩盖、抹杀了。

进入后工业时代后，人逐渐从机器中解放出来。当微型处理器代替了庞大的机器部件，设计师也不再受产品内部结构的限制，在形式的创造上获得了更大的自由度。他们开始像艺术家一样希望把自己的才能和想象力更多地展示在自己的工作中；消费者则希望能够购买到符合自己个性的产品，把日用品变成自己表达个性的符号；制造商因为有市场的需求并在市场上确立自己的形象，他们也乐意生产那些具有特点的物品。可以说，个性化设计的出现是设计师、消费者和制造商三者不谋而合的共同愿望。（图 417）

在追求个性、张扬个性的信息时代，就像那些喜欢标新立异的艺术家们常常受到公众的注目一样，富有个性和创造性的设计师在今天也开始变得像艺术家一样具有知名度和号召力，消费者对他们的崇拜就是疯狂抢购他们的设计作

417．"罗技"鼠标 设计：青蛙设计公司 1995年

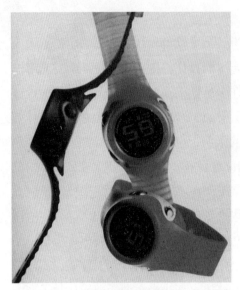

418. Volcano手表 设计：斯蒂法诺·乔凡诺尼
（Stefano Giovannoni）1998年

品。因此，就像艺术家常常为他们的作品签名那样，设计师也开始在他们的作品上签名来吸引消费者，制造商为了产生轰动效果，也像出售艺术品那样，对一些产品采取限量销售的方式，以此来提高他们品牌的知名度。在尊重个性、强调个性的时代，具有个性的设计师也获得了前所未有的社会地位，他们开始从幕后走到了台前，在新闻媒体和公众场所频频亮相，还成了总统府里的嘉宾。人们不再把设计师当成生活中的另类，认识到正是他们让我们的生活丰富多彩。被称为设计领域的怪才的法国设计师菲利普·斯塔克就是一个典型的例子，人们并没有因为他爱出风头和行为怪僻而对他印象不好，相反，他被像一个电影明星一样对待，他的每一件设计作品都会产生良好的市场效应。(图 418)

主张个性自由的后现代思潮是影响信息时代人们的思想和观念的重要因素，人们在摆脱了现代化对于个人意志的压抑后，渴望个性解放并获得最大的个性自由。在经济繁荣的信息化时代，人们希望用代表他们品位的物品装饰他们的房间，用具有特点的产品表达他们的个性，购置家庭用品的过程成了个人风格不断清晰化的过程。人们开始认为，买一把造型很酷的牙刷是表现个性的最快方式而不必费更多的工夫。消费者提出了"生活环境个性化"口号，开始强调产品的个性化和个人风格，对那些具有创新设计思想并与他们的想法有关的产品表现出浓厚的兴趣。在这样的消费潮流中，设计的过程也不仅仅是设计师借助技术和发挥想象力的过程，还是设计师与使用者不断对话实现使用者愿望的过程。

年轻人总是消费潮流的引导者，他们对自由和个性的渴望比他们的父母辈更为强烈。越来越多的年轻人希望设计师们为他们设计出引导时尚的个性化产品，那些设计独特的产品一问世，年轻人往往成为最先的拥有者。越来越多的制造商也已经意识到了个性化产品的市场，因此，他们也乐于接受那些有头脑和想象力的设计师为他们工作。"制造商认识到消费者想寻找更多的东西，而不仅仅是功能，"曾经为大众公司构思了甲壳虫汽车的设计师比利·夏蓬德

(Barry Shepard) 说，"一件产品应该表达出拥有者的一些东西出来。"许多厂家乐于生产那些表达了时尚观念的日用品，像花瓶、榨汁机、开瓶器和牙刷等。（图419）

菲利普·斯塔克多才多艺、才华横溢，他的设计项目几乎涉及了所有的设计领域，包括建筑、室内、产品，甚至服装，还创作了诸如雕塑之类的艺术品。斯塔克擅长通过新闻媒体来宣传自己，拍摄标新立异的照片标榜自己的个性。他的生活就像一个艺术家一样充满了传奇的色彩。斯塔克生于1949年，早年在自己的公司里生产充气家具。70年代成为一个自由设计师，为许多夜总会所做的室内设计使他获得了极大的名气。在环球旅行后，他回到巴黎创办了自己的工厂和车间，80年代开始把自己早年的设计进行商业化生产。（图420）

他的才能和名气甚至引起了法国总统密特朗的注意，1982年，他和另外四个设计师被邀请重新设计总统在爱丽舍宫的私人公寓。80年代，他因为为一些著名的委托人做设计而成了设计界的超级明星。他设计的灯具、水壶、搅拌器和柠檬榨汁机几乎引起了像

菲利普·斯塔克（Philippe Starck，1949—），法国最著名的新设计代表人物。早年在巴黎接受教育，1968年成立了自己的第一家公司，生产当时非常流行的充气物品。1969年成为艺术总监，1975年后，开始独立设计室内和产品。斯塔克多才多艺，他的设计项目几乎涉及了所有的设计领域，包括建筑、室内、产品，甚至服装，还创作了诸如雕塑之类的艺术品。自80年代起，他因为为一些著名的委托人做设计而成为设计界的超级明星。

419. 花瓶 设计：恩佐·马里（Enzo Mari）1998年

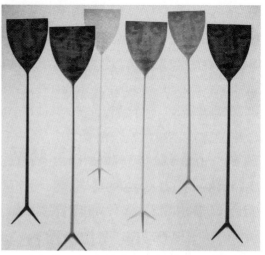

420. 菲利普·斯塔克为Alessi公司设计的人脸苍蝇拍 1998年

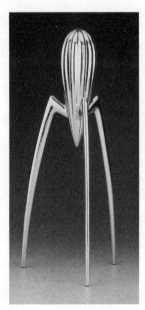

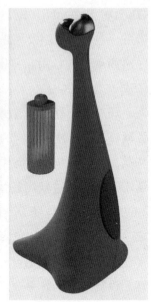

理查德·萨伯（Richard Sapper, 1932—），生于德国的慕尼黑，并在那儿学习哲学、图形设计、工程学和经济学。1958年移居米兰，在意大利从事设计工作，并成了意大利设计界的重要一员。总的来说，他是一个工业设计师，他设计的产品有家具、闹钟、咖啡器、水龙头，以及汽车和自行车。对他来说，设计就意味着"为形式赋予意义"为目标的解决问题的方式。他的设计在功能上几乎无可挑剔，它们中的很多还带有额外的功能，如他为Alessi设计的著名的茶壶，它在水开时不是发出尖利的噪音，而是令人愉快的和弦。

421. 柠檬榨汁机 设计：菲利普·斯塔克 1991年

422. Alessi公司生产的打火机 设计：斯蒂法诺·乔凡诺尼（Stefano Giovannoni）1999年

艺术品收藏热那样的热销。他的设计在后现代丰富多彩的风格中，借鉴了新古典主义的优雅和激进设计风格的粗俗，简洁、灵巧、漂亮，造型风趣但不失优雅，充满了想象力、艺术性和个人色彩。（图 421）

意大利的一些制造商一直是那些具有天赋的想象力的设计师的支持者，他们也因为生产了那些形式独特的产品而在市场上赢得了名声，著名的厨房用品生产厂家 Alessi 公司就是一个典型的例子。从 70 年代开始，公司由阿尔伯特·阿莱西（Alberto Alessi）和他的弟弟埃托·阿莱西（Ettore Alessi）执掌公司大权后，他们开始聘请著名的设计师为他们做设计，这些设计师中既有在意大利享有盛名的德国设计师理查德·萨伯（Richard Sapper），还有七八十年代意大利激进设计和后现代设计运动中的代表人物埃托·索托萨斯、亚历山大·蒙迪尼和阿喀琉斯·卡斯提琉尼。他们的设计虽然因为产品的实用性而减弱了前卫的色彩，但看起来仍然极为不同寻常。（图 422）

亚历山大·蒙迪尼自 70 年代担任 Alessi 公司的设计师以后，一直是为公司提供产品设计和树立公司形象的重要人物，他不仅参与公司的设计项目，还为公司设计展厅、厂房和博物馆。他 1994 年设计的 Anna G. 开瓶器是一个带有亲切笑脸的女侍者形象，通过把手张开来实现开瓶的功能。这一产品本来是 Alessi 公司做市场推广的吉祥物，结果因为造型的幽默、风趣成为 90 年代公司最畅销的产品。（图 423）

法国设计界怪才菲利普·斯塔克也是 Alessi 聘请的设计师之一，他为 Alessi 设计的产品有水壶、搅拌器、榨汁机和一些厨房用的小东西，他设计的柠檬榨汁机几乎成了 Alessi 公司的标志性产品。斯塔克为 Alessi 设计的 SET 50 型挂勺，因为把传统的网眼改成了人脸的图案而在市场上畅销。Alessi 公司还擅长利用设计师的知名度来提升公司的形象，公司聘请了 100 名世界著名的设计师和建筑师在蒙迪尼设计的花瓶的胎底上绘制图案，然后将每个花瓶复制 100 个后进行编号，经过作者签名后出售，这些产品引起了艺术品一样的收藏热。（图 424）

著名的后现代建筑师迈克尔·格雷夫斯也是 Alessi 聘请的设计师，他为 Alessi 设计的许多产品既为他自己赢得了多才多艺的好名声，也为 Alessi 公司赢得了声誉。他的设计带有浓郁的卡通特点，最具代表性的恐怕就是鸟鸣式水壶了。这是一个充分考虑了造型美感和实用功能的设计品，用隔热材料做成的把手柔软而适合手握，最有意思的是壶嘴是一个展翅欲飞的小红鸟，当水烧开时会发出鸟叫的提示声。这

423. Anna G.开瓶器 设计：亚历山大·蒙迪尼 1994年

424. 菲利普·斯塔克为Alessi公司设计的餐具 1991年

425. 鸟鸣水壶 设计：迈克尔·格雷夫斯 1985年

239

种壶自 1985 年推出后，一直畅销不衰。（图 425）

美国的 IDEO 设计公司相信，就像人们已经可以随意改变电脑屏幕的保护图案那样，人们也希望能够根据自己的方式来定制产品，设计师将在产品的外观和质地上为消费者的品位留有余地。就像摩托罗拉公司生产的 V 系列手机那样，它们外观时髦，有颜色各异的橡皮外套和不同色彩的金属外壳，完全根据个人爱好来选择。摩托罗拉公司推出的 V70 更是把"世界因我不同"作为极具煽动性的广告口号，公司把这款上盖可以旋转 360 度的手机称为"因你而生的个性之作"。在宣传这款手机时，他们采用了非常煽情的广告："正是 V70，你的勇于突破得以尽情表达；正是 V70，你的非凡魅力更添迷人丰采；正是 V70，你超越凡俗的渴望成为现实。"（图 426）

426. 摩托罗拉公司的V70系列手机 设计：摩托罗拉设计中心

427. 诺基亚公司生产的可以轻易更换外壳的手机 1998年

1998 年，芬兰的诺基亚公司为他们生产的手机设计了可以随心所欲更换的彩壳。他们的广告表明，就像人们可以随着天气和心情更换衣服一样，你也可以根据自己的心情轻易更换你的手机外壳。诺基亚公司通过这种设计和成功的销售记录，证明了产品的个性化销售趋势（图 427）。通过彰显个性作为产品的卖点，以此来吸引那些渴望张扬个性的年轻人的目光。今天，更换手机外壳已经单独成了一门生意，人们可以在商店和小摊上购买到自己心仪的手机外壳，就像选择自己喜欢的服装一样。事实上，手机外壳的选择已经成了年轻人表达自己个性的一种方式。

为了迎合那些渴望通过使用的产品来表达自己个性的消费者，即使像生产汽车这样大型产品的公司，也试图在不改变汽车内部结构的基础上，为那些个性化的消费者提供外观或颜色不一样的单款汽车。大众汽车公司

428. 德国大众汽车公司20世纪90年代推出的新甲壳虫汽车

20 世纪 30 年代开发的甲壳虫，到 90 年代又成了一款年轻人喜爱的汽车。其新的设计一改过去简化、廉价的特点，新车型外观圆润、线条流畅，看起来非常现代。造型可爱，还带点幽默感。尤其是新车光鲜亮丽的色彩，在视觉上极富魅力，深受年轻人的喜欢，而且，公司还可以根据客户的需要，在外观上进行个性化的定制，为消费者提供外观和色彩独一无二的汽车。（图 428）

　　一些设计师还设法让大批量、标准化生产的廉价商品每一件都具有不同的特点，意大利杰出的设计师盖当诺·佩西无疑在这样的尝试中获得了成功。他1993 年设计的"543 百老汇"椅采用了简单的金属支架，四个带有弹簧的椅子脚套在黑色的尼龙脚垫里，当人坐在上面时马上就会晃动，既提供了有趣味的造型又提供了有动感的坐的方式。"543 百老汇"椅的坐垫和靠背使用了树脂材料，色彩透明而亮丽，但每一把椅子的颜色都略有不同，这是因为当树脂放进制造椅子坐垫和靠背的模子中时，设计师让工人随意地添加颜色和颜色的数量，结果，生产出来的每一把椅子都是独一无二的（图429）。盖当诺·佩西的成功使批量化生产也具有了个性的特征，也为那些不希望和别人使用同样产品的挑剔的消费者提供了选择的可能。

　　网络的发达和网上销售为个人定制提供了更加简便的方式。早在 1988 年，托夫勒在他的《第三次浪潮》中就描述了世界各地的企业使用先进的计算机技术实现

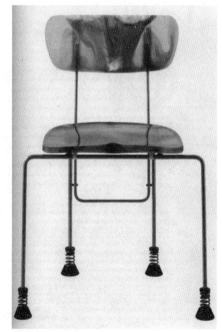

429. "543 百老汇"（Broadway）椅
设计：盖当诺·佩西 1993年

241

自己的商品定制，他还预测了在这种定制中，消费者也会参与到设计中，他认为"这种与生产过程的整合使得我们越来越难以区分，到底谁是事实上的消费者，谁又是生产者"。今天，消费者已经可以足不出户地在 Levis 网站上定制专属于自己的牛仔裤，既可以在厂家的帮助下改动牛仔裤的某个部分，还可以自己亲自设计一条。1999 年，耐克公司在网上推出了 ID 运动鞋流水线，有了这个 ID，消费者能够在自己穿的耐克运动鞋上留下属于自己的文字标记。耐克公司的网站会指导消费者，如何在网络上通过一系列的步骤来完成这种定制。消费者可以点击自己喜欢的鞋的模型，在色版上选择鞋的底色和主色，然后键入个性化的签名或者字符，还可以从六个不同的角度看到这双定制的运动鞋每个阶段的设计变化（图 430）。在提交设计方案后的 2—3 周内，成品运动鞋就会快递到消费者的家里。因为每一双鞋都是专属定制，消费者可以实现个性表达、自我表现的愿望。

430．耐克公司在网上推出了 ID 运动鞋流水线 1999年

在产品的价格、质量和功能都类似的情况下，设计成了唯一影响消费者选择的因素，个性化的设计越来越受到消费者的欢迎。1998 年推出的 iMac 电脑使苹果电脑公司走出了面临倒闭的绝境，在这之前，还从来没有哪个公司把电脑设计成这样轻松愉快的造型。iMac 电脑一改电脑设计方正呆板的造型，外壳采用了色彩鲜艳的半透明塑料，它们圆弧形的外轮廓线看起来是那么时尚，对于那些经常用苹果电脑设计图纸的设计师们来说简直是不可抵挡的诱惑（图431）。公司 2000 年推出的"Powermac G4 Cube"电脑，设计沿用了 iMac 电脑的成功经验，主机装在一个白色的透明塑料方盒子里，其光滑流畅的表面在制造工艺上达到了完美的效果，采用了

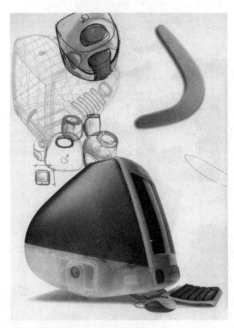

431．苹果公司的 iMac 电脑 1998年

光学鼠标和棒球大小的音箱。这款电脑的推出，又掀起了新一轮对苹果电脑的购买热。苹果电脑公司的成功可以说就是创造时尚设计的成功，因为外形设计很酷，苹果电脑的售价要比竞争对手类似性能的电脑高出 25%，设计已经成为产品竞争和赢得市场的有效手段。（图 432）

苹果公司的首席执行官斯蒂夫·乔布斯过去被认为是"言行放肆的坏小子"，当他七八十年代担任公司董事长的时候，才 20 多岁，他曾经把开发 Macintosh 电脑小组的人员单独集中在一处破旧的工厂，工厂上空飘着海盗的旗帜，并向员工提供花天酒地的享受。他的工作和管理作风受到了董事会的一致反对，这位富有个性的苹果电脑公司的创始者 1985 年被解雇。近十年后，苹果电脑公司面临着巨额的亏损和极度的市场萎缩，乔布斯临危受命，通过新的设计使苹果公司不可思议地东山再起。乔布斯运用艺术家的眼光，对产品设计进行了革新，创造出了外形流畅圆滑、色彩艳丽、易于使用的电脑 iMac，1998 年推出市场后，苹果电脑公司因此而起死回生，苹果电脑公司的成功是产品设计时尚和个性化的成功。

苹果公司的战略也充满了乔布斯的个性色彩，在新加坡的 iMac 工厂，以"不同凡'想'"为主题的巨幅招贴画从天花板上悬挂下来，上面是乔布斯的偶像人物如爱因斯坦、鲍伯·狄伦等。在信息时代，具有个性的产品、具有个性的设计师和具有个性的企业家都同样受到了如明星般的关注，并成为市场的卖点。

那些具有卡通式外观和艳丽色彩的时尚电子小东西也越来越受到消费者的青睐，以至于许多公司都开始生产具有玩具式造型的家庭和个人用品，这样的

432. 苹果电脑公司的iSub和G4电脑 1999年

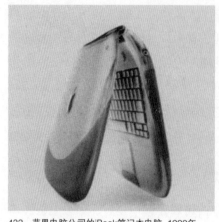

433. 苹果电脑公司的iBook笔记本电脑 1999年

造型也被称为是一种流行的时尚。在技术不断发展、生活不断增加压力的时代，人们也许把卡通式的消费品当成了自己放松情绪的一种方式，而且，随着上学和就业压力的加大，社会要求人们在很小的时候就开始成熟，只有在有了一定的经济条件后，人们也许才能够有心情通过那些卡通式的玩具用品来释放自己的童心。在一个摆满了卡通式用品的厨房里，人们一定更能享受到做饭的乐趣。即使那些价格高昂的高技术产品，公司和设计师也试图通过其具有个性和时尚的外观来吸引顾客（图433）。飞利浦电子公司推出的台式摄像机获得了1999年美国工业设计卓越奖的金奖，这是一个造型类似土豆的东西，其卡通的造型看起来就像好玩的玩具，设计师的初衷就是要与过去咄咄逼人的个人电脑摄像机的形象形成对比，产品推出后因其独特风趣的造型获得了市场成功。

在符号学流行的时代，产品也具有了符号的功能，它成了使用者身份的标志。产品所具有的象征意义和符号特点甚至超过了它们的功能，一些人毫不避讳地承认自己亲手设计的家并不舒适，但因为能够表达自己的个性，都是一些利用业余时间从旧货店里掏来的宝贝，或是自己外出观光买来的收藏品而备感自豪。坐在硬硬的民间板凳上是不如沙发舒服，但要的就是那种展示个性的感觉。对于那些70和80年代出生的新新一代来说，购买产品的唯一动机可能就是"我喜欢"，就像他们选择自己的生活方式和爱好一样。（图434）

今天，产品告诉我们的信息已经远远超过了产品本身，它们还反映了人们

434. 沙发和椅子 设计：让·阿德 2000年

通过购买越来越多的产品来定义他们自身，并因此而同其他人区分开来。产品成为人们身份的象征，当人们在展示自己的房屋、服装、鞋和用品的时候，实际上已经把它们作为了定义自己的基础，产品成了一个人属于哪个阶层、哪个群体、哪种类型的标签。而人们在展示自己那些设计夸张、古怪的东西时，无疑比他们自己描绘自己的个性和爱好

435. Sha沙发系列 设计：Bartoli设计小组 2000年

的言辞更能让人们清楚地认识他们。我们在为自己选择产品的同时，也通过自己喜好的产品，以一种相似但更加简单的方式，传递了个人信息，由此也创立了自己独特的"品牌"。我们通过穿戴的衣物、购买的产品以及生活的方式，我们塑造了自己的身份和个人风格，并通过这种行为告诉世人，我们是何种类型的人，又拥有怎样的价值观。（图435）

思考题：

一、了解符号学的内容，阐述产品在今天的符号功能。

二、以自己所喜爱的用品为例，分析物品如何体现使用者的个性特点。

三、分析自己的个性特点，为自己设计一张具有本人特征的名片。

课时建议：2课时

4. 高新技术与情感化设计

信息时代是科技日新月异的时代，也是设计师可以尽情发挥创造性和想象力的时代。如果说在工业时代设计师的才能受到了技术的束缚和限制，信息时代的技术发展则可以为设计师的想象力助一臂之力。与此同时，技术的发展也对设计师提出了更高的要求，那就是对技术的了解和通过设计手段把高新技术处理得容易为一般人所掌握，就是让产品变成"友善的使用者"(friendly-user)。（图436）

几十年前，一支铅笔和一张绘图桌就是进行设计所需的全部工具，以至于美国著名的设计师雷蒙德·罗维声称自己的一些好设计就是画在香烟盒子背面的。今天，苹果电脑、扫描仪、打印机取代了绘图桌，复杂的绘图软件也代替了铅笔。电脑辅助设计可以帮助设计师非常方便地对设计图进行修改和调整，随意地更换色彩以达到自己需要的最佳效果。在电脑制图软件的帮助下，设计师可以在计算机中看到设计的三维效果图，了解产品完成后的真实效果。不仅如此，设计师还可以通过电脑软件实现一些无法用绘图笔完成的工作，实现手工设计所无法达到的视觉效果。对于平面设计师来说，得心应手的电脑绘图软件可以让设计师自由地发挥想象力，把具有时空错觉的画面拼贴在一起。绘图软件的制造商们已经宣称"只要你想得出，我们就可以做得到"，电脑辅助设计成为信息时代最有效、最快速的设计手段。

但是，在这些有效的设计手段背后，是需要花很长时间并需要专门培训的专业技术，因此，在信息时代的设计技能学习中，对于电脑辅助设计技术的掌握已经成为重要的内容之一，电脑和电脑绘图软件的学习成为设计院校的必修科目。另一方面，在电脑辅助设计工具解决了许多设计的技术问题后，设计师个人的知识积累和创造力、想象力就成了决定设计优劣最重要的东西。在绘图效果不再是问题以后，如果要让自己的设计能够在竞争中胜出，那么创意就成了决定性的因素。所以，在信息时代，设计师除了是一个掌握了设计的基本技能和电脑辅助设计手段的操作员外，他还必须是一个知识广博的博学者，

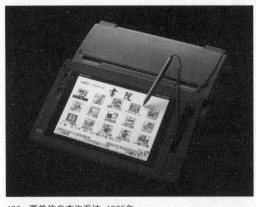

436. 夏普信息查询系统 1995年

437. 桌面电脑系统 设计：Ciro设计小组 2000年

能够随时调动自己记忆库里储存的知识实现自己的设计创意，满足使用者除了技术之外的其他需求。（图437）

　　对于比较复杂的技术产品设计来说，设计师还需要与工程师合作。在设计的过程中，设计师需要工程师提供有关技术的数据，探讨设计造型实现的可能性。他们互相为对方提出建议，在相辅相成中达到实现技术最好的外观设计。在电脑软件模拟的产品实物中，工程师可以在模拟中看到一件设计品在磨损、破裂和时间的影响下会怎么样。这种合作都会为设计师提供有关外观造型、材料使用等方面非常有用的建议。设计师的设计过程成为了解技术，并与技术工程师共同合作，然后通过设计使用户更加方便地使用技术的过程。如何协调技术与使用者之间的关系、使高新技术能够在产品中易于掌握、易于使用成为设计师面临的新课题。未来设计将不再是设计师的个人行为，与技术人员的合作是发展的必然趋势（图438）。美国的IDEO

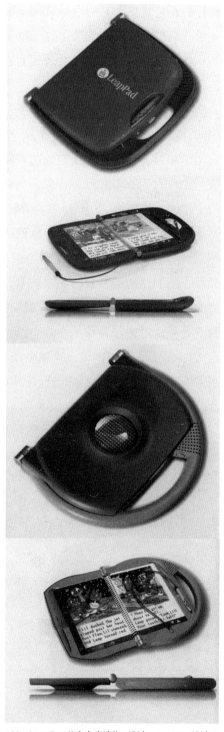

438. LeapPad儿童有声读物 设计：Whipsaw设计公司 2004年

设计公司是世界著名的设计公司，他们也是荣获美国工业设计师协会举办的工业设计卓越奖奖项最多的公司。IDEO 公司在美国、欧洲和亚洲共有 300 多位员工，其中有一半是工程师，公司的首席执行官戴维·凯利是斯坦福大学在任的工程学教授。

今天的设计公司和设计事务所，往往是一个由各种学科的人才相互协作的团队，设计师在其中与相关领域的专家相互交流，如管理专家、工程师、社会学家、营销学家等。一件新产品的成功开发往往要通过各种专家长时间的协作才能完成，费城的 Bressler 产品开发公司为美国 Cutco 餐具开发冰激凌勺为此提供了一个范例。2000 年，Bressler 公司接受 Cutco 公司的委托，为他们拓展产品市场。当选择开发冰激凌勺后，他们从商店购买了一系列其他公司的同类产品，进行测试和听取消费者们的感受和建议，并把这一过程拍摄下来，以便今后对照。然后，他们运用消费者的测试结果，获得人机工程学标准和草图，确立了对产品的基本要求。在设计冰激凌勺的把手时，他们测试了人们使用各种工具手柄时的差异，考虑了各种把手的个性特征和普遍性。在确立了把手的造型后，又与 Cutco 公司的室内设计小组合作，探讨如何把把手和勺子连接在一起，用了很多安有蝶形螺母的纯木销子，实验从什么角度、采用哪种方式连接和固定勺子。（图 439）

经过多次实验，他们还在把手连接勺子的部位独创性地设计了一个支架以防止勺子放置时把台面或桌面弄脏，成了其产品区别于竞争对手产品的重要特征。然后，通过计算机软件制作三维模拟图，从分解图和不同角度观察和改进产品。电脑辅助生产程序和模型机制造出设计原型，这些原型在消费者中得到进一步测试后，设计资料才被送到工厂开始正式生产。一个小小的冰激凌勺子，经过无数次的测试、实验，在不同专家和设计团队的协作和努力下，终于在 2002 年成功地推向市场。

随着技术的不断更新，设计师的工作包括了在原有的产品上进行革新来体现新技术的优势而占领市场。设计师一方面从

439. Bressler公司为Cutcor公司开发的冰激凌勺 2000年

原有的技术和设计中吸取经验，同时还要听取来自公众的要求和反应，在新技术提供的条件下把自己的创意糅合进新设计中。让高新技术产品有一个友好的外形和可以友善使用的方法，是现在许多设计师试图达到的目标。

440. 索尼LX个人电脑 设计：索尼中心 1999年

电脑鼠标的发明和设计被认为是一个可以友善使用产品的典型例子，正是鼠标为电脑和使用者之间架起了一座联系的桥梁，让使用者因为有一个类似指路的工具而实现了方便操作电脑的可能性。而在鼠标没有诞生之前，面对一个神秘如魔术般的黑匣子的计算机，通过敲击键盘来给电脑指令，犹如给使用者提供了一条陌生的、难以接近的羊肠小道。电脑软件的不断升级一方面是技术发展的结果，也是软件开发商让使用者得到更好使用方式的结果（图440）。一套新的操作系统的出现，马上就会听到来自消费者的赞扬或抱怨，关键取决于设计师是否在使用便利上更多地考虑了使用者的需要，使新技术能够被消费者轻松掌握。在信息时代，电脑界面的设计是一项新的设计内容，其中要解决的问题就是如何通过简单明了的视觉画面和图标让使用者轻而易举地掌握操作程序。

"产品语义学"是设计领域的新概念，为设计师提出了在产品设计中如何处理新的技术问题的方式，使设计师思考更好地解决技术与使用之间的关系。"产品语义学"的意思是在新设计中采用人们以前熟知形式的意义来实现新的操作功能，从而使复杂的问题简单化。美国设计师丽萨·克诺（Lisa Krohn）和图克尔·维梅斯特（Tucher Viemeister）1987年设计的电话应答器被认为是"产品语义学"运用得很好的例子。他们在设计造型中采用了电话簿形式的比喻意义，把产品设计成了一本电话簿的样子，通过比喻使电子技术成了"友好的使用者"。这是一个把听筒和应答器合二为一的机器，电话簿只是一个比喻性的造型，并没有传统电话簿的功能。通过新的技术，它综合了录音、播放和复印信件的功能，就像过去记录和寻找通信信息的电话簿突然变成了一个具有多种功能的东西（图441）。也就是说，他们把新技术放进了一个传统的造型中，它的外观看上去仍然与过去有相似之处，但它的内容已经发生了变化，它成了一个具有比喻意义的技术的外壳。这样的设计仍然保留了人们对传统事物的一些认知信息，而且

441. 电话应答器 设计：丽萨·克诺和图克尔·维梅斯特 1988年

新功能与产品过去的功能有联系，人们就比较容易接受也容易掌握。其实，许多新产品只是在原有产品功能上的进步和提高，"产品语义学"为使用者掌握新技术提供了一条并不完全陌生的途径。

获得2002年德国 iF 设计金奖的 IBM 公司的"ThinkPad TransNote"笔记本电脑在造型上采用了文件夹的特点。这是一个可以折叠的设计，可以像一个文件夹打开、关闭，是纸笔书写和笔记本电脑的组合。打开后，它就像文件夹一样，一边是显示器和键盘，另一边是电子纸笔书写器。用户可以在打开后的纸上自然地书写和绘图，做成电子副本，然后方便地处理、存储或发送这些文件。"ThinkPad TransNote"笔记本电脑外形简洁、使用方便，虽然仍然保留了 IBM 公司严谨、深沉的设计风格，颜色也是黑色，但其语义学的设计特点充分考虑了使用者的心理，为使用者掌握电脑操作提供了更为清晰明白的设计语汇。德国的 iF 设计奖近年来致力于鼓励那些能够把技术和设计处理得简便的设计，2002年的主题是"作为技术进步与用户之间界面的设计"。创造友好使用的产品也是国际工业界正在努力的目标，许多工业设计大奖的标准都把对于技术的革新作为重要的项目，如美国一年一度的工业设计卓越奖。世界工业设计协会2003年的大会在德国的汉诺威和柏林举办，本次大会的主题是"反思经验——在工业革新与加强用户服务之间的设计"，强调了设计对于处理技术和用户之间的重要性。（图442）

442. Palm可折叠键盘 设计：Pentagram设计公司 2000年

　　许多企业也越来越依靠设计师们创造那些能够引导潮流的高新技术产品，尤其是将消费者的需求与相应的技术合二为一的产品来抢先占有市场。技术的发展和企业的需求促使设计人员除了设计产品的形式之外，还要扮演向公司提供革新产品的角色。因此，设计师一方面要了解和熟悉最新的技术，与工程师合作探讨产品的外观造型；另一方面则要关注用户对设计提出的要求，了解他们对技术产品的不满和抱怨，使设计既能够提供新技术的优势，同时又能够满足消费者的愿望。在信息时代，那些包含了高新技术又简便实用，同时还有赏心悦目的外观的产品往往对用户更有吸引力。技术的发展日新月异，更新换代的速度越来越快，人们不可能有足够的时间来了解技术的来龙去脉，但他们并不拒绝享受新技术带来的便利，在技术与使用者之间的鸿沟就需要设计师们发挥他们的创造性来填平。（图443）

> 设计师是把日常生活诗化的人，而设计是最能传达日常生活中的诗意表现。
>
> ——阿尔伯特·阿莱西
> （Alberto Alessi）

　　根据《情感化设计》一书中提供的证据，在审美上令人感觉快乐的物品能使人更好地工作。[27] 从心理学角度来说，让人心情愉悦的产品会使人产生积极的情感，从而感觉到生活的美好。很多时候，生活中的物品对我们来说不仅仅是物质上的占有，我们以此为骄傲，并不因为它们是可以炫耀的财富，而是因为它们赋予我们生活的意义，是一种象征，是一段美好的回忆，是一种自我的展示，它们把我们与某种情感联系起来。今天，人们频繁地使用互联

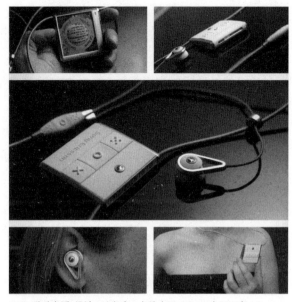

443. 移动电话 设计：比尔吉·卡兰（Bilgi Karan）2004年

27 （美）唐纳德·A.诺曼著，付秋芳、程进三译，《情感化设计》，电子工业出版社，第84页

251

444. 网络收音机 1998年

445. 操作更简单的美能达GX相机 1997年

网、移动电话和各种各样的数码产品，技术在我们的生活中变得十分重要。但是，产品单有精湛的技术是不完善的，因为最重要的是设计作品能否给人们提供一种精神体验和使用乐趣，成功的产品关注的是情感（图444）。日本的GK设计公司把表达"真善美"作为设计的目标，认为设计是一种把人们的思想赋予形态的工作，设计就是将所有的人造物赋予美好的目的并加以实现，优秀的设计是真善美的体现。

在"人性化"的设计思想中，产品为消费者提供的功能里已经包含了情感的因素。也就是说，产品在满足消费者使用功能的同时还要满足消费者的情感需求。纽约市Cooper-Hewitt国家设计博物馆馆长助理苏珊·耶拉维奇（Susan Yelavich）也认为"功能现在包含心理和情感"。把对消费者的情感关怀体现在产品的功能里面已经不再是一个需要争论的话题了。产品已经从过去单纯的实用物品成了具有精神和物质双重属性的东西。因此，对设计师来说，他们今天在设计一件产品时，要考虑的问题已经比过去只是解决产品的造型和功能要复杂得多，这也是今天设计已经成为一门交叉学科的重要原因。除了要了解基本的设计技能和技巧外，设计师的学习课程里还包括了心理学、社会学、人类学等内容，设计师还需要了解其他各种艺术的现状和技术的发展。在信息时代里，设计师必须是一个博学家，能够了解他所处时代人们的消费心理和审美情趣，关注社会整体的消费观念，体贴消费个体的情感爱好。那些在设计中能够体现对消费者的情感和精神关怀的产品，往往更容易引起人们的购买愿望。（图445）

日本人是最擅长利用先进的技术然后通过设计取得商业成功的国家，可以说，日本能够在短短的几十年里成为世界最富裕的国家之一，出口含有高技术的设计产品就是他们的致富之道。在技术飞速发展的20世纪，日本并没有花很大的人力和物力来开发新技术，他们只是把别人的技术买过来，然后进行设计后再出口到国际市场。比如，索尼公司早期的晶体管产品就是把技术从美国人那儿买过来，然后设计成晶体管产品后再销往国际市场的。索尼公司

446. Cybershot DSC-F505数码摄像机　设计：索尼中心 1999年

凭借晶体管技术在产品设计中创造了许多世界第一，如第一台晶体管收音机、第一台晶体管电视机等。在计算机时代也一样，日本人从其他国家引进先进的计算机技术，然后开发出各种各样的电子产品。他们生产的游戏机，以及带有微型处理器的各种家用电器如洗衣机、电冰箱、照相机、摄像机等等都成为国际市场上的热销产品。也就是说，日本人是通过设计把技术卖给消费者的中间人，在技术和消费者中间，日本的设计起到了桥梁的作用（图446）。精明的日本人总是把这座桥搭得体贴、亲切、舒适，让人们通过这座桥享受到高新技术的便利。他们不断地利用新技术完善以前的设计，完善产品的功能，同时也增加市场的销售额。

索尼公司推出的随声听可以说是把高新技术转为简单用具的最好的例子，因为其创造的商业效应，随身听被认为是20世纪最成功的产品设计之一。索尼

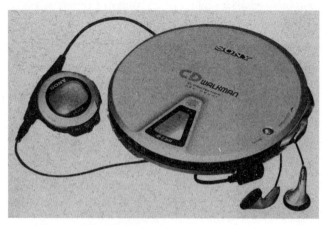

447. 索尼公司15周年纪念CD随身听

公司通过市场调查后发现，人们希望能够有一种简单轻便的机器，可以随时随地享受到音乐。于是，通过减少录音设备，索尼公司设计了这一可以随身携带的播放音乐的产品。1979年，随身听推向市场后取得了巨大的市场成

253

功，产品销往世界各地。但索尼公司并没有满足现状，随着技术的发展，随声听的功能也在不断增加，如自动选台、循环播放、液晶显示等等，这些内部包含着最新技术、外观紧随时代潮流的产品不断地迎合那些追求新潮的年轻的消费者们。日本公司还利用新技术不断扩大产品的市场和使用群体，成为产品占有国际市场的重要策略。（图447）

索尼公司开发的"随身听"使过去只能用于家庭的录音机、录放机成为一种个人随时、随地都可以享受音乐的小巧玲珑的机器，极大地增加了这类产品的消费人群和产品的销售量，为公司带来了高额利润。其他日本公司也一样，他们往往在新产品的基础上开发便携式、家庭式、儿童型、家庭型、微型等，发掘产品的无限可能性，最大地占有市场。日本产品借助微电子技术把许多专业技术产品转为普通消费者可以简便使用的产品，如他们推出的傻瓜相机、带大屏幕取景框的便携式摄像机，以及便携式电视机"随身看"（Watchman）等等，通过弱化专业产品的技术性能来扩大同类产品的销售量。（图448）

减弱产品的高新技术特征，使之成为人们容易接受和掌握的东西，是设计师现在常用的设计方法，其中最为流行的是把高新技术产品设计成玩具的造型。一些公司已经在此方面获得了市场成功。索尼公司90年代推出的儿童用收录机就是一个典型的例子，这些被公司称为"我的第一台索尼"的收录机，一改电器产品严肃机械化的外观特点和常用的灰、黑颜色，采用了玩具一样的造型和粗大的按钮，以及鲜艳的红、黄、蓝颜色，推出市场后，又一次引起了对索尼产品的购买潮流。（图449）

苹果电脑公司iMac的成功是另一个电子产品设计成功的例子，当具有优雅流畅的外观、颜色艳丽的iMac出现在市场上时，人们才知道电脑也可以设计成

448. 索尼公司的便携式电视机
   "随身看"（Watchman）

449. 索尼公司20世纪90年代推出的儿童用系列收录机

450. 苹果电脑公司生产的iPod 2005年

这样，其半透明、鲜艳的外壳一下子就让人产生了亲近感。人们第一次可以透过机箱看到电脑的内部结构，虽然那些错综复杂的电线和集成电路板仍然让人摸不着头脑，但现在至少可以看得见了。苹果电脑的设计使过去冷冰冰的电脑和枯燥沉闷的办公方式变成了艺术的享受，也为那些严肃的办公空间增加了色彩和活力。在漫长的 8 小时办公时间里，人们更希望能够有有趣味、活泼的办公产品来活跃气氛。现在，设计师正在努力改变办公产品一贯造型呆板的面貌，通过设计来增加办公室轻松愉快的气氛。设计是设计师为人们接近新技术提供的极为有效的途径，它既能够使技术性的产品变得使用简单，又能够创造出友善使用的方式。（图 450）

新技术的运用在产品中是如此重要，以至于一些产品首先是因为技术而获得成功。英国发明家詹姆斯·戴森（James Dyson）设计的双旋风真空吸尘器，没有传统吸尘器的灰尘袋，是吸尘技术上的一次革新。詹姆斯·戴森是设计师、工程师、发明家和企业家，他花了数年时间，努力让他的无袋式吸尘器观念为人们所接受。当他把这个主意告诉给绝大多数他现在的竞争者们时，他们都无一例外地拒绝了。他们认为他们的产品已经足够好了，对新方法、新技术没有兴趣。最终，一位有眼光的银行经理与一个日本公司合作，才使他的吸尘器进入市场，让这款设计最为出色也可能是英国最有名的真空吸尘器，出现在了许多家庭的地板上，詹姆斯·戴森本人也因为这款吸尘器而获得了极大的成功。采用了新技术的吸尘器为家务劳动带去了一种新的态度：跨越性别界限，体会做家务的快乐无限（图451）。吸尘器被设计成紫、粉、蓝、红、黄等多种亮丽的颜色，从视觉上减轻了家庭清洁的艰辛，从而进入到产品的后现代主义时代。

技术对设计的影响和设计师在技术与使用者之间扮演的角色使许多设计公司越来越重视对最新技术的了解，他们有时候甚至比工程师还走在技术发展的前面，尝试着设计未来的产品。在新世纪之初，美国 IDEO 设计公司曾经举行

255

451. DC 02双旋风真空吸尘器和DC 05真空吸尘器 设计：詹姆斯·戴森 1994—1998年

过一次展望 2010 年的产品设计活动，对技术在未来十年里将如何影响设计作了大胆的假设。基于技术的发展，他们设计出了柔性液晶显示屏、全息摄影术、语音识别产品、智能房间等。他们的很多设计是站在用户对技术要求的立场来大胆设想的，这些设计对技术开发人员无疑也是一种启示。在今天，这些展望基本上都通过技术实现了。（图 452）

452. BenQ公司生产的便携式液晶显示器 2005年

思考题：

一、以身边的产品为例，阐述情感化设计所包含的内容。

二、运用"产品语义学"的内容，设计一件电子产品。

课时建议：2 课时

5. 设计文化与设计艺术

　　信息时代数字化的生存方式使人类进入一个前所未有的生存状态，技术的迅猛发展让人有失控的感觉。对于物质无止境的追求让人们失去了价值的判断能力，人们传统的信仰和价值观念在崩溃。因此，人们渴望能够通过知识和文明重新规范人类社会的秩序、道德和伦理，希望通过对文明和道德的强调来找回在技术时代失落的理想和梦。人们已经意识到，对工业化和现代主义的信仰已经证明技术并不能造就一个更好的社会，文化的延续才是人类社会最有价值的东西。对于精神生活的追求在一个物欲横流的时代成为人类社会寻找心灵慰藉的方式。

　　设计作为生活方式的体现是我们在信息时代实现生活理想的重要内容，经由设计师设计后的产品几乎填满了我们生活的空间。色彩丰富、造型多样、功能齐全的产品充满了我们生存的空间和我们的生活，人们对于产品需要包含精神因素因此成了非常自然的要求。在信息时代，人们开始希望，产品既要有功能，满足日常生活所需，又要能够体现出对使用者的精神关怀和满足文化消费的要求，设计与其他文学和艺术一样承担着人类文明延续的重任。（图453）

　　在产品设计中，设计文化既是设计师有意识地把传统和民族文化的特征体现在新设计中，同时又是满足消费者在产品消费中的文化要求。也就是说，人们在消费一件产品的时候，并不仅仅是消费产品的实用功能，人们还希望能够同时享受到文化消费的乐趣，在消费过程中能够得到精神的满足和情感的升华。设计的文化含量一方面反映了设计师的修养和知识水平，也表现出设计师对于本民族文化的尊重和热爱，体现出一个设计师的社会道德责任感和素养，也是一个设计

453. Anemona椅 设计：F.&H.坎帕纳（F.&H.Campana）2001年

454. 灯具 设计：托德·布歇尔
（Tord Boontje）2005年

257

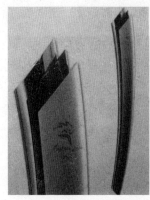

455. 2000年澳大利亚悉尼奥运会火炬 设计：蓝天设计公司

师对于本民族文化的自觉维护。另一方面，设计的文化含量也是消费者在信息时代的消费要求。许多设计师把创造一件具有文化含量的产品作为自己的知识和设计水平的体现，许多消费者也把消费一件带有文化含量的产品作为自己品位的象征。(图454)

设计师在设计中体现本民族的文化已经成了许多设计师的自觉行为，尤其是在强调多元化的今天，对民族文化的维护和保护已经成为全世界讨论的热门话题。尤其是在一些国际重大事件或体育赛事上，主办国往往都认为是一次宣扬本国文化的好机会，通过设计在各方面都尽量体现出自己的文化特色。如澳大利亚举办的2000年悉尼奥运会和2002年由韩国和日本承办的世界杯足球大赛，从开幕式、闭幕式表演到吉祥物的造型，以及比赛场馆的建筑设计、比赛用品和纪念品设计，以及招贴画设计等都尽量体现本国的文化特色。2000年悉尼奥运会火炬和标志设计因为体现了澳大利亚当地的文化而获得了好评，火炬还获得了澳大利亚2000年工业设计大奖（图455）。设计火炬的澳大利亚蓝天设计公司，把海滨城市悉尼的地理特征和悉尼市的标志性建筑悉尼歌剧院等地方文化的元素都融入到设计中，并考虑了环保和功能要求，因此而获得了一致好评，这一设计的成功是设计师自觉体现设计中人文因素的结果。

可以说，每次大型的体育赛事和博览会这样的活动，都成了主办国民族文化的一次大展示。设计师在设计这些用品和招贴画及标志时也往往自觉地反映民族文化的特点。1996年，设计师马尔科姆·戈雷尔（Malcolm Grear）设计了美国亚特兰大奥运会的标志，他的设计灵感来自于古希腊花瓶上的图形，让人们联想起奥林匹克运动会的起源。这一设

456. 美国亚特兰大奥运会的标志 设计：马尔科姆·戈雷尔 1996年

计完全脱离了经典的现代几何形，但因其与历史的关联性、图形的可识别性和艺术性而广受赞誉，也开启了大型活动标志设计的民族性和艺术特点。（图456）

　　中国的设计发展虽然起步较晚，但许多设计师已经把体现民族风格和传统文化作为自己设计的重要元素。2000年中国申奥标志的设计就充分体现了设计师和评委对祖国传统文化的重视，事实上，当由太极人形组成的中国结的申奥标志公布时，很多人都对这一设计中所体现的民族符号表示了赞赏和认同。（图457）

　　2008年，北京举办的奥林匹克运动会在各种视觉图形和标志设计上都尽力体现中国传统的文化特色。连接会徽、体育图标、吉祥物和主题口号等奥运形象元素的核心图形，是2008年北京奥运会的重要视觉元素，采用的是源于中国汉代的祥云图案，图形具有吉祥的寓意，视觉效果有飘逸的动感和中国古代艺术的韵律美。最为成功和广受好评的是本次奥运会的体育图标设计。图标设计方案称为"篆书之美"，图形的结构和形式来源于中国古老的篆字、甲骨文和金文，经过设计的简化和规范后，表现出了现代图标设计的

457. 北京申办2008年奥运会标志　设计：陈绍华、韩美林、靳埭强 2007年

259

458. 2008年北京奥运会"篆书之美"的体育图标与现场实景导视系统

459. 餐具 设计：奥沃拉 1997年

简洁和抽象美特点。既有中国古代篆字的圆润流畅、秀美典雅，又体现了中国篆书刚柔并济、圆融中正的美感，还有现代体育图标设计生动活泼的特点。图标的抽象形式与体育项目的动作高度形似，非常符合体育图标易识别、易记忆的要求（图458）。本次奥运会体育图标的设计把中国传统文化高度凝炼，经过现代设计的简化抽象，达到了形与意的和谐统一。

斯堪的纳维亚和日本是在设计中自觉体现本土文化特点而获得成功的地区和国家。斯堪的纳维亚包括了芬兰、丹麦、瑞典、挪威和冰岛五个国家，这些国家位处欧洲北部，在历史上被称为斯堪的纳维亚地区。他们因为从发展现代设计开始就注重保留本地区的传统和体现当地的文化特色，50年代就以斯堪的纳维亚风格在国际设计界享有盛名。在吸收了现代材料和制造方法后，他们仍然保留了传统的手工艺因素和传统的造型特点，他们的风格几乎一直都没有什么变化，但其良好的功能和精细的制作工艺，以及高雅的造型特点成为他们在国际市场上获得成功的重要原因（图459）。这种特点也成了他们产品的标志，在世界各地的市场上从其他产品中凸显出来。

日本的现代设计因为发展比较晚，在20世纪中期开始现代设计时，他们就吸取了其他国家的经验和教训，努力在现代化进程中保持自己的传统文化，并把日本文化注入到现代设计中。日本除了保留了许多原汁原味的日本传统文化外，他们的现代设计也体现了日本文化精致、细腻、柔美，注重细节的审美特点，他们在产品设计中对使用者体贴入微的细部处理是日本产品在国际市场上热销的重要原因。这些把地域文化融入现代产品设计中的国家和地区，他们在为国际市场上提供消费品的同时也在传播他们的文化，他们的设计既是地域文化的传承者也是文化的发扬光大者（图460）。在和平年代，文化的传播应该是一个国家强大的体现，让其他民族了解和接受本民族文化是一个国家的荣誉。

随着情感在设计作品里的参与，对理性的强调开始被对感性的要求所替代，设计与艺术之间的距离已渐渐模糊，有些设计品甚至很难把它们与艺术作品分开。虽然设计与艺术之间因为其功能特点而存在着某种分界线，但艺术化地设计已经被许多设计师所认同也被许多设计师在实践着。在信息时代，设计已经成为连接技术和人文文化的桥梁，抒情特点和诗意情感的表达成为优秀设计作品的特征。在知识经济时代，设计已不再只是满足某种功能的理性工具，设计师开始在产品中追求"一种无目的性的、不可预料的和无法准确测定的抒情价值"。而事实上，许多设计作品已经成了能引起诗意反应的物品（图461）。设计正在与艺术靠拢，设计的过程也正在变成艺术创造的过程。法国著名的社会学家马可·丹尼（Marco Diani）认为"设

460. 无印良品出品的CD机 设计：深泽植人 1990年

461. 咖啡机 设计：亚历山大·蒙迪尼 2003年

计应该被认为是一个技术的或艺术的活动，而不是一个科学的活动"。

事实上，今天的很多设计师正是把设计作为艺术活动来操作。在崇尚情感和

462. "书虫"书架 设计：让·阿德
1997年

让·阿德（Ron Arad, 1951—），
以色列人，雕塑家、建筑师和设计
师。早年在耶路撒冷学习，后来在
伦敦成立了建筑事务所。1981年，
他在伦敦成立了著名的"One Off"
设计有限公司，他的设计带有明显
的雕塑特征。

个性的信息时代，许多在设计中表达了更多的个性
和观念的设计师也获得了比其他设计师更大的成功。
如法国设计师菲利普·斯塔克，英国设计师让·阿
德（Ron Arad）等，他们的设计一直以有机的造型
和富有雕塑般的特点，以及异想天开的想象力而引
起轰动（图462）。意大利的设计师们更是把设计过程
作为表达自己观念的活动，他们的设计往往成了他们
批评和评价社会的观点。从20世纪七八十年代的激
进设计运动到今天，意大利的设计师一直走在世界设
计潮流的前列。意大利设计师创造的一些表现了个
人观念的东西，与其说是设计作品，不如说是艺术品，
因为它们的功能已经被夸张的形式所减弱或掩盖了，
而事实上这些作品也往往成了艺术博物馆的收藏品而
不是从百货公司进入到普通的家庭。

在工业时代，艺术家和设计师工作的区别是：
艺术家创造的是用来表达自己艺术观念、没有使用
功能的作品，而设计师主要是为产品的使用功能而
创作。如果设计师的作品也成了他们表达自己的观
念并失去了使用功能的话，就很难说这些作品还是
设计作品了。可以说，很多设计师是在创造了一种
融合了艺术和功能的东西，它们成了把艺术和设计
结合起来的边缘性作品。（图463）

在张扬个性的信息时代，设计师不愿意成为机
器的奴隶，让自己的个性消失在批量化、标准化、
没有特点的产品中，他们中更多的人企图在艺术和
设计之间找到一个平衡点，使自己的才能和创造性
得到充分的发挥和张扬，因此，一些具有浓厚艺术
特点的设计产品出现了。这些作品在满足了产品使
用功能的同时，也尽量在造型上艺术化。因为消费
者对于个性化产品的需求，设计师也乐于在产品中
展示自己的创造力和想象力，让自己在消费者的关

463. Lanterna吊灯 设计：马可·罗马
内利（Marco Romanelli）和玛尔塔·劳
达尼（Marta Laudani）1998年

注中成为公众明星。

　　因为设计作品中所体现的情感和创造性，一些著名的艺术大展开始接纳设计作品，国际最著名的艺术大展德国的"卡塞尔文献展"1977 年的第六届展览就展出了乌托邦的设计作品。1987年，"卡塞尔文献展"为设计师敞开了大门，成为设计作品进入艺术大展的一次重大事件。在中国，1999 年的第九届全国美术作品大展也开始为设计辟出了一席之地。艺术大展接受设计作品表明，人们已经开始意识到了设计品里所包含的情感和文化因素，它们已不仅仅是放在厨房里、起居室里的一些仅仅具备功能的东西，它们也成了人类表达情感的载体。（图 464）

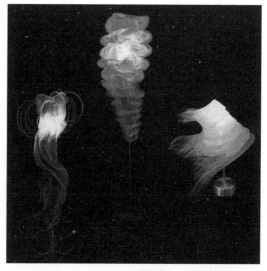

464. Aque和Cocoon落地灯　设计：萨朗·马斯顿　1998年

465. "Image"灯　设计：西蒙·庞特（Simon Pont）　1995年

　　设计作品也开始被越来越多的博物馆和艺术馆所接受。有些地方专门修建博物馆来收藏那些经典的设计作品，如 1989 年建成的伦敦设计博物馆。一些著名的艺术博物馆也专门成立了设计部举办设计作品展或者收藏设计作品。在对于设计作品展览的支持中，美国纽约的现代艺术博物馆和巴黎的蓬皮杜艺术中心一直走在前列，它们举办的设计展览具有开放性、包容性和权威性。这两个博物馆都设有专门的设计部，还聘请了著名的设计评论家和设计策展人。20 世纪 50 年代现代艺术博物馆举办的斯堪的纳维亚展，使斯堪的纳维亚风格闻名全球。1972 年，它们举办了旨在全面介绍意大利设计的"意大利：家用产品新面貌"的设计大展，奠定了意大利设计在世界设计领域的地位，也引起了全世界对意大利设计的关注。它们还为一些著名的设计师举办回顾展，宣扬他们在设计领域所作的贡献。（图 465）

466. Jack灯 设计：汤姆·迪克松 1998年

　　除了这些观念开放的现代艺术博物馆外，一些面孔一直非常严肃的艺术博物馆，像巴黎的卢浮宫也开始向设计师们开放。2002年5月，卢浮宫举办了"欧洲生活方式设计展"，展出了欧洲20多所院校和设计公司的数百件作品，在卢浮宫的多功能厅还举办了设计学术研讨会和服装展示会。艺术博物馆里举办的系列设计展览表明，人们已经接受了设计是人类生活中情感表达和文明延续的重要方式。产品不仅仅为我们的日常生活服务，它也成了我们精神生活中的一部分。人们可以在艺术博物馆里像欣赏艺术家的产品那样，也同样在设计中感受到精神的愉悦和得到美的享受。（图466）

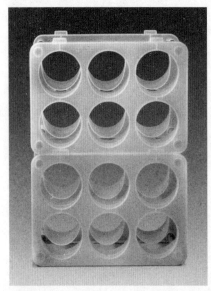

467. 瓶子储存模数家具　设计：贾斯伯·莫里森
1993年

　　在花了大量的笔墨讨论了信息时代所出现的或前卫或激进的设计运动后，也许很容易让人们认为今天的设计领域已经是奇思妙想、奇形怪状的后现代设计的时代。特别需要注意的是，从20世纪60年代开始到80年代的后现代设计运动，仅仅是对现代设计的修正和补充，这些运动并没有改变现代设计最重要的功能特点和为大众服务的民主特征，只是在设计的外观和色彩上更为丰富和多样化，设计在本质上并没有变化。在我们今天的生活中，造型美观、功能良好、体现了对人的关怀和对环境的保护观念的设计仍然是市场上最受欢迎的产品。虽然一些思想前卫的设计师丰富了我们的生活，但那些仍然信奉着功能主义思想的设计师们的工作也同样受到了尊重。（图 467）

468. Skyline花瓶 设计：英格格德·拉曼（Ingegerd Raman）2000年

无论是设计师还是消费者，都应该理解时代的变化和新的时代特点对设计产生的变化和提出的新要求，把设计看成是理解我们时代的一部分，也把设计看做是我们生活的重要内容，设计是形成我们生活方式的重要组成部分。我们要关注时代的变化所引起的设计风格的变化，同时，我们更应该看到在这种变化中所包含的文化和经济背景。对于每一个时期出现的设计思潮和设计风格，我们不仅仅只是看到它的表面，不是肤浅和简单地理解它们的形式，而是要深刻地理解它们所包含的时代和文化信息，理解这些风格和流派产生的深层原因。对于设计师来说，尤其不要盲目地信奉什么主义，简单地复制和模仿一些造型风格，而是要把为大众创造一个更加美好、舒适的生活环境作为自己最大的责任，通过自己的学识和才能设计出品质优良的设计。（图 468）

进入新世纪后，对于思潮和主义的讨论已渐渐平息，人们已经开始更为关注我们生活中存在的问题并试图寻求出解决问题的方法。我们能不能生活在一个更美好的社会里呢？这样的问题可能会让哲学家们长久地思索，但对于设计师来说，他们完全可以为美好的生活提供舒适的家具和便利的产品。如果每一个设计师都怀着这样的理想和愿望，我们的生活肯定就会变得更加美好。

思考题：

一、以最新的设计为例，分析设计的艺术化倾向。

二、从设计史的发展角度分析艺术与设计之间的关系。

三、尝试把一件艺术作品改变成具有功能的设计作品。

课时建议：2课时

参考书目
Bibliography ◀ _____

1. Nine Bornsen-Holtmann，Italian Design Benedikt Taschen，1994

2. Giuseppe Raimondi，Italian Living Design Rizzili New York，1990

3. Barbara Radice，Memphis Thames and Hudson，1985

4. Nally Bellati，New Italian Design Rizzili New York，1990

5. Charlotte & Peter Fiell，Industrial Design Taschen，2000

6. Guy Julier，New Spanish Design Rizzoli New York，1991

7. Penny Sparke，Japanese Design Rizzoli，1988

8. Claudia Neumann，Design Directory Italy Pavilion，1999

9. Charlotte & Peter Fiell，Design of 20th Century Taschen，1999

10. Philippe Garner，Sixties Design Taschen，1996

11. Albrecht Bangert，80s'Style Abbeville Press，1990

12. Peter Gossel，Gabriele Leuthauser，Architecture in the Twentieth Century Taschen，1990

13. Charles Jencks，Architecture Today Harry N.Abrams，Inc.Publishers，1988

14. Jean Nouvel，The International Design Yearbook 1995 Laurence King，1995

15. Victor Papanek，The Green Imperative Thames and Hudson，1995

16. Peter Dormer，Design Since 1945 Thames and Hudson，1993

17. Dorothy Mackenzie，Green design Laurence King，1997

18. Charlotte and Peter Fiell，Design the 21st Century Taschen，2001

19. Penny Sparke，Design Directory Great Britain Pavilion，1999

20. Marion Godau，Bernd Polster，Design Directory Germany Pavilion，1999

21. Torsten Bröan, Thomas Berg，Avantgarde design 1880–1930 Benedikt Taschen，1994

22. Charlotte & Peter Fiell，Industrial Design A–Z Taschen，2000

23. Maria Costantino，Art Nouveau Arlington Press，1989

24. Jean–Paul Bouillon，Journal De L'Art Nouveau 1870–1914 Editions d'Art Albert Skira S.A.,Geneve，1985

25. Susanne Deicher，Piet Mondrian 1872–1944 Benedikt Taschen，1995

26. Charlotte & Peter Fiell，1000 Chairs Taschen，1997

27. Arco Editorial S.A.,Barcelona，Minimalism Feierabend，2003

28. Charlotte & Peter Fiell，1000 Lightes Taschen，2006

29. Paco Asensio，Product Design teNeues，2002

30. Jennifer Hudson，1000 new designs and where to find them Laurence King Publishing，2006

31. Susanne Deicher，Scandinavian design Taschen，2002

32. Phaidon Design Classics 001–999 Phaidon，2006

33. Margaret Donovan，Scandinavian Modern design 1880–1980 Harry N.Abrams，Inc，Publishers，New York，1982

34. Bernd Polster，Design Directory，Scandinavia Pavilion，1999

35. Kenneth Frampton，Modern Architecture，Thames and Hudson，1992

36. Richard Hollis，Graphic Design，Thames and Hudson，1994

37. Steven Heller，Mirko Ilic，Icons of Graphic Design Thames and Hudson，2001

38. Philip B.Meggs，A History of Graphic Design John Wiley & Sons,Inc.，1998

39. Cristian Campos，Product Design Now Collins Design，2006

40.（英）尼古拉斯·佩夫斯纳著，王申佑译，《现代设计的先驱者——从威廉·莫里斯到格罗皮乌斯》，建筑与文化出版社，1993

41.（俄）М·Я金兹堡著，陈志华译，《风格与时代》，陕西师范大学出版社，2004

42.（英）弗兰克·惠特福德，林鹤译，《包豪斯》，三联书店，2001

43.（英）尼古拉斯·佩夫斯纳著，王申佑译，《现代设计的先驱者》，中国建筑工业出版社，1987

44.（美）唐纳德·A.诺曼著，付秋芳、程进三译，《情感化设计》，电子工业出版社，2005

45.（美）唐纳德·A.诺曼著，梅琼译，《设计心理学》，中信出版社，2003

46.（美）潘尼·斯帕克等著，李玉龙、张建成译，《新设计史》，六合出版社，中国台湾，1995

47.（美）马克·第亚尼编著，滕守尧译，《非物质社会——后工业世界的设计、文化和技术》，四川人民出版社，1998

48. 王受之，《世界现代设计史》，新世纪出版社，1996

49. 汪坦、陈志华，《现代西方艺术美学文选》，春风文艺出版社，1989

50. 万书元，《当代西方建筑美学》，东南大学出版社，2001

51.（美）J.C.亚历山大著，彭牧、史建华、杨渝东译，《新功能主义及其后》，译林出版社，2003

52.（英）迈克·费瑟斯通著，刘精明译，《消费文化与后现代主义》，译林出版社，2000

53. 朱鄂著，《20世纪日本海报》，广西美术出版社，2001

54. 梁梅著，《新艺术活动》，中央翻译出版社，1998

55. 梁梅著，《意大利设计》，四川人民出版社，2000

56. 梁梅著，《信息时代的设计》，东南大学出版社，2003

57. 梁梅著，《1945年以来的设计》，四川人民出版社，1999

58. 梁梅著，《设计》，黑龙江人民出版社，2002

59. 梁梅编著，《世界现代设计图典》，湖南美术出版社，2000

60. 梁梅编著，《世界现代平面艺术设计史》，清华大学出版社，2004

后 记
Postscript ◄ ————————————————————————

　　从1994年我考入当时的中央工艺美术学院（现清华大学美术学院）艺术设计学系、攻读外国工艺美术史硕士研究生算起，我学习设计史并从事此领域的研究已经有十多年了。期间，我也发表过一些有关现代设计史的文章、专著、译著和编写的著作，在许多院校里讲授过现代设计史课，但真正准备为学习设计的同学们编写一本世界现代设计史时，仍然觉得十分忐忑。

　　当20世纪90年代初，我刚开始接触现代设计史时，国内对此学科的文字介绍非常之少，外文著作又很难买到，有关现代设计史的知识非常有限。随着改革开放不断深入，国际交流越来越频繁，国内对现代设计史的介绍也越来越多，获得国外有关设计史的著作也越来越便利。对我而言，对设计史的了解越多，也越认识到自己的不足。一方面所学知识有限，另一方面则是自己出国实地考察了解的机会不多，有关世界现代设计历史的知识多为二手资料，很多内容从英文中翻译过来，在阅读英文著作的过程中还发现有许多矛盾之处，一些内容仅凭书本来判断，肯定有许多不准确之处。因此，虽然有出版社多次邀请我写现代设计史，我却一直不敢轻易动笔。

　　这次撰写的世界现代设计史，主要基于自己以前所出版的一些著述，如《新艺术运动》和《信息时代的设计》等。在此，我要感谢在我国最早介绍现代设计史的前辈们，我从他们的工作中获益良多，正是他们对设计史的引介，使这一学科能够在国内慢慢发展起来，我本人也很荣幸能够成为他们之后这一学科研究中的一员。

　　虽然很多设计院校越来越认识到学习设计史的重要性，但长期以来既缺少此类课程的教材，也缺少能讲授本课程的老师，因此，许多设计院校至今都没有开设设计史的课程。我国的工业化比发达国家晚了一个多世纪，现代设计也是在西方国家发展了100多年后才开始，要想在短时间进入国际设计领域，学习其他国家的经验就极其重要。倘若能够通过这本书，用自己所学帮助学习设计的同学们了解设计发展的历史，并从中获得一些启发和经验，也算是为我国当代设计的发展尽了一个研究者的微薄之力，也当是自己这么多年的时间没有浪费。

本书专为学习设计的同学们所写，也可以作为教师教学的参考书，每节内容后都安排了可以参考的教学课时和练习，在学习的过程中可以灵活运用。

梁梅

2019年12月